高等院校通识教育“十三五”规划教材

大学体育教育

Sports

杜宝拴 主 编

梁干强 阍光辉 副主编

人民邮电出版社

北京

图书在版编目（CIP）数据

大学体育教育 / 杜宝拴主编. -- 北京 : 人民邮电出版社, 2016.8
高等院校通识教育“十三五”规划教材
ISBN 978-7-115-42796-0

Ⅰ. ①大… Ⅱ. ①杜… Ⅲ. ①体育－高等学校－教材
Ⅳ. ①G807.4

中国版本图书馆CIP数据核字(2016)第137184号

内容提要

本书依据科学发展的要求，紧密结合当前高等院校体育教学的需要和大学体育改革的现状，以学生为本，从实际出发介绍大学生体育课基本的教学内容。

全书共18章，主要内容包括体育与健康概论、体育锻炼与保健、课外体育与竞赛、田径运动、排球、足球、篮球、羽毛球、乒乓球、网球、毽球、健美操、啦啦操、体育舞蹈、武术、游泳、拓展训练、户外运动等。

本书可作为高等院校“公共体育”课程教材，也可以供体育爱好者学习参考。

◆ 主　　编　杜宝拴
　副 主 编　梁干强　閤光辉
　责任编辑　王亚娜
　责任印制　焦志炜

◆ 人民邮电出版社出版发行　　北京市丰台区成寿寺路11号
　邮编　100164　　电子邮件　315@ptpress.com.cn
　网址　http://www.ptpress.com.cn
　北京隆昌伟业印刷有限公司印刷

◆ 开本：787×1092　1/16
　印张：15.75　　　　2016年8月第1版
　字数：418千字　　　2016年8月北京第1次印刷

定价：32.00元

读者服务热线：(010)81055256　印装质量热线：(010)81055316
反盗版热线：(010)81055315

大学体育教育编委会

主　编：杜宝拴

副主编：梁干强　　阁光辉

编　委（按姓名笔画顺序）：

达桂邕　　杜宝拴　　杜　威　　谷礼燕　　李雅倩　　秦樟连

陶雪花　　梁干强　　阁光辉　　廖会军　　蔡立健

前言

学校体育工作的重点是增进学生身心健康，提高学生综合素质，促进学生全面发展。大学体育的目标是贯彻执行“学校教育要树立健康第一”的指导思想，让学生掌握体育的基础知识、基本技术和基本技能，切实地把体育理论和体育实践结合起来，把学生培养成21世纪富有竞争力的合格人才。

本书依据科学发展的要求，紧密结合当前高等院校体育教学的需要和大学体育改革的现状，以学生为本，从实际出发，确立以终身体育理念和技能为内容、以学生身心健康为目标的新型体育教学体系，改变单一课堂的狭隘课程教学模式，拓展课外、社会和自然体育资源，引进大量学生喜爱的新颖项目。

本书针对大学生的特点，在知识点选择和内容编排方面力求内容丰富、生动易懂。与目前市场上其他同类教材相比，本书具有以下特点。

（1）注重基础性。大学体育是高等院校一门重要的公共课程，因此，本书注重基本概念的介绍和基本技能的训练，为指导大学生体育活动和运动健身提供了理论知识与实践手段，力求养成终身体育意识。

（2）强调趣味性。全书配有丰富的插图和阅读文献，内容更加生动形象，所覆盖的知识面也更为广泛，可以更好地启发学生的学习兴趣。

（3）突出实用性。一方面从学生身心特点出发，在内容选择上具有针对性，深入浅出地阐述了大学生较为关注的问题；另一方面，对运动项目的介绍充分、清晰，易教、易学、易操作，既可作为大学公共体育课的教学用书，又可作为大学生自我锻炼的参考用书，将课程建设与学生发展紧密结合起来。

（4）讲求创新性。针对学科知识的无限性和教材内容有限性的问题，在简要概述基本知识的基础上，增添了新的内容（如基础理论中的阅读文献，运动实践中的户外运动、拓展训练等内容），力求立足体育的前沿，指引大学体育的教学。

由于编者水平有限，书中难免有疏漏之处，恳请广大读者不吝赐教。

编　者

2016年5月

目录

第1章

体育与健康概论

本章概述中国体育的发展历程，诠释体育强健身心、完善品质、追求完美的真谛，探讨健康要义，分析环境、心理、生活方式、体育锻炼等因素对健康的影响，阐述体育对健康的作用——奠定人体的生理基础，铸就人体的心理健康，推进个体的社会适应，强化个体的道德建设。

1.1　体育与健康的内涵

本节介绍体育的演变：从萌芽到演进再到崛起；探寻体育的真谛：对完美永无止境的追求；介绍健康的要义：随着社会的发展，健康要义的范畴不断更新，涵盖了躯体健康、心理健康、社会适应健康、道德健康等领域。

1.1.1　体育的演变

1. 原始体育的萌芽

原始人的生存环境极为恶劣，他们只能依靠自身的体力，凭借自己的智慧，同恶劣的生存环境进行较量，通过打猎、采集、捕鱼等方式获取生活所必需的食物（见图1-1）。在悠久的历史长河中，在血和泪的教训下，我们的祖先深深地懂得：强壮的身体是生活的前提。

死亡的阴影经常在头顶盘旋，为了生存，更为了发展，原始人不得不学会了奔跑、投掷、攀登、爬越、泅水……这些行为既是劳动手段，又是基本生活技能，其中蕴涵了体育活动的萌芽。

由于生产力的局限，在原始社会专门的体育无法形成，也没有专门的体育活动者。当时的体育往往与军事活动、祭祀、生产、游戏等融合在一起，其所特有的运动手段和形式尚未完全“独立”。原始社会的体育萌芽，从本质上而言，是由经济状况、生产状况和实践方式决定的，是在生存过程中简单模仿所形成的。但毋庸置疑，体育自此萌芽，在原始的星光下和初绽的黎明中扎根、发芽，不断成长。

图1–1　原始人狩猎图

2. 古代体育的演进

奴隶社会的体育，是在继承原始体育萌芽状态的前提下，在奴隶制基础上发展起来的体育的初级形态。随着生产力的进步，它已经和劳动初步分离，而与军事、教育、宗教、礼仪以及统治阶级的享乐生活紧密结合，并向着多样化、复杂化和独立化的方向发展。

这一时期，频繁的军事战争成为体育演进的重要动力。有文字记载的体育运动包括射、御、角力（见图 1-2）、兵器武艺、奔跑、跳跃、举鼎、拓关、游水、弄丸（见图 1-3）、投壶、棋类活动等。

图 1–2 角力图

图 1–3 弄丸图

封建社会前期，从战国到南北朝，体育蓬勃发展。就种类而言，体育运动的项目不断增多，内容日益丰富，游戏、导引（见图 1-4）等普遍开展，其中以华佗所创的五禽戏（见图 1-5）最负盛名；就范围而言，从皇宫到民间，从军队到学校，从城市到乡村都有体育活动开展；就技术而言，角抵、蹴鞠等项目发展较快，逐渐向竞技方向靠拢，出现了不少技艺高超的体育人才；就理论而言，体育专著在这一时期也开始涌现。

图 1–4 导引术

图 1–5 五禽戏

至隋唐五代，体育空前繁荣。体育项目呈现多样化和规范化的特点，许多运动项目明确了规格型制，拥有了专职机构和专业人员，如蹴鞠（见图 1-6）、武术、角抵等；体育竞技状况空前兴盛，规模宏大，运动技艺水平有了很大提高；体育运动蔚然成风，有马球、蹴鞠、踏球、抛球等，其中以马球（见图 1-7）和蹴鞠最为盛行；国际体育交流增多，一方面，唐代的技击术在朝鲜半岛的新罗广泛流行，养生术、蹴鞠也传入日本；另一方面，印度人、罗马人的杂技和幻术从汉代起就不断传入中国，自唐代日本倭刀也为中国武林所重视。

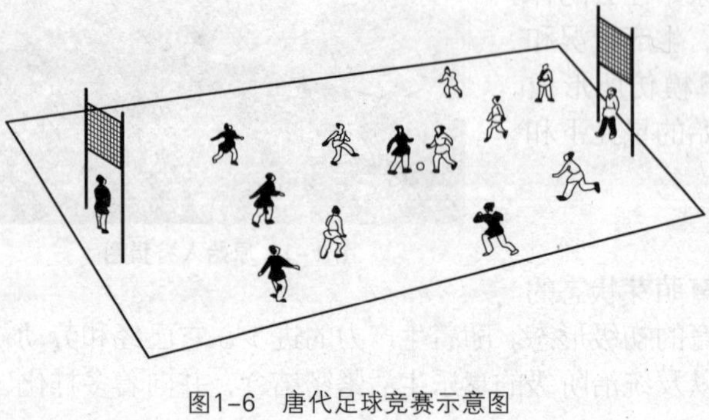
图1–6 唐代足球竞赛示意图

图1–7 打马球图

封建社会后期，从宋、元、明、清到鸦片战争之前，一方面民间体育组织的出现，极大推动了民间体育的普及和提高；大量的体育资料被汇集成书，尤其是武艺、球类、养生导引方面的著述较多。另一方面，宋初的民族歧视压迫政策和程朱理学的主静思想在一定程度上阻碍了体育的进一步发展。

3. 近代体育的曲折

鸦片战争后，政局动荡，战争频繁，经济薄弱。随着帝国主义的入侵，西方文明涌入，欧美体育也大规模地传入，中国传统体育逐渐没落。传入我国的西方近代体育项目主要有体操、田径、游泳、足球、篮球、排球、棒球、垒球、网球、乒乓球等。中国体育在战火纷飞的社会夹缝中艰难生存，运动技术水平的提高缺乏必要的基础和周期。

4. 现代体育的崛起

新中国成立以来，体育事业突飞猛进。群众性体育运动广泛开展，如火如荼，群众性体育组织体系逐渐健全，自1995年起实施全民健身计划。竞技体育硕果累累，1959年，乒乓球运动员容国团获得了中国体育史上的第一个世界冠军。2008年，更是成功举办了第29届奥运会。学校体育稳步成长，从体育院系的建设到校园体育运动的推广，从"健康第一"理念的倡导到"终身体育"理念的树立，体育正在成为当代人的重要生活方式。

1.1.2 体育的真谛

体育在不同历史阶段和文化背景下被人为地赋予了不同的含义，但人本思想贯穿了体育发展的始终。在体育运动中，人居于中心的、首要的位置，人的发展和完善是直接的、最重要的目的，而由体育所带来的名声、荣誉、财富、地位以及产业的发展、经济的增长等，都是人在实现自我发展和追求自我完善的过程中所带来的"副产品"。体育真正的伟大之处在于对完美永无止境的追求，它让人类在强健身心、探索真理、开拓世界的过程中获得了无限的发展空间。

在遥远的古希腊时代，人们通过体育追求躯体之美、力量之美和精神之美。以体育的形式表达对神的敬意，并在肉体上和精神上无限地去接近正确、光明和真理。在古希腊神话中，神灵的移动瞬时完成，不需要时间，而人则无法达到，那么使用时间最少的人就是最为接近于神的人，成为神"在这大地苍穹之中"的"荣耀的见证"。就这样，人在体育锻炼中，充分发展并不断挖掘着自身的潜能，诠释着体育的完美真谛。

从保守的维多利亚时代，体育便明确地承担起道德的重任。运动员出现的道德过失，会被认为是整个体育界乃至社会的灾难。英国公立学校中，通过体育教给男孩们所有统治国家时所需要的"男子汉"的品德：正直诚实、团队合作精神、忠于伟大的事业。

体育不仅是要强身健体，也要塑造美好的品性。这也正是体育运动经久不衰的魅力之所在。体育是一种虔诚的追求——拼搏不息，永不满足；体育是一种积极的态度——锐意进取，百折不挠；体育是一种文化的积淀——以人为本，重在参与。体育让人类实现自我超越，走向"臻于至善"的完美境界。

1.1.3 健康的要义

"健康（Health）"是当今使用频率最高的词汇之一，互联网的中文搜索引擎下，"健康"的相关条目数以千万计，可见人们对健康的关注程度极高。

有健康的人，便有了希望；有希望的人，便有了一切。古希腊哲学家赫拉克利特曾说："如果没有健康，智慧就不能表现出来，文化无从施展，力量不能战斗，财富变成废物，知识也无法利用。"思想家苏格拉底曾说："健康是人生最为可贵的。"培根指出："健康的身体是灵魂的客厅，病弱的身体是灵魂的监狱。”马克思认为“健康是人的第一权利”，我国著名经济学家于光远指出：“健康地生存是人生的第一需要。”世界卫生组织（World Health Organization，WHO）始终围绕健康主题，提出“健康就是金子”（1953 年），“健康的青年——我们最好的资源”（1985 年），“良好的健康是社会、经济和个人发展的主要资源，也是生活质量的重要部分”（1986 年），“健康地生活——皆可成为强者”（1988 年），“健康是基本人权之一，是社会和经济发展的基础”（1997 年）。健康的重要性由此可见。

在一定的历史范畴内，健康与特定的社会、环境、经济、文化、伦理道德等密切相关。人们对健康内涵的认识随着历史的发展而不断演进和深化。

在古代，人们对生命活动的认识极为肤浅，对健康的认识仅仅局限于没有疾病。随着社会的发展和医学的进步，人们能够使用各种仪器检测、发现身体的生理变化，健康被视为“器官发育良好，体质健壮，体能充沛”。毋庸置疑，这种建立在生理基础上的生物医学模式是一种巨大的进步，但它忽视了人的心理因素和社会属性。20 世纪 30 年代，美国健康教育学者指出：“健康是人们身体、心情和精神方面都自觉良好、活力充沛的状态。”由于不良情绪、精神创伤、恶劣环境等导致的“现代病”愈演愈烈，1948 年世界卫生组织提出了新的健康概念：健康不单是没有疾病和不虚弱，而是躯体的、精神的健康和社会幸福的完善状态（Health is a state of complete physical，mental，and social well-being and not merely the absence of disease or infirmity.）。20 世纪末，世界卫生组织又把道德修养纳入了健康的范畴。

世界卫生组织提出了健康的 10 个标志。

（1）精力充沛，能从容不迫地应付日常生活和工作的压力而不感到过分紧张。

（2）处世乐观，态度积极，乐于承担责任，事无巨细不挑剔。

（3）善于休息，睡眠良好。

（4）应变能力强，能适应环境的各种变化。

（5）能抵抗一般性感冒和传染病。

（6）体重得当，身材均匀，站立时头、肩、臂的位置协调。

（7）眼睛明亮，反应敏锐，眼睑不发炎。

（8）牙齿清洁、无空洞、无痛感，牙龈颜色正常，不出血。

（9）头发有光泽，无头屑。

（10）肌肉、皮肤富有弹性，走路轻松有力。

《从混沌到有序》中这样描述：科学不是一个“独立变量”，是嵌在社会之中的一个开放系统，由非常稠密的反馈环与社会连接起来，它受到外界环境的有力影响，它的发展是因为文化接受了它的统治思想。由单一的生理健康观，到涵盖生理、心理、社会层面的三维健康观，再到包括躯体健康、心理健康、社会适应健康和道德健康的全面健康观，健康理念不断变革。随着科技的发展，环境的改变，健康观也会被赋予新的内涵。正如杜波斯所言：“寻求健康是一个不断进行和适应性的过程，而不是一个总能达到或总能保持的静止状态，即健康意味着不断适应变化不定的生物和社会环境。”

1.2 体育对健康的维护

本节将分析影响健康的部分因素：环境、心理、生活方式、体育锻炼等。从生理、心理、社会适应和道德建设的角度详细阐述体育锻炼对维护健康所具有的重要作用。

1.2.1　健康的影响因素

1. 环境与健康

自然环境是人类赖以生存的基础，为人类提供了生活的必需物质。良好的自然环境可以陶冶情操，放松精神，愉悦心情，有利于人的身心健康。恶劣乃至被污染的自然环境则会损害身心健康，如酷暑、严寒、飓风、雪灾、空气中的有害气体、河流中的有毒微生物等，会引起人体的种种不适，甚至引发疾病。

社会环境是人类在自然环境基础上，有目的、有计划地创造而成的人工环境，是人类物质文明和精神文明发展的标志。现代社会中，高节奏的生活、高强度的工作、激烈的竞争、巨大的压力，无一不在侵蚀着人类的健康。疲劳综合征、伏案综合征、空调综合征、静电综合征等，社会的快速发展也在一定程度上牺牲了人类的健康。

2. 心理与健康

《黄帝内经》中提到“怒伤肝”“喜伤心”“悲伤脾”“恐伤肾”。现代医学证实，心理因素的异常变化可能会导致心身症，又称精神生理反应。最初表现为自主神经和内脏系统的功能性改变，继而发展为躯体的功能失调，甚至发生组织结构的损害，如溃疡、偏头痛、心悸等。而积极的心理状态则能保持和增进健康，对疾病的治疗、痊愈也有显著作用。

3. 生活方式与健康

生活方式是在遗传提供的可能性前提下，在所处客观环境中养成的一种行为模式，这种行为模式表现为日常生活中习以为常的行为。

吸烟是目前影响人类健康的一个重要危险因素，全世界每年因吸烟而导致死亡的达 250 万人之多。烟草的烟雾中至少含有 3 种危险的化学物质：焦油、尼古丁和一氧化碳。焦油沉积在肺中浓缩成一种黏性物质。尼古丁是一种会使人成瘾的药物，主要对神经系统产生影响。一氧化碳则会降低红血球将氧输送到全身的能力。长期吸烟者的肺癌发病率比不吸烟者高 10～20 倍，喉癌发病率高 6～10 倍，冠心病发病率高 2～3 倍，循环系统发病率高 3 倍，气管炎发病率高 2～8 倍，吸烟者的死亡率比非吸烟者高 1.7 倍。

酗酒就是过量饮酒。酗酒会引起黏膜充血、肿胀和糜烂，使人容易患食管炎、胃炎、溃疡等疾病。酒精主要在肝脏内代谢，肝癌的发病率与长期酗酒有直接关系。酒精还会影响脂肪代谢，可致使血胆固醇和甘油三酯升高。当血液中的酒精浓度达到 0.1%时，会使人感情冲动；达到 0.2%～0.3%时，会使人行为失常；长期酗酒，会导致酒精中毒性精神病。

一般把不在医生指导下随意、不适当地使用一些心理激动（致幻）剂直至产生成瘾趋势的行为称为吸毒。目前吸食的毒品绝大多数是海洛因，它对人体神经系统产生高度的毒性和生理破坏。吸毒上瘾后，不仅心理变态，人格解体，尊严尽丧，不知廉耻，而且会导致和传染各种疾病甚至死亡。据联合国禁毒署统计，全世界每年因吸食毒品而死亡的高达 10 万人，因此而丧失劳动能力的每年约有 1 000 万人。

4. 体育锻炼与健康

科技的进步和社会的发展提高了人类整体健康水平，但是新的健康问题（涉及人的机体功能状态、人与自然的关系及人与社会的关系等领域）不断涌现出来，严重威胁着人类的未来生存。体育的真谛和健康的内涵使两者在现代社会紧密地联系在一起，体育成为健康发展的核心主题之一，其对健康的特殊意义越来越得到肯定和重视。

体育锻炼是健康的需要。经常运动能预防并减少许多疾病，如心脏病、癌症、糖尿病等，也有利于维持健康的体重，增加抗压能力，改善睡眠质量等。美国卫生部的研究表明，身体缺乏运动的人容易超重、肥胖、患慢性疾病和出现心理不健康等问题。世界卫生组织统计，全球每年有 200 多万人因缺乏运动而导致死亡。对此，专家建议，坚持每天活动半小时是保持健康的最低要求。

1.2.2 体育的健康效应

1. 体育锻炼奠基人体生理基础

（1）体育锻炼有利于提高神经系统的机能

神经系统包括大脑、脊髓、神经和神经细胞。长时间的脑力劳动，大脑会由于供血不足和缺氧而头晕脑胀。进行体育锻炼，尤其是在新鲜的空气中开展运动，可以改善大脑的供血情况，使大脑消除疲劳，恢复活力。从事体育锻炼还可以延缓脑细胞的衰亡过程，延长大脑的“年轻态”。

体育锻炼还可以改善神经系统的调节功能，提高其对复杂变化的判断和反应能力，并及时作出协调、准确、迅速的应对。经常参加体育锻炼能够加强神经系统兴奋和抑制的交替转移过程，从而改善大脑皮层神经系统的均衡性和准确性，提高脑细胞工作的灵活性、协调性、反应速度、耐受能力等。如果缺乏必要的体育活动，大脑皮层的兴奋性将会下降，导致平衡失调，甚至引发某些疾病。

（2）体育锻炼有利于促进循环系统的机能

循环系统由静脉、动脉和毛细血管组成，它在心脏的驱动下，为人体各个部位提供氧气和各种养料。

① 经常从事体育锻炼能使心肌细胞内的蛋白质合成增加，心肌纤维增粗，心壁增厚，心肌力量增强，每搏输出量加大，使血液的数量增加并提高其质量。研究表明，在安静状态下，健康成人心脏的每搏输出量为 70 毫升，而经常运动者的可达 90 毫升。

② 体育锻炼可以增加血管壁的弹性，并促使大量毛细血管开放，大大加快能量供应，提高新陈代谢水平。

③ 体育锻炼可以显著降低血脂含量（胆固醇、b-蛋白质、三酰甘油等）、改变血脂质量，在遏制肥胖、健美形体的同时，能有效地防治冠心病、高血压和动脉粥样硬化等疾病。

④ 体育锻炼可以降低血压，舒缓心搏，预防心血管疾病。病理学家通过解剖发现，经常运动的人患动脉硬化的几率要远远低于不常运动的人。

（3）体育锻炼有利于增强运动系统的机能

运动系统由骨、骨连结和骨骼肌组成，它支撑起身体，并保护各器官的系统运作。体育锻炼能够增强运动系统的准确性和协调性，保持较好的灵活性，使人有条不紊、准确敏捷地完成各种复杂的动作。

体育运动可使骨密质增厚，骨小梁排列更加规则整齐，促使青少年骨的长径生长速度加快，直径增大，极大地提高了骨的坚固性和抗弯、抗断、抗压能力。同时，可促进骨骼中钙的储存，预防骨质疏松。

体育运动可使肌肉的效能增强，肌肉更加粗壮、结实、发达而有力。具体表现为肌红蛋白和肌糖元的数量增加，肌纤维增粗，肌肉体积增大，肌肉的收缩力量加强，速度增快，弹性提高，耐力持久。

经常性的体育锻炼还可以增强关节周围肌肉的力量和韧带的柔韧性，从而扩大关节活动的幅度和牢固程度，减少各种外伤和关节损伤。

（4）体育锻炼有利于完善呼吸系统的机能

呼吸系统由呼吸道（鼻、喉、气管和支气管）和肺组成。

体育运动可以增加肺活量（人体尽全力吸气后再尽力呼出的气体总量）和肺通气量（每分钟尽力呼出或吸入肺内的气体总量）。经常参加体育锻炼，特别是做一些伸展扩胸运动，可使呼吸肌力量增强，胸廓扩大，有利于肺组织的生长发育和肺的扩张，使肺活量增加。同时，体育锻炼时需要大量地吸入氧气和排出二氧化碳，这就要求呼吸肌加强收缩，使肺泡得到充分张开，加大呼吸的深度，从而有效地增加了肺的通气效率，使人体能够承受更大强度的运动量。实验证实，经常参加体育锻炼的人，肺活量可增加 1 000 毫升左右，肺通气量可达 100 升/分以上，均高于一般人。

（5）体育锻炼有利于优化免疫系统的机能

体育运动本身是一种运动负荷的刺激，反复刺激，身体的各个系统就会产生形态及功能的适应性变化。在这种应激与适应的生理反应过程中，免疫机能也会相应提高。

（6）体育锻炼有利于强健消化系统的功能

经常进行体育锻炼能促进胃肠蠕动，增加消化液分泌。运动中肌肉的收缩和舒张能对胃肠起到按摩作用，在提高食欲的同时增强吸收能力。

但应注意，不宜在饭后即刻进行体育活动或剧烈运动后立即就餐，运动和吃饭之间要有一定的间隔。一般认为，运动后至少休息 30～40 分钟再进食，或饭后间隔约 1.5 小时再进行运动较为科学。

运动时，在中枢神经系统的调节下，对全身的血液进行重新分配，以保证对肌肉骨骼营养物质和氧气的供应。此时管理消化的神经尚处于抑制状态，消化腺的分泌减少，胃肠蠕动减弱。运动越剧烈、持续时间越长，消化器官就愈需要更长的时间来进行恢复。

同样，如果饭后立即参加剧烈运动，就会致使正在参与胃肠消化和吸收的血液又重新分配，流向肌肉和骨骼，从而会影响胃肠机能。甚至可能因为胃肠的震动和肠系膜的牵扯而引起腹痛及不适感，进而影响人体的健康。

2. 体育锻炼铸就人体心理健康

心理健康又称精神健康（Mental Health），指的是人能积极调节自己的心理状态，顺应环境（包括自身环境、自然环境与社会环境），有效地、富有建设性地发展和完善个人生活。其包括 5 个方面：① 智力发育正常；② 情绪稳定、乐观进取；③ 意志坚定、行为协调；④ 人格健全、自我悦纳；⑤ 良好的社会适应性。心理健康的人能够随外部环境变化而不断调整自身的心理结构以维持内外的平衡。

（1）体育锻炼能够舒缓情绪

情绪是心理健康的重要指标。现代社会中，各方面的综合压力使人产生的焦虑、烦恼、紧张、压抑、暴躁、忧郁等都属于不良情绪范畴。医学研究发现，从事慢跑、游泳、骑自行车等体育活动对于抑郁症、焦虑症、化学药品依赖者的治疗具有显著疗效。这充分说明体育运动能够转移并宣泄不愉快的情绪，使人恢复精神愉快。

（2）体育锻炼可以增强意志

意志品质包括自觉性、果断性、坚韧性、自制力以及勇敢顽强精神等。体育活动充满了失败和挫折，积极主动、持之以恒地坚持体育运动，要克服各种主、客观困难，这个过程既是锻炼身体的过程，也是培养良好意志品质的过程。竞技体育活动能够激励人们奋发向上、顽强拼搏，养成坚强、自信、勇敢、进取的优秀品质。

3. 体育锻炼推进个体社会适应

社会的适应性是指个体对所处的社会环境的认识，能够恰当地扮演生活中的各种角色，如朋友、邻居、同学、恋人等，在社会各领域的生活中发挥积极的作用。体育活动能够增进人际交往，增加彼此交流，同时形成团结合作、协调一致、相互帮助、彼此鼓励的团队精神，有助于个体对于社会适应性的培养。

4. 体育锻炼强化个体道德建设

体育锻炼，不仅在于育体，也在于育心。西周的礼射，讲究“明君臣之礼，明长幼之序”，以射建德。古希腊和斯巴达的军事体育，有着忠君效国的鲜明思想。时至当今，美国把体育作为培养青少年道德观念的巨大教育力量，芬兰主张通过体育对中小学生进行道德和社会教育，形成为他人着想、作风正派的品质。我国也将体育作为道德养成的积极手段，从竞技体育的爱国主义教育到学校体育的集体主义教育，培养学生务实肯干、自强不息、尊老爱幼、诚实守信、谦虚礼让、助人为乐等优良行为和作风。

思考与练习

1. 健康的要义包括哪些内容？
2. 影响健康的因素有哪些？
3. 体育锻炼对健康的作用有哪些？

活动与探索

学生轮流在上课时说一则体育与健康相关的知识，可以是格言、健身小窍门、运动常识等，每次发言人数 1 人，时间为 5～10 分钟。

第2章

体育锻炼与保健

本章将阐述科学锻炼的原则：锻炼项目应恰当选择，锻炼强度应适宜，锻炼内容应全面系统，锻炼进程应持之以恒，锻炼热身应到位，锻炼意向应明确。提出科学锻炼应分4步走：自我测试、设置目标、制订计划、实施锻炼。科学锻炼的方法有重复锻炼法、间歇锻炼法、连续锻炼法、循环锻炼法、变换锻炼法、负重锻炼法等。在此基础上介绍运动的4要素：运动项目、运动强度、运动时间、运动频率。指出运动的实施是一个有步骤的、动态的过程。

2.1 科学锻炼

本节将介绍科学锻炼的原则：恰当选择项目，适当确定强度，全面系统锻炼，持之以恒坚持，落实准备运动，端正锻炼意向；讲解科学锻炼的常见误区；阐述科学锻炼的方法，指出科学锻炼应有步骤、有计划地不断推进。

2.1.1 科学锻炼的原则

科学锻炼的原则是指科学锻炼身体所必须遵循的规律。科学锻炼的本质在于发展身体，增进健康。只有运用科学的锻炼原则和方法去指导大学生锻炼实践，才能事半功倍，获得理想实效，达到预期目标。

科学合理的体育锻炼应遵循以下原则。

1. 锻炼项目应恰当选择

要根据学生健康状况和体能情况，合理制订锻炼计划，恰当安排锻炼内容，特别需要注意学生由于身体残缺、疾病等导致的不宜进行的身体锻炼。在提高锻炼效果的同时，最大限度地防止意外事故的发生。

2. 锻炼强度应适宜

教师应根据学生性别、体质、体能等诸多因素的差异，做到因人施教，在运动强度等方面区别对待。否则很容易产生有人“吃不饱”，有人“吃不消”的现象。学生也应该从自身特点出发，安排、调整锻炼的方法、内容和运动负荷等。例如，在长跑训练时，体质弱的女生可以先跑600米，进而逐步延长；在引体向上的练习中，对体能极好的男生可以适当提高要求。

3. 锻炼内容应全面系统

不同的项目锻炼，所引起的人体的生理变化和机能适应各不相同。例如，长跑侧重于学生肺活量和耐力的提高，吊环则能快速增强手、臂的力量。大学体育的教学内容包括跑、跳、投、攀爬、悬垂、支撑以及球类、搏击类、户外运动、游戏等丰富的项目，目的就是使身体得到全面锻炼，对良性适应起到互补和促进作用，从而促进身体各部分组织器官的整体发展，使身体素质和运动能力得到综合提高。反之，如果只是单凭兴趣，喜欢什么项目就只练什么，则可能造成身体发展的不均衡和不协调。

大学生体育锻炼的内容、方法要尽可能考虑身体的全面发展，可以功效大、兴趣浓的运动项目为主、其他项目为辅进行全面锻炼。强调全身的活动，而不限于局部。

4. 锻炼进程应持之以恒

（1）体育锻炼要循序渐进。俗话说“一口吃不成个胖子”，强健体魄，完善素质，提升机能，形成技能，不可能一蹴而就，而是需要在长期的运动中，在反复的刺激下，在大脑皮质中建立起动力定型，进而形成动力定型条件反射，使得机能逐渐适应、积累、提高，逐步、依次、循序地发生变化，拔苗助长不但不利于健康，甚至会造成身体的损伤。

在体育锻炼的过程中，运动负荷（指体育锻炼时身体的生理负荷量）的适宜直接影响人体机能的变化，进而对锻炼效果的优劣产生作用。如果负荷过小，就无法促进机体变化，达不到锻炼身体的目的；如果负荷过大，超出了机体所能承受的范围，就会引起睡眠不宁、食欲不振、长期疲劳等不良反应。正确的做法是以一定的运动负荷量作用于身体，一定次数和时间后，引起了身体的适应，然后再依据人体对运动的适应性变化，有计划地逐步增大运动负荷，使身体产生新水平的适应，最终达到增强体质的目标。运动负荷的大小因人、因时而异，同一个人，不同的机能状态下对负荷的承受能力也不尽相同。一般而言，在每次体育锻炼以后如果感到稍累，但没有各种不良反应，通过休息恢复较快，这样的运动负荷基本是合适的。

（2）体育锻炼要坚持不懈。从生物学的角度看，人体的发展既不会立竿见影，也不会一劳永逸。根据“用进废退”的原理，人体对体育锻炼的适应呈现出经常锻炼则进步、发展；“三天打渔，两天晒网”则退步、消弱的变化规律。运动停止后几周，由于热量消耗减少，脂肪开始增长，肌肉逐渐萎缩，技能也会消退。古语说得好：“动不在三更五鼓，炼只怕一曝十寒”，所以，需要我们树立终身体育的理念，持之以恒地进行体育锻炼。

温馨提示 生病或疲惫时，应酌情减少训练分量，不要勉强完成既定运动。否则会加重身体的不适感。

5. 锻炼热身应保证到位

锻炼开始时，要重视准备活动。准备活动就是在体育锻炼前，根据体育项目的特点，相应地活动身体各部位。其作用在于提高神经中枢的兴奋性，加强心肺功能，使肌肉、肌腱、韧带处于伸展性良好的“工作状态”。它是人体从相对安静状态过渡到剧烈运动状态，克服生理惰性，进行自我保护的有效措施。尤其是在气温较低、气候寒冷的季节，更应该重视锻炼前的热身活动。

锻炼结束后，要做好放松整理活动。整理活动的作用在于通过比较轻松、舒缓的身体活动，使各个组织器官从紧张的运动状态中松弛下来，增加吸氧量，“冲刷”体内的乳酸，从而加速疲劳的缓解和消除，使肌肉疼痛感大大降低。此外，剧烈运动时，肌肉有节律性地收缩，促使血液很快地流回心脏，心跳和血液流动加快，肌肉和毛细血管扩张。此时如果立即停止运动，会使得肌肉的节律性收缩也立即停止，导致肌肉中的大量血液淤积于静脉，造成暂时性的心脏缺血、脑部供血不足，引发心慌、头晕、眼花，甚至休克等症状。例如，急速奔跑到达终点后，借助惯性再慢跑一段直至放慢到步行状态，目的就在于此。

6. 锻炼意向应明确

首先，体育锻炼者应该确立明确的健身目标。根据个人实际，既不妄自菲薄，又不夜郎自大，不急躁冒进，不踏步不前，确定恰当的锻炼目标。在此基础上形成各个时期的锻炼计划和预期效果，并注意阶段性的调整，体育锻炼才能奏效。

其次，体育锻炼者应该自觉积极地从事运动。这就要求大学生充分认识体育锻炼的价值，培养浓厚的体育兴趣。这样才能克服自身惰性，把体育锻炼当作生活中必不可少的组成部分，以极大的主动性和自觉性投身体育运动，真正达到身心合一。

2.1.2　科学锻炼的误区

1. 误区一：晨练最好

清晨，是心脏病发作的高峰期，因为体内的血液凝聚力较高，血栓形成的危险性较大。相反，黄昏时，心跳、血压最平衡，嗅觉、听觉、视觉、触觉最敏感，人体应激能力达到一天的最高峰，既能适应运动时心跳、血压的改变，又能最大限度地化解血栓，是体育锻炼的理想时间，暮练优于晨练。

2. 误区二：锻炼内容千篇一律

锻炼的范围仅局限于同样的几块肌肉，日复一日，动作单一。当人体完全适应了这种锻炼动作的刺激后，呼吸不再加速，运动过程中消耗的热量就会渐减，使锻炼效果变差。

3. 误区三：大量运动后立即洗澡

很多人认为，运动后一身汗，应该马上洗澡，其实，剧烈运动后，人体为方便散热、保持体温的恒定，皮肤表面血管扩张，汗孔张大，排汗增多。此时，冷水浴会使血管立即收缩，血液循环阻力加大，体内产生的大量热量不能尽快散发，导致内热外凉，机体抵抗力降低，破坏人体的平衡，容易生病。而热水澡则会继续增加皮肤和肌肉内的血液流量，导致心脏、大脑等其他重要器官的供血不足，出现头昏、恶心、全身无力，甚至虚脱休克，严重的还会诱发其他慢性疾病。

4. 误区四：出汗越多运动越有效

出汗不出汗，不能用来衡量运动是否有效。人体的汗腺受遗传影响，分活跃型和保守型两种。出汗与脂肪消耗也没有必然联系。汗水的成分包含水、盐分和矿物质，不含脂肪。出汗越多并不意味着减肥成效越大。

5. 误区五：锻炼期间可以尽兴吃喝

许多人认为，健身期间身体会消耗更多的热量和碳水化合物，不需要实施节食计划。其实不然，那样只能做到热量的入出平衡或不增加肥胖。想要达到最佳锻炼效果，就要保持营养平衡，多吃水果、蔬菜、纤维素、谷物及瘦肉，少喝甜饮料、少吃能榨出油的干果和热量高的食品。

2.1.3　科学锻炼的方法

科学锻炼应分 4 步走：自我测试、设置目标、制订计划、实施锻炼。

1. 自我测试

进行锻炼前，应对自身状况有充分了解，才能树立恰当的锻炼目标，形成科学的锻炼计划。自我测试的内容包括 3 个方面：① 身体形态的测试，如身高、体重、胸围等；② 身体机能的测试，如脉搏、血压、肺活量等；③ 运动能力的测试，如速度、力量、耐力、灵敏、柔韧、平衡等身体素质和跑、跳、投等身体活动能力等。

2. 设置目标

明确了锻炼目标，就规划出了锻炼计划的“主要航道”，这也是确定锻炼内容的先决条件。根据锻炼目标，选择运动项目，确定运动强度，安排运动时间。

3. 制订计划

如同建筑楼房离不开工程监理的监控那样，科学的锻炼计划也离不开适时的评价和调整，只要有助于长期坚持，就是一个好的锻炼方案。

4. 实施锻炼

锻炼的过程包括了检查评价、修订计划和继续实施。常用的锻炼方法有 6 种。

（1）重复锻炼法

重复次数不同，对身体的作用亦不同，重复次数越多，身体对运动反应的负荷量越大。因此，运用重复锻炼的方法，关键是视实际情况掌握好负荷量，并据此调节重复次数。

（2）间歇锻炼法

间歇的健身作用并不亚于运动本身，体质增强的实现，就是在间歇的休息过程中取得的超量恢复（超量恢复是指机体承受超过原有运动负荷刺激后，所达到的适应性恢复水平与原有恢复水平之差）。自古以来就有以静炼身的经验，现代科学更是让人类认识到了间歇健身的机体效果。

需要注意的是，间歇时，不要作静止休息，而应采取积极休息的方法，边轻微活动边休息，使肌肉对血管起到按摩作用，帮助血液流回心脏并加速排除代谢所产生的废物。如慢速走步，放松手脚、伸腰抻腿或深度慢呼吸等。

（3）连续锻炼法

连续的作用在于维持负荷量在一定的水平上，既不下降，也不上升，使身体充分地受到运动的作用。实践中，用于连续锻炼的主要是比较容易并已为锻炼者所熟悉的动作，如跑步、游泳、健美操等。

（4）循环锻炼法

循环锻炼法由几个不同的练习点组成，一个点上的练习一经完成，练习者就迅速转移到下一个点，随后的练习者依次跟上。练习者完成所有点上的练习，就算完成了一次循环。这种方式负荷较轻，既简单有味，又可获得综合锻炼，达到全面发展的良好效果。例如，把篮球练习分为立地投篮、三步上篮、全场运球三个点，逐一完成。

（5）变换锻炼法

此法可以有效地调节生理负荷，提高兴奋性，克服疲劳和厌倦情绪，进而强化锻炼意向，以达到提高锻炼效果的目的。

一方面，锻炼条件、环境的变化，可使锻炼者的大脑皮层不断地产生新异的刺激，提高兴奋性、维持锻炼的兴趣，从而提高机体对负荷的承受能力，提高锻炼效果。另一方面，对锻炼内容、时间、动作速率等作出变更、提出新的要求，可有效地调节生理负荷，使机体不断产生适应性变化，达到更好地锻炼身体的目的，例如将田径场的长跑变为越野跑。

（6）负重锻炼法

负重锻炼法是使用杠铃、哑铃、沙袋等重物进行身体锻炼、增强体力的方法。大学生进行负重锻炼时，应该采用最大摄氧量和最大心输出量以下的负荷，以防止给心血管和呼吸系统带来不良影响。

温馨提示 正确的锻炼方法：由小到大、由易到难、由简到繁。从小运动量、小幅度、简单的动作开始，约半个月后，再逐渐增加运动量，加大幅度，提高动作难度。

2.2 运动处方

本节将阐述运动处方的内容，介绍运动处方的 4 要素——运动项目、运动强度、运动时间、运动频率。指出运动处方的实施是一个有步骤的、动态的过程：在进行健康检查和体质测试的基础上制定运动处方，然后实施运动处方，再次进行体质测试并分析运动效果，据此调整运动处方，随后实施修正后的运动处方，不断反馈循环，以获得最佳的运动效果，达到运动的预期目标。

2.2.1　运动处方的内容

战国时期，《行气玉佩铭》上刻有我国最早的运动处方，郭沫若先生译为："行气，深则蓄，蓄则伸，伸则下，下则定，定则固，固则盟，盟则长，长则道，道则天。天几春在上，地几春在下。顺则生，逆则死。"公元前 5 世纪，古希腊 Hippocrates（希波克拉第）的著作《Preidiaites》(《健身术》）被视为西方运动处方的萌芽。20 世纪 50 年代，美国著名的生理学家 Kapovich（卡波维奇）提出了运动处方的概念。1969 年，世界卫生组织（WHO）采用了运动处方（Exercises Prescription）这一术语。1995 年，美国运动医学学会提出了一个运动处方的建议"FITTP"：F——Frequency（频率）、I——Intensity（强度）、T——Time（时间）、T——Type（性质）、P——Progression（进度）。

运动处方的定义，各家学者表述不一。通俗而言，运动处方是指针对个人的年龄、性别、健康、锻炼经历、心肺和运动器官的机能水平等状况，而采用的规定了适当的锻炼内容、锻炼方法和运动量等的科学的体育锻炼方法。它是一种个体化的锻炼方案，因人而异，针对性强，收效快，避免不合理的运动损害身体，更好地达到健身和防治疾病的目的。运动处方从不同角度分类众多，如表 2-1 所示。

表 2-1　运动处方的分类

按目的分类	治疗性运动处方：以治疗疾病，提高康复效果为主
	竞技性运动处方：以提高专业运动成绩为主
	健身性运动处方：以提高身体素质、增强运动能力为主
按锻炼的器官系统分类	分为神经系统运动处方、呼吸系统运动处方、消化系统运动处方等
按锻炼者的年龄分类	分为幼儿运动处方、青少年运动处方、中年运动处方、老年运动处方等

运动处方的内容一般包括 5 个方面：运动目的（强身健体、防治疾病、健美减肥、消遣娱乐等）、运动项目、运动强度、运动时间、运动频率。其中后 4 项被称为运动处方的 4 要素。

1. 运动项目

运动项目（Mode），即根据体育运动者的目的有针对性地选择锻炼项目。例如，大学生为了预防和缓解神经衰弱，可以选择太极拳、瑜伽等放松舒缓的运动项目；为了完善形体，可以选择健美操、交谊舞等塑形健身的运动项目；为了增强耐力，可以选择球类、跑步等有氧运动项目。

2. 运动强度

运动强度（Intensity），即在单位时间内完成的运动量，也就是运动的激烈程度。它是制订和实施运动处方的关键因素之一，对于获得最优化的健身效果具有积极作用。恰当的运动强度应是安全而有效的。

如果运动强度过大，会导致出汗较多，食欲不振，睡眠不良，并伴有头晕、恶心、胸闷等不良反应，运动后的第二天疲倦感仍然比较明显。如果运动强度过小，则不能实现锻炼目标，具体表现为脉率变化很小，运动后 1～2 分钟脉率即恢复到安静时的水平、不出汗等。

运动强度常以心率作为量化的指标。心率与锻炼效果的关系如表 2-2 所示，心率过低，锻炼效果不明显；心率过高，锻炼则会适得其反，造成肌体损伤。据研究，心率在 120～150 次/分钟时为锻炼效果的最佳区间，上限为安全界线，下限为显效界线。在实施过程中，应根据年龄、性别、体质状况及身心特点的不同，分别对待，自监自控，负荷适宜，循序渐进，对此区间的心率作适当的调整，以获得最佳的锻炼效果。

表 2-2　心率与锻炼效果评价表

心率范围（X）	锻 炼 效 果
X≤120 次/分钟	血压、血液、尿蛋白、心电图等均无明显变化，健身价值小
120 次/分钟<X≤140 次/分钟	每搏输量接近并达到最佳状态，健身效果明显
X≈150 次/分钟	心脏每搏输出量最大，健身效果最好
160 次/分钟≤X≤170 次/分钟	无不良的异常反应，也未出现更好的健身迹象
X≥180 次/分钟	体内免疫球蛋白减少，易产生疲劳，感染疾病，导致运动损伤等

常用的确定运动心率的方法有 5 种（见表 2-3）：年龄减算法、心率百分比法、卡沃南法、库柏（美国军医）提出的最佳心率测定法、卡尔森提出的运动强度心率测定法。

表 2-3　常用的确定运动心率的方法

年龄减算法	运动时适宜的心率＝180（或 170）–年龄
心率百分比法（T）	（每分钟最高心率数[一般人为 220]–年龄）×70%≤T≤（每分钟最高心率数–年龄）×85%，以此确定有氧锻炼的适宜负荷量
库柏提出的最佳心率测定	锻炼时最佳心率＝（最大心率 – 安静时心率）×70%＋安静时心率
卡沃南法	运动时心率＝（按年龄预计的最大心率 – 静息时心率）×60%＋静息时心率
卡尔森提出的运动强度心率测定法	持续耐力训练适宜心率＝（最高心率 – 运动前安静心率）÷2＋运动前安静心率

3．运动时间

运动时间（Duration）即达到处方要求强度的持续时间。运动时间与运动强度成反比，强度大时，欲达到相同的训练效果，运动时间就可以缩短；强度小时，则运动时间应该延长。一般而言，要使身体各系统受到有效的运动刺激、达到有效心率后的运动时间不能少于 5 分钟。

4．运动频率

运动频率（Frequency）即每周的运动次数。每周运动的次数要综合考虑疲劳的消除、运动效果的积累与持续的时间。一般而言，耐力锻炼，每次 20～60 分钟，每周 3～5 次即可；肌肉力量锻炼，隔日为好；柔韧性锻炼，至少应两天一次，且每次训练皆伸展 1～3 个回合。运动能力强、体力好的大学生运动次数可以适当增加，反之亦然。

温馨提示　有氧运动时，应达到合理的喘气状态，即可以说话，但无法唱歌。

此外，运动处方有 4 个注意事项。首先，遵守循序渐进、个别对待的原则；其次，加强医务监督和自我监控的原则；再次，坚持准备活动和整理活动的原则；最后，注意运动安全（图 2-1 所示为大学生的坐式生活形态）。

图 2–1　大学生的坐式生活形态

2.2.2　运动处方的实施

运动处方的制订和实施遵循一定的步骤，如图 2-2 所示。

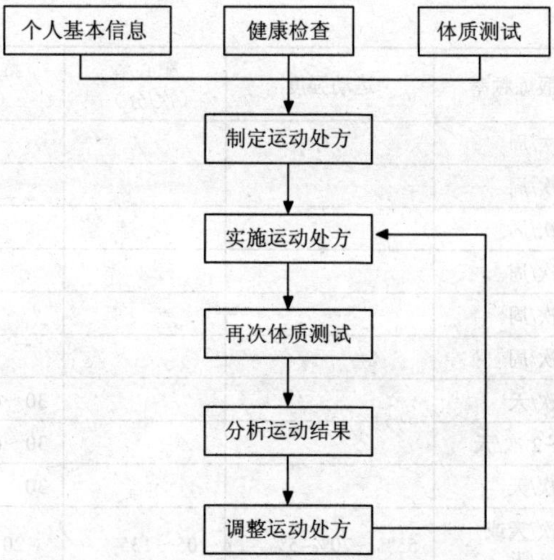

图 2–2　运动处方制定实施的流程

个人基本信息指姓名、性别、年龄、既往病史、训练经历、测试者的健身目的、所处环境等。例如，不曾训练过的人，进步幅度会较大；曾经长久训练过的人，进步则相对缓慢。

健康检查的目的是获取运动者在身体发育、机能水平以及疾病状况等方面的基本信息，以便有针对性地确定运动项目、运动强度、运动频率等。主要包括心率、血压、心电图、摄氧量、验血、验尿等生理生化指标。

体质测试应在专业人员的指导和监督下进行，一般包括身体形态、心肺机能和身体素质 4 个方面。具体测试项目有身高、体重、肺活量、速度、力量、耐力、柔韧性等。

制订运动处方时，要重视运动目标的设置，短期、中期和长期相结合。一方面要防止因运动负荷水平过高而造成对机体的损害，另一方面也要避免因运动量过小而达不到锻炼目的，应明确锻炼者心肺功能对运动负荷的反应。此外，运动项目的选择和确定应从个人实际出发，以明确、具体、便于量化者为佳。大学生的体力、精力是人生全过程中最充沛的阶段，最好选择球类、健美、武术、游泳以及《国家体育锻炼标准》规定的项目等。

运动处方的实施是一个动态的过程，应根据锻炼效果对原定处方进行调整，使之更加切合实际，使运动处方内容与机体状态保持最佳配合，以切实达到发展身体、增强体质、增进健康、终身受益之目的。

坚持运动一段时间后，如果机体承受运动负荷的水平有所提高，机体对原有的运动刺激已经适应，应加大运动量或改变运动方式，以不断提升锻炼效果；如果锻炼者竭尽努力也难以完成处方中所规定的运动量，经常出现疲劳，甚至表现出了运动性疾病的症状，应重新评价运动者的机能水平和运动能力，修改运动处方的内容。表 2-4 所示为大学生运动处方。

表 2-4　大学生运动处方

	项目	等　级	锻炼频率	运动强度	靶心率（次/分）	持续时间（分）	组/次	组间隔（分）
大学男生	身高标准体重	肥胖	2 次/天或 1 次/天	55%～70%	110～140	>20 或>45		
		超重	1 次/天	55%～70%	110～140	>45		
		较轻	3～4 次/周	65%～80%	130～160	>30		
		营养不良	3～4 次/周	65%～80%	130～160	20～30		
	心肺功能	良好	3～4 次/周	65%～80%	130～160	>20		
		及格	3～4 次/周	65%～80%	130～160	>20		
		不及格	3 次/周	65%～80%	130～160	>15		

续表

	项目	等级	锻炼频率	运动强度	靶心率（次/分）	持续时间（分）	组/次	组间隔（分）
大学男生	速度力量	良好	3 次/周					2
		及格	3 次/周					2
		不及格	3 次/周					2
	力量	良好	3 次/周				4～6	1～2
		及格	3 次/周				4～6	1～2
		不及格	3 次/周				4～6	1～2
	柔韧性	良好	1 次/天			30～60		
		及格	1～2 次/天			30～60		
		不及格	2 次/天			30		
大学女生	身高标准体重	肥胖	2 次/天或次 1/天	55%～70%-5%	105～135	＞20 或＞45		
		超重	1 次/天	55%～70%-5%	105～135	＞45		
		较轻	3～4 次/周	65%～80%-5%	125～155	＞30		
		营养不良	3～4 次/周	65%～80%-5%	125～155	20～30		
	心肺功能	良好	3～4 次/周	65%～80%-5%	125～155	＞20		
		及格	3～4 次/周	65%～80%-5%	130～160	＞20		
		不及格	3 次/周	65%～80%-5%	125～155	＞15		
	速度力量	良好	3 次/周					2～3
		及格	3 次/周					2～3
		不及格	3 次/周					2～3
	力量	良好	3 次/周				4～6	1～2
		及格	3 次/周				4～6	1～2
		不及格	3 次/周				4～6	1～2
	柔韧性	良好	1 次/天					0.5～1
		及格	1～2 次/天					0.5～1
		不及格	2 次/天					1

思考与练习

1. 科学锻炼的原则是什么？
2. 科学锻炼的方法有哪些？
3. 运动处方的内容包括哪些要素？
4. 运动处方制订与实施的步骤有哪些？

活动与探索

学生每人为自己量身制订一周的锻炼计划，计划应包括一周内锻炼的时间、内容和运动量的安排等，并详细说明其在科学性、针对性、可操作性 3 个方面的制定依据。

第3章 课外体育与竞赛

本章将介绍课外体育锻炼的意义、特点、形式和内容，对课外体育活动和体育课堂教学进行比较，概述体育竞赛的组织，具体讲解田径竞赛和球类竞赛的编排。

3.1 课外体育概述

本节将阐述课外体育的意义和开放性、兴趣性、灵活性、自主性、实效性、综合性等特点，介绍其形式和内容，比较课外体育活动和体育课堂教学的异同。

3.1.1 课外体育的意义和特点

课外体育是学校体育的重要组成部分，是发展课外教育的重要形式和内容，是实施素质教育的重要途径和手段，是奠基终身体育的重要基础和渠道。

课外体育活动具有如下特点：开放性——活动内容广泛，活动空间广阔；兴趣性——活动形式多样，活动内容丰富；灵活性——项目适时调整，时间自由控制；自主性——学生参与自愿，精英训练自觉；实效性——锻炼全面兼顾，训练区别对待；综合性——自成体系独立，体育课堂延伸。

3.1.2 课外体育的形式和内容

课外体育的组织形式多样：有规定在学校作息制度中的学生必须参加体育活动，如早操、课间操等；有全校性的课外体育活动，如体育节、体育周（日）、运动竞赛等；有为少数擅长运动的学生组织的课余体育锻炼，如运动队训练等；有校外各种形式的体育活动，如郊游、远足、野营等。

大学生喜爱的体育运动项目存在着不同学段的差异、性别的差异、专业的差异，其喜爱的项目多样化与集中化趋势并存。田径、球类、民间体育等项目最受欢迎。

3.1.3 课外体育与课堂教学的异同

1. 课外体育活动和体育课堂教学的共同点

两者共同完成学校体育目的和任务，坚持健康第一，促进学生身心全面发展，都是以身体活动为主，并与思维活动相结合的一种教育活动，学生都要承受一定的运动负荷。都要遵循认识事物的一般规律、学生身心发展规律和动作技能形成规律等；都要恪守身体全面发展、循序渐进、运动负荷合理、从实际出发等原则。

2. 课外体育活动和体育课堂教学的不同点

课外体育活动，顾名思义，它是在“课外”进行的体育“活动”，所以与体育课有着明显的不同。

就任务而言，体育课要教会学生大纲规定的体育知识技术与技能，教的因素凸显。而课外体育活动，练的因素更为显著，它主要是“活动”，是“玩耍”。

就组织而言，体育课有固定的教师、班组等。而课外体育活动的组织形式则灵活机动，既可集体游戏，又可自行操练。

就内容而言，体育课主要是按照制订的计划进行教学，具有一定的统一性和严肃性。而课外体育活动则不受此限制，它既可复习体育课教过的教材，也可根据学校的实际条件和学生的兴趣爱好，开展多种多样的运动项目。

就时间而言，体育课每周只两课时，仅少数有条件的学校，安排三课时或更多的课时。而课外体育活动的时间则更为丰富充裕，能够每天举行。

3.2 体育竞赛的组织编排

本节将阐述体育竞赛的组织工作，包括赛前的准备、赛中的管理和赛后的汇总。具体讲解田径竞赛和球类竞赛的编排，田径竞赛的编排包括准备工作、竞赛日程编排、竞赛分组编排、编印秩序册、记录公告编排等；球类竞赛的编排方法有淘汰法、循环法、混合法等。

3.2.1 体育竞赛的组织

1. 赛前准备工作

（1）确立组织方案。组织方案既是各项筹备工作的依据，又是保证运动会高效、顺利运行的先决条件。一般包括：竞赛的名称、性质、目的、任务、意义、规模、组织机构、经费预算、工作步骤等。

（2）拟定竞赛规程。竞赛规程是竞赛工作的法规性文件，具体指导比赛有计划、有秩序、科学、合理地进行。其主要内容包括：竞赛名称、目的、时间、地点、项目、比赛方法（运动员资格要求，每人限报项数，每项限报人数等）、竞赛规则、参赛资格、名次录取、奖励办法、报名方式、注意事项等。竞赛规程应由主办单位提前下发到各参赛单位。

（3）构建组织机构。竞赛组织机构的设置既要符合竞赛规模，又要尽量精简，还要职能划分明确（见图 3-1）。竞赛组主要负责裁判、编排记录、成绩公布、运动员资格审核等工作。政宣组主要负责思想教育、宣传报道、安全保卫等工作。会务组主要负责经费计算、物质供应、公共关系、食宿交通、医疗救护等工作。

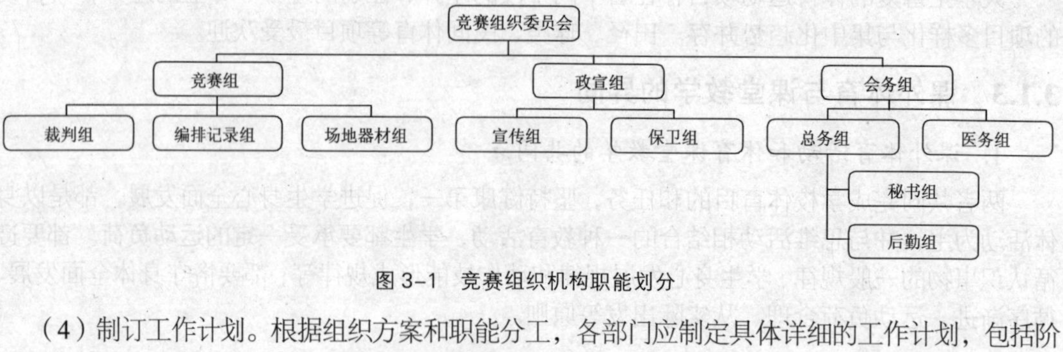

图 3-1 竞赛组织机构职能划分

（4）制订工作计划。根据组织方案和职能分工，各部门应制定具体详细的工作计划，包括阶段、时间、工作内容、要求、进度、负责人等。运动会的各项工作应按照计划流程有条不紊地推进。

（5）落实赛前工作。主要包括：组织裁判实习、检查场地器材、确保后勤服务等工作。

2. 赛中管理工作

竞赛期间，组织与管理工作较为繁重：开幕式、闭幕式的安排，比赛时间的把握，赛场秩序的控制，突发事件的处理，竞赛成绩的公布，裁判队伍的管理，颁奖仪式的设计等，其成效直接影响着赛事的顺利进行。

3. 赛后汇总工作

竞赛结束后，组织工作的主要任务有：编印并发放成绩册；财务结算；赛后总结；将相关文件和资料整理归档等。

3.2.2　田径竞赛的编排

1. 编排准备工作

田径竞赛编排前的准备工作包括：审校报名表；编排运动员名单和比赛号；统计各项目参赛人数、兼项人数、各代表队参加人数；选聘仲裁及裁判人员；编制竞赛相关表格（见表 3-1、表 3-2、表 3-3、表 3-4、表 3-5）等。

表 3-1　田径运动会报名表

单位　　　组别　　　领队　　　教练　　　填表日期

运动员号码	姓名	出生年月	100 米	200 米	……	跳远	跳高	……	备注
每项参加人数									

说明：运动员号码由大会统一填写；参加项目以“√”表示。

联系人：　　填表人：

表 3-2　径赛检录表和终点记录表

男、女子组　　米　　赛　　共　　组　第　　组 取　　名

道次	1	2	3	4	5	6	7	8
号码								
姓名								
单位								
名次								
成绩								
备注								

记录员：　检录长：　终点裁判长：　计时长：　竞赛裁判长：　　年　月　日

表 3-3　女子运动员兼项统计表

项目 人数 项目	100 米	……	跳远	……
100 米	—			
……		—		
跳远			—	
……				—

表 3-4　田径运动会成绩记录表

名次 记录 项目	第一名			第二名			第三名			第四名			第五名			第六名			第七名			第八名			备注
	姓名	单位	成绩	姓名	单位	成绩	姓名	单位	成绩	姓名	单位	成绩	姓名	单位	成绩	姓名	单位	成绩	姓名	单位	成绩	姓名	单位	成绩	
100 米																									
……																									
跳远																									
……																									

编排记录公告主裁判：　　　　　　　　　　　　　　裁判员：

表 3-5　田径运动会竞赛日程安排表

比 赛 日 期					……
比赛单元	上午	下午	上午	下午	
100 米					
……					
跳远					
……					
每日比赛项次					
每日决赛项数					

2. 竞赛日程编排

编排竞赛日程时，应准确把握田径竞赛规则，详细了解本次比赛的竞赛规程，如比赛时间（包括天数和每天的赛时）、项目、录取方法、场地器材、参赛人数等情况，在统筹全局的基础上，寻求最佳方案。

（1）合理控制赛次间隔和比赛时间

赛次间的时间间隔是为了保障运动员的适当休息和调整，其最低标准是：200 米及 200 米以下各项目为 45 分钟，200 米以上至 1 000 米各项目为 90 分钟，1 000 米以上各项目不在同一天举行，全能各单项为 30 分钟，田赛的及格赛和正式比赛之间应间隔一天，第一天的最后一项与第二天的第一项之间应间隔 10 小时。

各项目比赛时间的估算，如表 3-6 所示。

表 3-6　各项比赛时间估算

径 赛 项 目	每组用时（分）	田 赛 项 目	每组用时（分）
100/200/400 米	4～6	跳高	总人数×8～10
800 米	6～8	撑杆跳高	总人数×13～15
1500 米	8～10	跳远	（总人数+8）×3～4
3 000 米、3 000 米障碍	15～20	三级跳远	（总人数+8）×3～4
5 000 米	20～25	铅球	（总人数+8）×3～4
10 000 米	40～50	铁饼	（总人数+8）×4～5
100/110/400 米栏	5～7	标枪	（总人数+8）×4～5
4×100/400 米接力	8～10	链球	（总人数+8）×5～6
5 000 米竞走	40～45		
10 000 米竞走	70～90		

注：不同项目换项或同项目换组时需增加 5～10 分钟；跨栏跑的每组用时不含摆撤栏时间，摆撤栏需增加 5～10 分钟；同一项目，女子组用时较长，男子组用时较短。

（2）科学减少兼项冲突和各类干扰

兼项的一般规律为：100 米和 200 米，200 米和 400 米，400 米和 800 米，400 米和 400 米栏，800 米和 1 500 米，3 000 米和 5 000 米，5 000 米和 10 000 米，100 米和跳远，跳远和三级跳远，100 米和 4×100 米接力，400 米和 4×400 米接力，推铅球和掷铁饼等。为减少兼项冲突，应尽量将相关项目分开编排。

此外，还应尽可能减少自然环境、场地器械等对比赛的干扰。例如，撑杆跳高要考虑阳光的照射方向且比赛时间较长，一般应在上午进行；同一时间，不要安排两个田赛长投项目（铁饼、标枪、链球），以免造成场地交叉，增加裁判工作的困难并易导致伤害事故。

（3）全面考虑整体赛程和实际需要

① 某些性质相近的项目要注意先后顺序，距离应由短到长。例如，先 100 米后 200 米，先 800 米后 1 500 米，先 5 000 米后 10 000 米，先铅球后铁饼，先跳远后三级跳远等。

② 径赛中不同组别、性别的同一径赛项目，最好衔接安排，以便于裁判工作和场地器材的布置。

③ 短距离竞赛项目，若赛次较少，应尽量安排在一单元或一天内结束。

④ 跨栏项目，一般安排在各单元之首尾，抑或长距离跑之后；不同项目的跨栏，不可连排。

⑤ 每个单元的比赛中，尽量安排径赛和田赛同时结束，还要尽可能地避免某些场地出现“冷场”。

⑥ 决赛项目和观赏性较强的项目应分开编排，使赛场气氛始终保持热烈活跃。

⑦ 全部比赛临近结束时，可安排长距离项目或适当减少比赛项目，以便于计算总成绩和举行闭幕仪式。

3. 竞赛分组编排

（1）径赛项目

① 径赛项目分组的方法。蛇形法：若有报名成绩，可采用蛇形法分组。例如，有 6 条跑道，男子 100 米参赛 23 人，先按运动员成绩高低排序，然后按蛇形排列，把运动员分别编入各组。

一组　↓1　8 →　9　16 →　17
二组　2　7　10　15　18　23
三组　3　6　11　14　19　22
四组　4 →　5　12 →　13　20 →　21↑

斜线法：若无报名成绩，且人数较多，可采用斜线分组法。将参加该项的运动员卡片（或号码）按单位依次上下排列，再按斜线通过的卡片（或号码）分组。例如，男子 100 米预赛 21 人，按成绩取前 8 名参加决赛，6 条跑道，分 4 组，如表 3-7 所示。

表 3-7　斜线分组法

单位号码顺序	中文系	地理系	数学系	化学系	教育系	外语系	政治系
1	1001	2002	3001	4001	5002	6001	7005
2	1003	2004	3002	4003	5003	6002	7007
3	1006	2005	3008	4009	5007	6003	7008

第一组　1001　2004　3008　5002　6002　7008
第二组　2002　3002　4009　6001　7007
第三组　3001　4003　5007　7005　1006
第四组　4001　5003　6003　1003　2005

② 径赛项目分组的注意事项。应根据各项目的参赛人数、赛次、录取方法、跑道数（直道、弯道）以及裁判员的情况等，进行分组。

每组人数应尽量均衡，避免同一单位的运动员排在同一组里（尤其是预赛时）。

按名次录取分组时，应把成绩优秀的运动员分别编排在各组内；按成绩录取分组时，可将成绩较好与较差的运动员搭配分组，也可把成绩较好的运动员相对集中地编在一组内（一般排在第二组或第三组）。

不分道的径赛项目，按成绩相近的原则分组，每组人数不宜过多，一般在 15 人以内。通常把成绩较好的运动员集中在第一组。

初赛时，按照随机原则，进行组次和道次抽签（不分道的项目则是起跑位置抽签），排出各组比赛顺序和各组中每位运动员的比赛道次。复赛时，800 米及以下距离的分道项目，每组运动员均分两次抽取比赛道次——列前 4 名的运动员抽取第 3、4、5、6 跑道；列后 4 名的运动员抽取第 1、2、7、8 跑道。只有 6 条分道时，成绩较好的前 3 名抽 2、3、4 道，后 3 名抽 1、5、6 道。

温馨提示 还可以按照成绩进行道次分配，以 8 条跑道为例，由内向外排列，直道项目为：4、5、3、6、2、7、1、8，弯道项目为：3、2、4、5、6、7、8、1。

（2）田赛项目

田赛项目的比赛一般不分组，比赛的次序在裁判长监督下由大会随机抽签排定。

报名人数较多（≥18 人）时，一则可在正式比赛前举行及格赛，由大会根据参赛运动员的水平规定一定的标准，明确地写入秩序册，不达标者，没有资格参加正式比赛。二则可分组进行比赛。各组的比赛场地、气象、风向等条件必须基本相同。若条件允许，远度项目可分组在不同的场地同时进行前 3 轮比赛，取成绩最优的前 8 名运动员合并成一组再进行后 3 轮比赛。高度项目在不同场地分组比赛时，每次横杆提升高度应相同，淘汰一定人数后，再合并为一组继续比赛。

（3）全能项目

如表 3-8 所示，男子十项和女子七项全能运动必须在连续的两天内按规定的顺序赛完。

表 3-8　全能比赛顺序表

第一天	男	100 米、跳远、推铅球、跳高、400 米
	女	100 米跨栏、跳高、推铅球、200 米
第二天	男	110 米跨栏、掷铁饼、撑杆跳高、掷标枪、1 500 米
	女	跳远、掷标枪、800 米

全能项目的分组、分道和排序方法，与径赛、田赛各单项相同。但最后一项，应根据前几项积分进行分组，成绩最低的运动员为第一组，依此类推，成绩最高的一组运动员为最后一组。

全能的每一个单项，均应单独进行抽签。田赛项目的比赛顺序，除第一项由编排人员在监督之下抽签确定，其余各项均由运动员当场抽签排定。

4. 编印秩序册

秩序册一般包括下列内容：封面（运动会名称、主办单位、竞赛日期）；目录；竞赛规程、竞赛须知、补充通知；组织委员会人员名单；办事机构及工作人员名单；技术代表、技术官员、仲裁委员、裁判员名单；代表队名单（运动员姓名、号码对照表）；竞赛日程；各项目参赛运动员名单及人数统计；分组名单；相关纪录和等级标准；比赛场地平面图等。

5. 记录公告编排

接收、审核各项比赛成绩，发布成绩公告和后继赛次录取名单，记录得分和奖牌数目、统计破纪录的项目、人数、人次等。

3.2.3　球类竞赛的编排

球类竞赛的编排方法较多，基本有淘汰法、循环法和混合法。应根据参赛队（人）数、项目特点、比赛时间、裁判数量、场地设施等因素选取适宜的编排方法，以达到扬长避短、相得益彰的效果。

1. 淘汰法

淘汰法是指参加比赛的队（人）在比赛过程中失败一次或两次之后，即失去比赛资格，连续获胜的队（人）继续参加比赛，直至最后决出优胜者。

淘汰法包括单淘汰和双淘汰，多用于参赛队（人）较多、赛期较短的情况。一般大球（篮球、排球、足球等）项目较少单独使用，小球（乒乓球、羽毛球等）项目则采用较多。其优点是：比赛场数少，需用时间短，同时可使比赛逐步形成高潮。其缺点是：合理性差，机遇性强；除第一名外，不能准确地确定其余名次；参赛者锻炼机会较少，不利于互相交流和学习。

编排淘汰赛时，需计算比赛场数、比赛轮数和比赛轮空数。

单淘汰法比赛场数＝参赛队（人）数–1；

双淘汰法比赛场数＝参赛队（人）数×2–2

若参赛队（人）数＝2^x，则比赛轮数＝x；若 2^x＜参赛队（人）数＜2^{x+1}，比赛轮数则按 2^{x+1}（号码位置数）计算。例如，13 个参赛队（人），则按 16（2^4）个队计算，比赛为 4 轮。

比赛轮空数＝号码位置数–参赛队（人）数，如 13 个参赛队（人），轮空场数＝16 – 13＝3

① 单淘汰

各参赛队（人）按编排的顺序进行比赛，失败一次就被淘汰，即为单淘汰。

例 1：8 个队的单淘汰赛可按图 3-2 所示编排。

第二轮为复赛，失败的两队（人）可补赛一场，决定第三、四名，也可并列第三名。

第三轮为决赛，产生第一名与第二名。

例 2：13 个队的单淘汰赛可按图 3-3 所示编排。

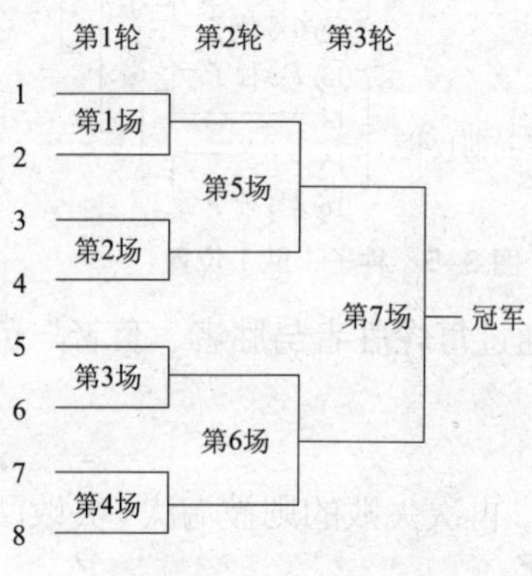

图 3–2　8 个队单淘汰赛

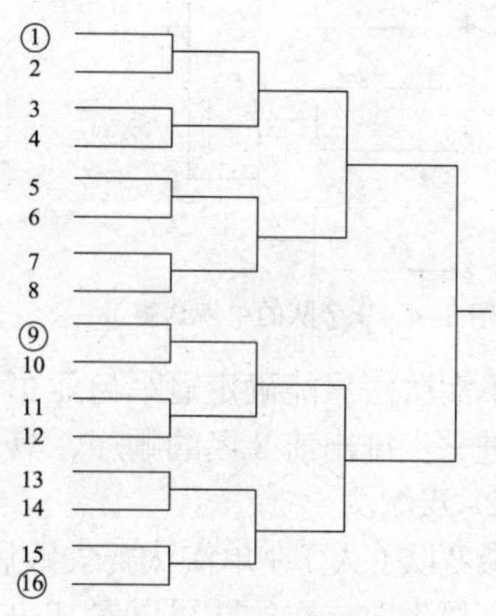

图 3–3　13 个队的单淘汰赛

轮空位置均在第 1 轮，使第 2 轮的队（人）数正好是 2 的乘方数。

根据轮空位置表（见表 3-9）得出 1、9、16 三个号码为轮空位置，凡抽到 1、9、16 号的队（人）第一轮轮空，直接进入下一轮比赛。

表 3-9　轮空位置表（该表适用于 128 队以下）

2□127□66□63□34□95□98□31□18□111□82□47□50□79□114□15
10 119□74□55□42□87□106 23□26□103□90□39□58□71□122□7
6□123□70□59□38□91□102 27□22□107□86□43□54□75□118□11
14 115□78□51□46□83□110 19□30□99□94□35□62□67□126□3

注：轮空位置表的使用方法为：按比赛所需轮空数，逐行由左向右依次摘出小于或等于号码位置数的号码，这些号码即为轮空的位置号码。

例 3：9 个队的单淘汰赛可按图 3-4 所示编排。

参加比赛的队（人）数稍大于 2 的乘方数时，若采用轮空，则空位太多，可以用“抢号”的方法解决。即以最接近的小于队（人）数的 2 的乘方数作为号码位置数。两个参赛队（人）争夺一个号码位置数，胜者继续参加比赛，负者淘汰。

为避免优秀队过早相遇，应采用“种子（队）”位置安排法。如有轮空机会，一般“种子（队）”优先轮空。

确定“种子（队）”可以通过协商，也可以按照往届赛事的成绩和排名。选择“种子（队）”的数目一般是 2 的乘方数即 4、8 等，在编排中易于均匀分布。以技术水平的高低排列“种子（队）”序号，实力最强的为 1 号。“种子（队）”应在竞赛规程中作出明确规定，并经过一定会议的讨论认可。

如图 3-5 所示，第 1 号种子应在上半区的顶部，第 2 号种子应在下半区的底部，第 3 号种子在下半区的顶部，第 4 号种子在上半区的底部，第 5 号种子在第 2 个 1/4 区的顶部，第 6 号种子在 3 个 1/4 区的底部，第 7 号种子在第 3 个 1/4 区的顶部，第 8 号种子在第一个 1/4 区的底部。

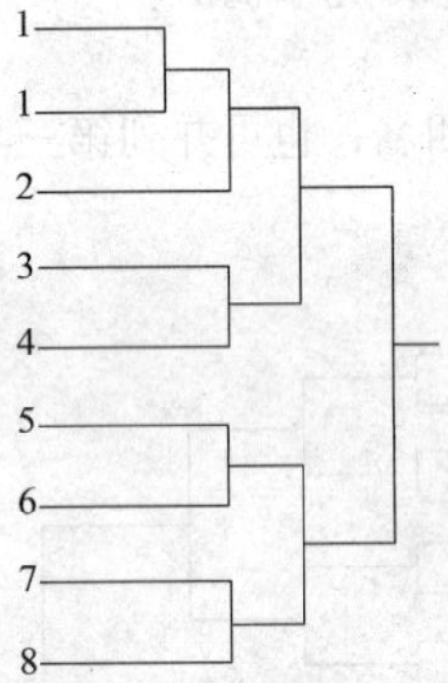

图 3-4　9 个队的单淘汰赛

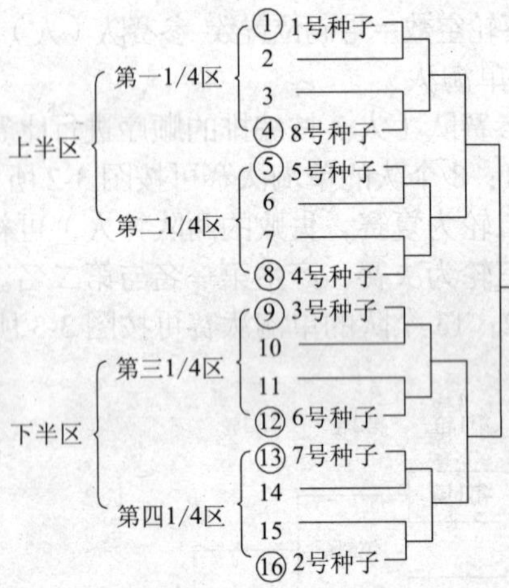

图 3-5　种子（队）位置

单淘汰法只能确定冠军与亚军，增加附加赛则可以通过每轮胜者与胜者、负者与负者的比赛进一步排出前 8 名的顺序，具体编排如图 3-6 所示。

② 双淘汰

参赛队（人）在单淘汰赛失败后，另行编排进行比赛，再次失败的则被淘汰（失败两次）。最后，只失败一次的队可以参加决赛，并有可能获得冠军。

双淘汰的编排方法较之单淘汰大大减少了比赛胜负的偶然性。

例如，8 个队的双淘汰赛可按图 3-7 所示编排。

决赛时，如果 1 胜，则 1 为冠军，3 为亚军；如果 1 败，则 1 与 3 都只败一次，所以应举行补赛（如虚线所示），胜者名次在前。

2. 循环法

循环法是指参赛队（人）按一定的顺序与其他队逐一对阵，按全部比赛的胜负场数计算各队得分，并确定名次。

循环法包括单循环、双循环和分组循环 3 种方法，一般用于参赛队（人）数较少，比赛时间较长的情况。其优点是：能够较合理地确定各个名次；锻炼机会较多，有利于互相学习，共同提高。其缺点是：比赛场次多，所用时间长，并需要具备一定的场地器材设备条件。

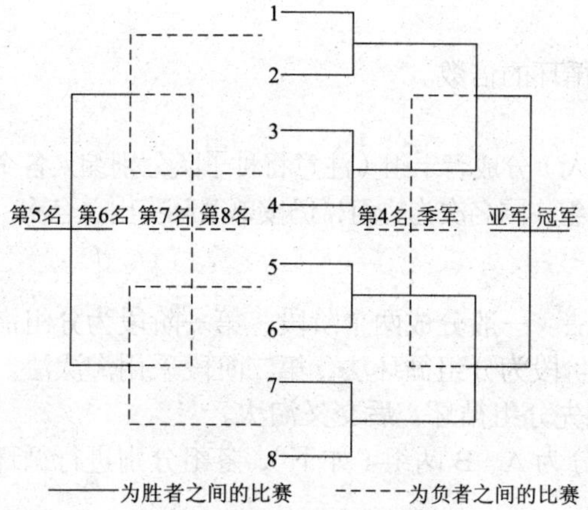

图 3-6　附加赛编排方法

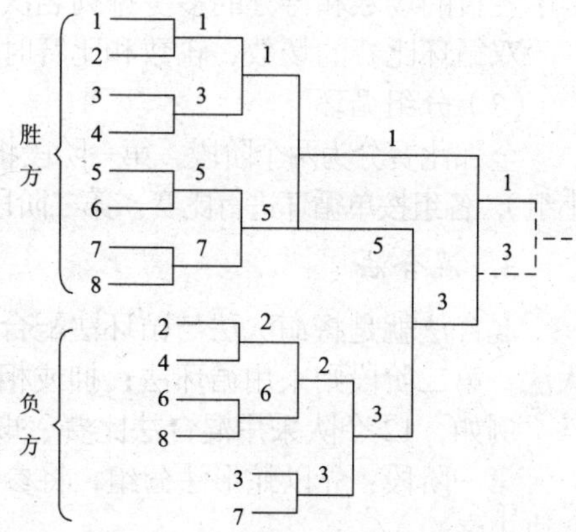

图 3-7　8 个队双淘汰赛编排方法

（1）单循环

所有参加比赛的队（人）均能相互比赛一次，最后按各队积分和得失分率（得失分率＝得分/失分）排列名次。

单循环赛时，需计算比赛场数和比赛轮数，并编排轮次表（赛程）。

比赛场数＝参赛队（人）数×（参赛队（人）数–1）/2

循环赛中，每队（人）均出场比赛一次，称为“一轮”。若参赛队（人）数为偶数，则比赛轮数＝参赛队（人）数–1；若参赛队（人）数为奇数，则比赛轮数＝参赛队（人）数。

球类比赛轮次的编排通常采用固定轮转法。第一轮采用“U”形排除，之后每轮比赛均把 1 号位置固定不动，其余号码按逆时针方向移动一个位置。抑或末尾位置固定不动，其余号码按顺时针方向转动。

无论参赛队（人）数是偶数还是奇数，都应按偶数编排。若为奇数时，要将其配成偶数，可以在最后补一个“0”号。与“0”相遇的队（人），即轮空。

例如，6 个队或 5 个队的单循环赛赛程可按表 3-10 所示编排。

表 3-10　单循环赛轮次表

轮次 / 赛程 / 类别	第一轮	第二轮	第三轮	第四轮	第五轮
参加队为偶数（例如：6 队）	1—6 ↙ ↑ 2—5 ↓ ↑ 3—4 →	1—5 6—4 2—3	1—4 5—3 6—2	1—3 4—2 5—6	1—2 3—6 4—5
参加队为奇数（例如：5 队）	1—0 ↙ ↑ 2—5 ↓ ↑ 3—4 →	1—5 0—4 2—3	1—4 5—3 0—2	1—3 4—2 5—0	1—2 3—0 4—5

（2）双循环

编排方法与单循环一样，但所有参赛队（人）均需相互比赛两次。最后按各队在全部比赛中胜负的场数和得分的多少排列名次。

双循环比赛的场数、轮数和比赛时间均是单循环的倍数。

（3）分组循环

全部比赛分为两个阶段，第一阶段将参赛队（人）分成若干组（注意将种子队分别编入各个小组），各组按单循环进行比赛。第二阶段按名次分组，同名次为一组，仍按单循环决出总名次。

3. 混合法

混合法就是将淘汰法与循环法配合使用的方法。一般分成两个阶段，第一阶段为分组淘汰法，第二阶段则采用循环法；抑或相反，第一阶段为分组循环法，第二阶段采用淘汰法。

例如，12 个队采用混合法比赛，取前 8 名。先分组循环，后交叉淘汰。

第一阶段：先以蛇形法分组，将参赛队平均分为 A、B 两组（如下），各组分别进行循环赛决出名次。

A 组　↓1　　4 → 5　　8 → 9　　12

B 组　　2 → 3　　6 → 7　　10 → 11↑

第二阶段：按小组名次进行交叉决赛（见图 3-8）。A1 与 B2，B1 与 A2 进行比赛，胜者决第 1 名和第 2 名，负者决第 3 名和第 4 名；A3 与 B4，B3 与 A4 进行比赛，胜者决第 5 名和第 6 名，负者决第 7 名和第 8 名（见图 3-9）。

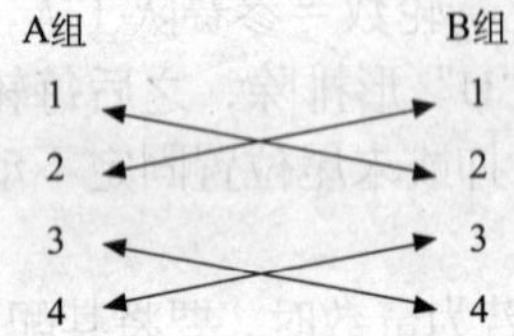

图 3-8　交叉决赛 1

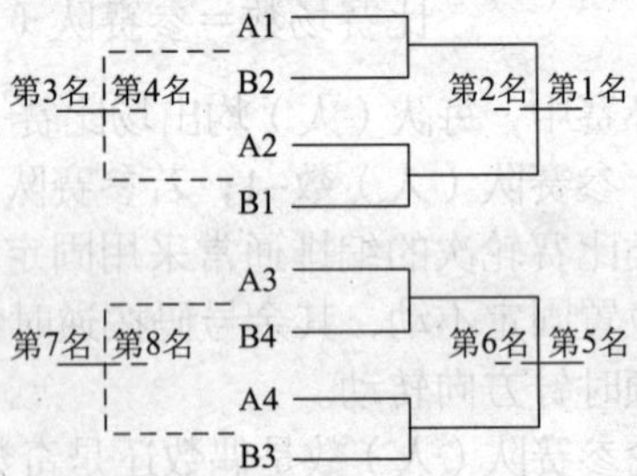

图 3-9　交叉决赛 2

思考与练习

1. 课外体育锻炼的特点有哪些?
2. 课外体育锻炼的形式有哪些?
3. 球类运动的编排方法有哪些?
4. 田径运动的编排方法有哪些?

活动与探索

根据实际班级和人数，设计某项球类或田径比赛的赛程，采用不同方法进行编排，并比较各种方法的优劣。

第 4 章

田径运动

本章将介绍田径运动的起源和发展历程，从田赛和径赛中选取大学生喜闻乐见的跑、投、跳的部分项目：跳高、跳远、三级跳远、推铅球、短距离跑、中长距离跑、跨栏跑、接力跑，就其具体技术进行详细阐述。

4.1 田径运动的简介

本节将概述田径运动的起源和现代田径的发展，对标准田径场进行介绍。

4.1.1 田径运动的起源

田径是世界上最为普及的体育运动之一，也是历史上最悠久的运动项目，被誉为“运动之母”。其起源之说大致可以归纳为以下几种：生存并与自然界斗争的手段，古代祭祀中的一项活动，战争的需要，教育的内容等。

远在上古时代，田径运动在人类生活中便占据着极其重要的地位。快速的奔跑、敏捷的跳跃和准确的投掷是原始人获得生活资料的必需手段。劳动中这些动作不断重复，长久积累便形成了走、跑、跳、投的各种技能。在古希腊阿尔菲斯河岸的峭壁上，刻有这样一段至理名言：

如果你想聪明，跑步吧！

如果你想强壮，跑步吧！

如果你想健康，跑步吧！

据记载，田径比赛成为正式比赛项目，是公元前 776 年在希腊奥林匹克村举行的第一届古代奥运会上，项目只有一个——短距离赛跑，跑道是一条直道，长 192.27 米。

4.1.2 现代田径运动的发展

田径运动（Track and Field/Athletics）是由田赛和径赛、公路赛、竞走和越野赛组成的运动项目。以高度和远度计算成绩的跳跃、投掷项目统称为田赛。以时间计算成绩的竞走和跑的项目统称为径赛。全能运动由跑、跳、投的部分项目组成，以各单项成绩按《田径全能运动评分表》换算分数、计算成绩。

1896 年在希腊举行了第一届现代奥运会上，走、跑、跳跃、投掷等 12 个田径项目被列为主要比赛项目，这成为现代田径运动开始的标志。1912 年，国际业余田径联合会（I.A.A.F.）成立，确立了国际统一的田径竞赛项目和竞赛规则，开始组织国际田径比赛。

田径运动是比速度、比高度、比远度、比耐力的体能项目，很好地体现了“更高、更快、更强”的奥林匹克运动精神。奥运会中田径设有 47 枚金牌，是奥运金牌设置最多的项目，所以有“得田径者得天下”之说。

标准的田径场一般由外场、中场及内场 3 部分组成。

（1）外场

径赛跑道外侧，主要包括建筑看台或其他有关设施。一般而言，仅供教学和训练的田径场外场几米即可，而标准田径场四周则要留有几十米的空间。

（2）中场

径赛跑道所占有的空间，内圈周长 400 米，为椭圆形。弯道为半圆形，半径为 36.5 米。直道要沿南北方向，避免太阳位置低时的炫目影响。一般设 8～10 条分道，每条分道宽 1.22～1.25 米。跑道内侧安全区域不少于 1 米，起跑区不少于 3 米，冲刺缓冲段不少于 17 米。跑道左右倾斜度最大不得超过 1:1 000，跑的方向上的向下倾斜度不得超过 1:1 000。

（3）内场

供田赛或球类比赛使用的部分。

4.2 田　赛

本节将介绍跳高、跳远、三级跳远、推铅球的概况，详细阐述其技术要领。

田赛包括跳跃项目和投掷项目。跳跃项目分为高度类和远度类，其中高度类有跳高（High jump）和撑杆跳高（Pole Vault），远度类有跳远（Long jump/Broad jump）和三级跳远（Triple Jump/Hop Step and Jump）。投掷项目包括推铅球（Putting the Shot/Shot Put）、掷铁饼（Throwing the discus）、掷标枪（Throwing the Javelin）和掷链球（Throwing the Hammer）。比赛时，人体或人投掷器械位移距离大者名次列前。

4.2.1　跳高

跳高要求运动员通过快速助跑，经单脚起跳，越过一定高度的横杆。它能有效地增强腿部肌肉力量，提高弹跳力、灵敏度和协调性，培养勇敢、果断的意志品质。

跳高起源于古代人类在生活和劳动中越过垂直障碍的活动。从生存的本能到战争的需要，再到健身的手段、娱乐的项目，跳高随着社会经济、文化的发展而演变。最初的跳高比赛是在草地上进行的。运动员面对两根木桩之间的绳子，通过助跑起跳双腿屈膝越过。现代跳高始于欧洲，19 世纪 60 年代开始流行于欧美国家。男、女跳高分别于 1896 年（第一届奥运会）、1928 年（第九届奥运会）被列为奥运会比赛项目。

跳高的技术动作先后出现过 5 次重大演变，即跨越式（见图 4-1）、剪式（见图 4-2）、滚式（见图 4-3）、俯卧式（见图 4-4）和背越式（见图 4-5）。当代跳高运动趋向于速度核心，即要求助跑速度快、起跳速度快、过杆速度快。

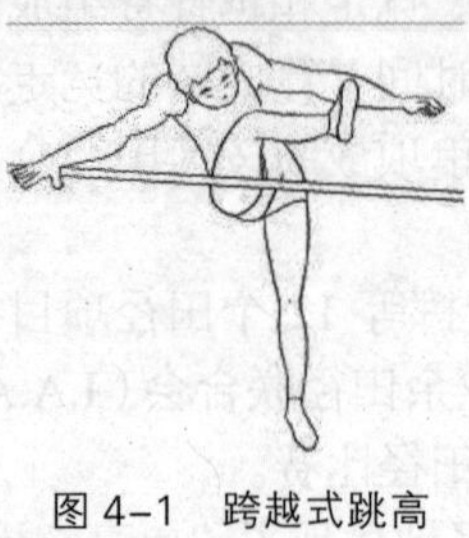

图 4–1　跨越式跳高

图 4–2　剪式跳高

图 4–3　滚式跳高

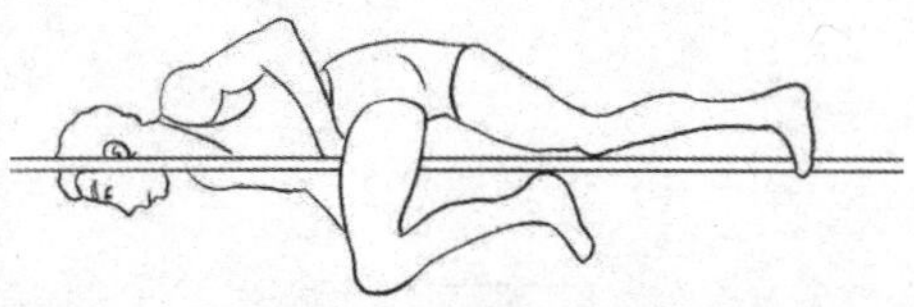

图 4-4 俯卧式跳高

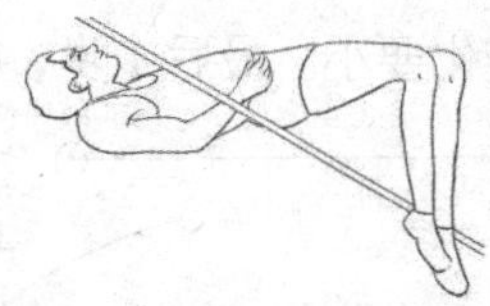

图 4-5 背越式跳高

背越式跳高以特定的弧线助跑，起跳后背对横杆腾起，背越过杆（见图 4-6）。是现代最为常用的一种跳高技术，由助跑、起跳、过杆和落地几个不同的技术环节组成。

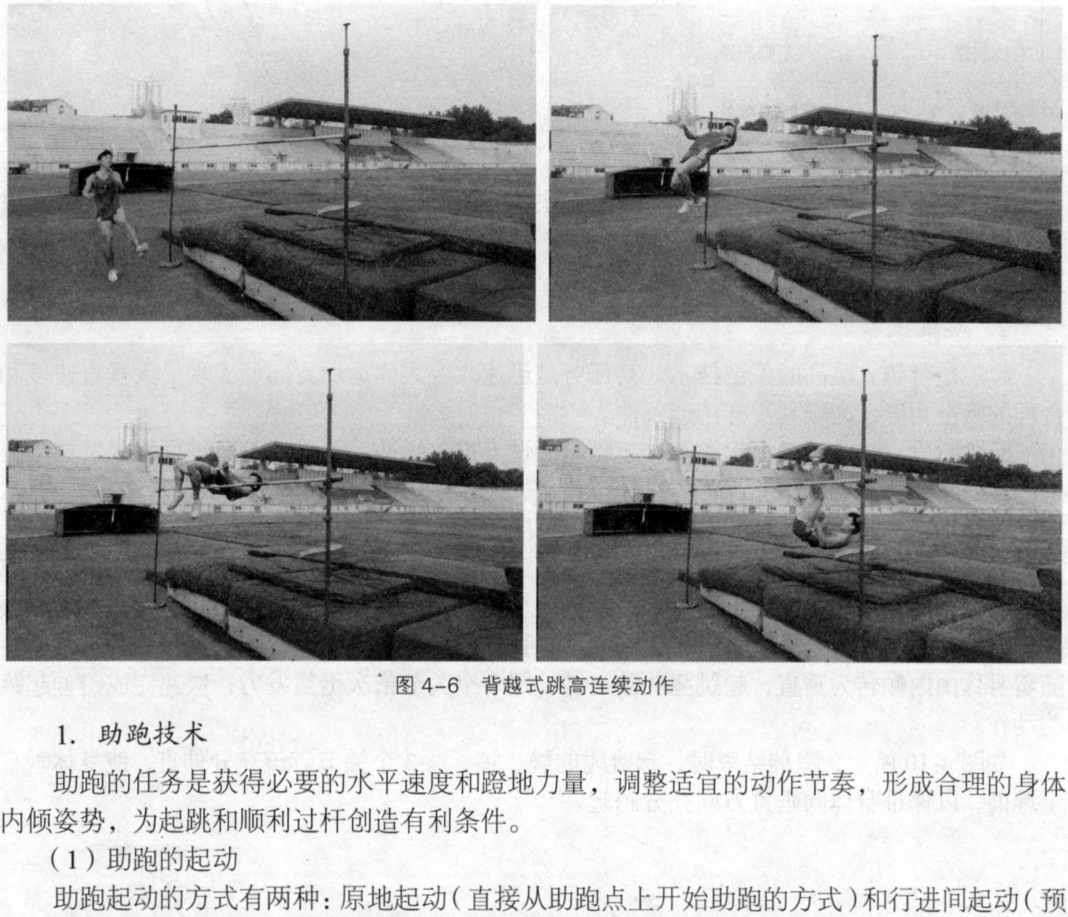

图 4-6 背越式跳高连续动作

1. 助跑技术

助跑的任务是获得必要的水平速度和蹬地力量，调整适宜的动作节奏，形成合理的身体内倾姿势，为起跳和顺利过杆创造有利条件。

（1）助跑的起动

助跑起动的方式有两种：原地起动（直接从助跑点上开始助跑的方式）和行进间起动（预先走动或跑动 3～5 步，然后踏上助跑点开始助跑的方式）。原地起动有利于助跑步点的准确性，步长相对固定，但动作较紧张，加速较慢；行进间起动则动作自然放松，加速较快，但助跑步点不易准确。

（2）助跑的路线

如图 4-7 所示，背越式跳高助跑的前段为直线或近似直线，后段 4～5 步跑弧线。如图 4-8 所示，直线助跑时，上体略前倾，步幅开阔，后蹬充分，身体重心平稳且保持高位；弧线助跑时，身体逐渐内倾，外侧的肩略高于内侧的肩，外侧臂和腿的摆动幅度较之内侧要大。

（3）助跑的距离

助跑距离指从助跑点到起跳点的距离。全程一般 8～12 步，距离最长可达 30 米左右。

（4）助跑的节奏

助跑节奏具体表现为步频（单位时间内两腿的交换次数）与步长在助跑中的变化。背越式跳高助跑的节奏要求从慢到快，前几步慢，后蹬充分，腾空较大。最后 3～5 步加快频率，但步长变化要小。最后 1 步，争取最快。

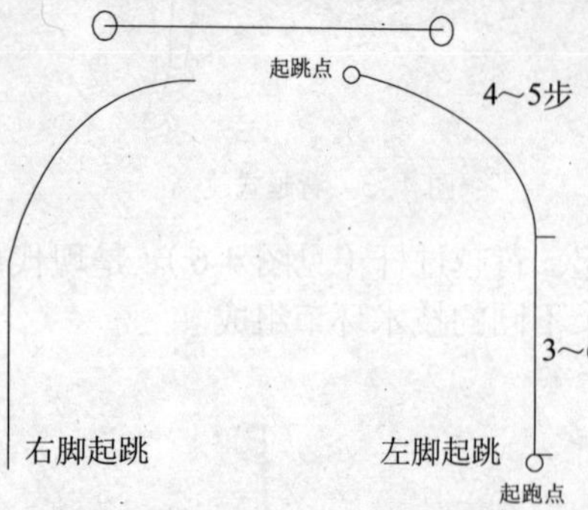

图 4-7　背越式跳高助跑路线

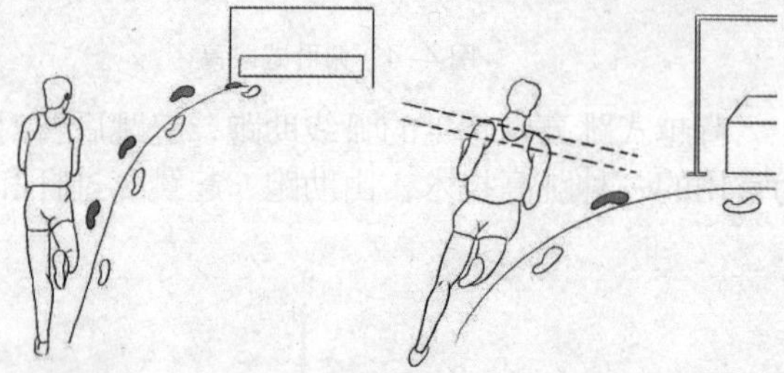
图 4-8　助跑动作要领

（5）助跑的技术要点

整个助跑过程的动作应该自然、放松、快速、连贯，全程节奏明确、逐渐加速。最后 1 步，摆动腿的动作极为关键。腿着地时，积极下压拔地，形成牢固支撑，身体重心迅速前移，进入起跳状态。

2. 起跳技术

起跳是背越式跳高的关键技术。其任务是迅速改变人体运动方向，实现最大垂直速度和合理的腾空角度，为顺利过杆创造条件。

起跳阶段，起跳脚踏上起跳点，起跳腿经过支撑、缓冲、蹬伸，蹬离地面跳起，摆动腿蹬离地面和臂协调摆动，达到最高位置。起跳腿是指用于蹬伸起跳的腿，多选择较有力的腿。摆动腿是指起跳时用于协调配合起到摆动作用的腿。

如图 4-9 所示，在助跑最后一步身体内倾达到最大限度时，摆动腿用力后蹬，推动髋部迅速前移，使起跳腿快速踏上起跳点，形成肩轴与髋轴交叉扭紧姿势。接着，起跳脚以脚跟外侧着地并迅速过渡到全脚掌，脚尖朝向助跑弧线的切线方向，起跳腿自然屈膝并被压紧。随着身体由内倾转为垂直，起跳腿的髋、膝、踝 3 个关节依次迅猛发力，快速完成蹬伸起跳的动作。

如图 4-10 所示，蹬伸结束时，起跳腿的髋、膝、踝 3 个关节应该充分伸直，使身体垂直于地面，以保证身体向垂直方向充分腾起。

图 4-9　起跳阶段技术

图 4-10　蹬伸结束动作

3. 过杆与落地技术

过杆与落地阶段指起跳腾空后，头、肩、背、腰、髋、腿等身体各部分利用合理的技术动作依次越过横杆，并安全地落在海绵包上的技术阶段。

如图 4-11 所示，起跳结束时，充分伸展身体，向上腾起。利用摆动腿的力量尽量提高髋部位置，然后摆动腿同侧的臂，肩领先过杆，顺势仰头、倒肩、挺髋。头与肩过杆后下沉，髋部高过两膝，身体形成反弓形。当髋部越过横杆时，顺势收腹，带动小腿向上甩，整个身体越过横杆，保持屈髋、伸膝的姿势下落，使肩背先着垫。

过杆

落地

图 4-11　过杆与落地

温馨提示　仰头过杆后顺势收下颌，避免头部最先落地，造成颈部受伤。

4.2.2　跳远

跳远是通过快速的助跑和有力的起跳，采用合理的腾空姿势和动作，使人体腾跃尽可能远的水平距离的运动项目。它能有效地提高速度，发展弹跳力和协调性，增强神经系统、循环系统和运动器官的机能，培养勇敢、顽强的意志品质。

跳远起源于远古人类猎取或逃避野兽时跨越河沟的活动，后成为军事训练的手段，为公元前 708 年古代奥运会五项全能项目之一。现代跳远运动始于英国，男、女跳远分别于 1896 年（第一届奥运会）和 1948 年（第十四届奥运会）被列为奥运会比赛项目。

如图 4-12 所示，跳远技术包括助跑、起跳、腾空和落地 4 个环节。

1. 助跑技术

① 助跑的任务是获得最大的水平速度，为准确踏板和迅速有力的起跳做好准备。

② 助跑的起动方式有原地起动和行进间起动两种。前者更适合于初学者。

图 4–12　跳远技术包括的 4 个环节

③ 助跑常用的加速方式有两种，即平稳加速（也称为逐渐加速）和积极加速。平稳加速方式：开始步频较低，然后逐渐加大步长或在保持步长的基础上提高步频，加速过程均匀平稳，时间较长。其助跑动作比较轻松，起跳的准确性好，成绩比较稳定。积极加速方式：上体前倾较大，步频始终保持较高的水平。其助跑动作比较紧张，起跳的准确性差，适合于绝对速度较快的运动员。

④ 助跑距离指从助跑起点到起跳脚踏上踏跳板的距离。一般而言，技术水平越高，速度越快，助跑距离越长。男子助跑距离约为 35～45 米，18～24 步；女子助跑距离约为 30～35 米，16～18 步。助跑距离并非固定不变，可以根据环境条件的变化和个人身体情况进行相应的调整。

⑤ 助跑节奏表现为对步长、步频变化的控制，以利于最高速度的发挥及利用。跳远助跑的最后几步呈加速状态，身体重心适当下降，为快速起跳做好准备。

2. 起跳技术

起跳的任务是利用助跑所获得的最高速度，瞬间创造尽可能大的腾起初速度（由助跑、起跳所产生的水平速度与水平速度合成的）和适宜的腾起角度，使身体充分向前上方腾起。

起跳是跳远技术中最重要的环节。如图 4-13 所示，起跳的动作过程可分为起跳脚着地（上板）、缓冲和蹬伸 3 个阶段。着地要迅速且富有弹性，缓冲时及时地积极地前移身体，蹬伸是爆发式动作，要快而有力。

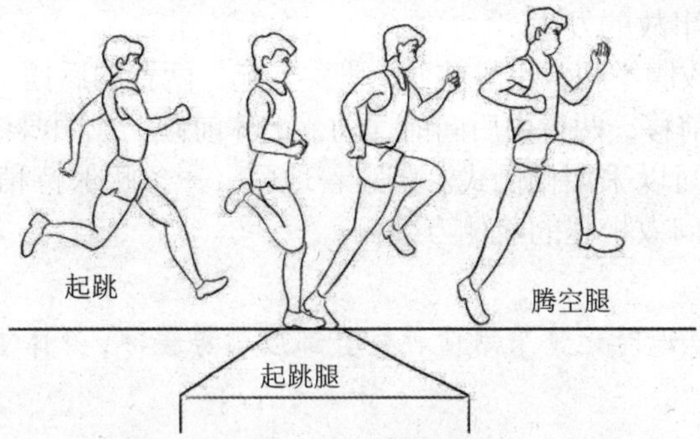

图 4-13　起跳动作

起跳时，抬头挺胸，上体正直，提肩、拔腰，髋、膝、踝 3 个关节要充分蹬直，蹬摆配合要协调，一致用力。

3. 腾空技术

腾空阶段是指起跳后人体在空中维持身体平衡、完成各种动作的阶段。如图 4-14 所示，跳远的腾空动作目前主要有 3 种姿势：蹲踞式、挺身式、走步式。

图 4-14　跳远腾空动作的 3 种姿势

（1）蹲踞式

起跳成腾空步（起跳结束时，身体姿势在空中的延续）后，上体保持正直，腿继续向上摆动，起跳腿顺势屈膝前摆，逐渐靠近摆动腿，使两腿屈膝在空中成蹲踞姿势。然后收腹举腿并前伸小腿，两臂由后向前摆动，使身体重心前移，顺势落地。

（2）挺身式

起跳成腾空步后，摆动腿下落，膝关节伸展，小腿由前向下向后呈弧形摆动，两臂下垂经由体侧向后上方绕环摆动，起跳腿自然回摆与摆动腿靠拢，形成空中挺胸展髋的姿势。继而收腹举腿，大腿向胸部靠拢，小腿前伸，两臂上举或后摆，顺势落地。

（3）走步式

起跳成腾空步后，以髋关节为轴，摆动腿，用大腿带动小腿，由前向后下方摆动。同时起跳腿屈膝前摆，向上抬起大腿，前伸小腿，在空中自然地完成换步动作。两臂与下肢协调配合作大幅度直臂绕环摆动或自然前后摆动，然后摆动腿顺势前摆，两腿靠拢，收腹举腿，前伸小腿，顺势落地。在空中完成一次换步后落地的称为“两步半”走步式，完成两次换步后落地的称为“三步半”走步式。

4. 落地技术

落地阶段是指腾空后落入沙坑的着地动作阶段。其任务是选择合理的技术，获得较大的跳跃距离，并防止伤害事故的发生。

完成腾空动作后，收腹举腿，小腿前伸，脚尖勾起，两臂向后摆动。脚跟触及沙面后，迅速屈膝缓冲，臀部顺势前移，两臂由后向前摆动，上体前倾，成团身姿势，平稳地落入沙坑。

此外，落地时，还可以采用侧倒式。脚跟着地后，一条腿保持稍紧张状态支撑沙地，另一条腿放松，上体顺势向放松腿的前侧方卧倒。

温馨提示 落地时无论采用何种姿势都应顺势缓冲，身体重心前移，以保证安全。

4.2.3 三级跳远

三级跳远是经过一定距离的直线助跑后，通过 3 次连续跳跃（单足跳、跨步跳、跳跃）达到尽可能远的水平距离的运动项目，如图 4-15 所示。它能有效地发展速度和下肢力量，提升弹跳力、灵敏度和协调性，增强支撑器官（腿、足、膝、踝等）和内脏器官的功能，培养勇敢顽强、勇往直前的意志品质。

助跑　“单脚跳”

“跨步跳”　“跳跃”+落地

图 4-15　三级跳远

三级跳远起源于爱尔兰，当时的跳法是"单足跳＋单足跳＋跳跃"。后来，又出现了希腊式的"跨步跳＋跨步跳＋跳跃"和苏格兰式的"单足跳＋跨步跳＋跳跃"。1908 年，国际田径联合会确定苏格兰跳法为正式的三级跳远比赛技术。

比赛时，运动员助跑后应连续完成 3 次不同形式的跳跃，第一跳为单足跳，用起跳腿落地；第二跳为跨步跳，用摆动腿落地；第三跳为跳跃，必须用双脚落入沙坑。男、女三级跳远分别于 1896 年（第一届奥运会）和 1992 年（第二十五届奥运会）被列为奥运会比赛项目。

三级跳远技术可以分为助跑、第一跳（单足跳）、第二跳（跨步跳）、第三跳（跳跃）几个部分。每一跳均包括起跳、腾空和落地阶段。

1. 助跑技术

水平速度是决定三级跳远成绩的关键因素。助跑的目的就在于获得尽可能大的水平速度，为单足起跳做好准备。

三级跳远的助跑技术与跳远基本相同，但第一跳起跳的腾起角（是指人体离地时，身体重心腾起初速度方向与水平线构成的角度）较小，因此整个助跑过程身体重心较高，加速平稳，强调向前行。最后几步，大腿高抬，上体正直，保持步长或适当减少步长的情况下，加快步频，准备起跳。

助跑距离取决于个人的加速能力。加速能力强，助跑距离则短，反之助跑距离则长。助跑距离一般为 35～40 米，相当于 18～22 步。

2. 第一跳（单足跳）技术

如图 4-16 所示，三级跳远的起跳是以单足跳的形式完成起跳的。这一跳不仅要达到必要的远度，而且应尽可能减少水平速度的损失，为后两跳创造条件。

第一跳以有力的腿做起跳腿。助跑最后一步，摆动腿积极蹬地向前送髋时，起跳腿大腿快速下压，小腿自然前伸，用全脚掌迅速积极踏板。起跳腿着地后，迅速屈膝屈踝缓冲，摆动腿快速向前上方大幅度摆出，两臂配合下肢动作有力摆动，起跳腿迅速及时地进行爆发性蹬伸。

图 4–16　第一跳技术

起跳离地后，身体保持腾空步姿势。摆动腿使小腿随大腿下放，自然地从前向下、向后摆动，同时髋部上提，体后的起跳腿屈膝前摆高抬，带动髋部前移，两臂配合经体前摆向身体侧后方，形成空中交换步的动作，幅度大且平稳。单足跳的腾空轨迹应尽量低而平，理想的起跳角为 12° ～15° 。

完成交换步的起跳腿前摆蹬伸，迅速有力地用全脚掌拔地式着地，两臂和摆动腿配合起跳腿动作向前摆动。落地点尽量接近身体重心投影点，上体保持正直。

3. 第二跳（跨步跳）技术

如图 4-17 所示，三级跳远的第二跳为跨步跳，在三跳中难度最大，距离最短，身体重心的抛物线最低。起跳角度与单足跳几乎相同，一般为 12° ～14° 。

当单足跳落地时，起跳腿积极完成缓冲并快速有力地蹬离地面，髋、膝、踝关节充分伸展。摆动腿迅速屈膝向前上方摆动，足尖上挑，大小腿成 90° 角，膝部应摆至身体重心的上方。同时，上体保持正直或稍前倾，两臂成弧形向侧后方摆动，完成跨步跳的腾空跨步动作。

注意维持身体平衡，并达到必要的远度。

图 4-17 第二跳技术

腾空跨步跳结束时，髋部前移，摆动腿大腿下压，膝关节伸展，小腿顺势由前向后用全脚掌落地并积极“后扒”，两臂由后向前上方摆动，完成第二跳的落地动作。

4. 第三跳（跳跃）技术

如图 4-18 所示，第三跳是以第二跳的摆动腿做起跳腿，起跳角应稍大，一般为 18° ～20° 。起跳腿着地后应适度屈膝屈踝积极缓冲，上体正直，髋部上提，迅速有力地蹬直离地。同时，摆动腿迅速屈膝向前上方高抬摆动，两臂则由体侧后方积极向前上方摆动，保持腾空步动作。

第三跳的空中和落地动作与跳远时一样，可以选择蹲踞式、挺身式或走步式。

图 4-18 第三跳技术

温馨提示 三级跳远中必须注意保持身体的平衡，维持较高的水平速度，配合大幅度的协调蹬摆，控制三跳的直线性，从而提高整体技术向前的良好效果。

4.2.4 推铅球

推铅球是一种速度力量型投掷项目，它协调利用人体全身力量，以最快的出手速度，将铅球从肩上锁骨窝处单手推出。它能有效地增强躯干及四肢尤其是腰背的肌肉力量，提高速度，发展协调性，培养坚韧、沉着的意志品质。

推铅球起源于古代人类用石块猎取禽兽或防御攻击的活动，大致经历了投掷石块，投掷炮弹和推铅球三个阶段。现代推铅球运动始于 14 世纪 40 年代欧洲炮兵闲暇期间推掷炮弹的游戏和比赛。铅球的制作经历了用铅、铁以及外铁内铅的过程。推铅球的技术大致经历了 4 个阶段的演变：原地推铅球、侧向滑步推铅球、背向滑步推铅球、旋转推铅球。

正式比赛时，男子铅球的重量为 7.26 千克，直径 11～13 厘米；女子铅球的重量为 4 千克，直径为 9.5～11 厘米。投掷圈直径为 2.135 米，前缘装有抵趾板。扇形有效落地区的角度为 34.92° 。男、女铅球分别于 1896 年（第一届奥运会）和 1948 年（第十四届奥运会）被列为奥运会比赛项目。

如图 4-19 所示，背向滑步推铅球的技术要领包括（以右手为例）：握球和持球、预备姿势、滑步、最后用力、缓冲。

准备姿势

滑步

最后用力　　　　缓冲

图 4-19　背向滑步推铅球技术要领

1．握球和持球

如图 4-20 所示，五指自然分开，球体置于食指、中指和无名指的指根处，拇指和小指扶住球体两侧，手腕后屈，防治球体滑动并便于控制出球的方向。

手指力量较强者，可将球适当移向手指上方，有利于拨球和发挥手腕的力量。

握好球后，将球放在右肩锁骨窝处，紧贴颈部，掌心向前，右臂屈肘，肘部稍外展且略低于肩，上臂与身体的夹角约为 45°。

温馨提示　铅球的重心固定在食指、中指的指跟或第二指骨处。

2．预备姿势

预备姿势是滑步前的准备动作，目的是为协调、平稳地进入滑步创造条件。

（1）高姿势

如图 4-21 所示，持球后背对投掷方向，两脚前后开立，相距约 20～30 厘米。右脚尖靠近投掷圈后端内沿（脚也可稍向内转），体重主要落在伸直的右腿上；左腿在后自然弯屈，以前脚掌或脚尖着地；上体放松，头部和躯干保持正直，左臂自然上举。

（2）低姿势

如图 4-22 所示，持球后背对投掷方向，两脚前后开立，相距约 50～60 厘米（根据身高和下蹲的程度而定）。两腿弯曲（弯曲程度视个人力量而定），体重落于右腿。右脚尖贴近投掷圈后端内沿（脚也可稍向内转），左脚在后，以前脚掌或脚尖着地。左臂自然下垂，左肩稍向内扣，上体前屈与地面平行，两眼目视前下方。铅球的投影点在右脚的右侧前方。

图 4-20　握球和持球

图 4-21　高姿势

3. 滑步

滑步使铅球获得一定的水平方向的预先速度，并使身体形成最后用力的有利姿势。

滑步前可以先作一两次预摆（也可不作），以改变身体的静止状态。预摆时，左腿自然弯屈，大腿用力向后上方摆起，右腿伸直，同时上体前屈，左臂微屈前伸或下垂并稍向内，头与背保持一条直线。当左腿摆至与地面平行时，回收左腿，同时右腿弯曲，形成屈膝团身的姿势（见图 4-23）。

图 4-22　低姿势

图 4-23　滑步

如图 4-24 所示，当左腿回收靠近右腿时，臀部后移。左腿向投掷方向快速摆出，同时右腿用力蹬伸。当右脚蹬离地面后，迅速拉收小腿并向内转动，用前脚掌着地，落于圆心附近。同时左脚积极下落，以前脚掌内侧落在圆圈直径的左侧。两脚着地时间相隔越短越好。此时肩轴与髋轴成扭紧状态，左脚尖与右脚跟约在一条直线上（对投掷方向而言）。

滑步过程中左臂和左肩保持内扣，头部保持向右后方的姿势，以保证上体处于扭紧状态。

4. 最后用力

最后用力阶段为从左脚落地到铅球出手。

左脚落地瞬间，右腿继续向投掷方向转动并积极蹬伸，转髋转体。同时上体逐渐抬起，左臂向胸前左上方摆动，左肩高于右肩，大部分重心仍落在弯屈而压紧的右腿上，身体成“侧弓状”（见图 4-25）。

图 4-24　滑步技术要领

随着右腿蹬伸，右髋和右肩前送，身体重心由右腿快速移至左腿。随即两腿充分蹬伸，抬头（稍有后仰），屈腕且稍向内转，右臂迅速而有力地将球推出（见图 4-26）。

图 4-25　最后用力阶段

图 4-26　推出铅球动作

5. 缓冲

铅球出手后，右腿随势前摆，着地于左脚附近，左腿后摆，两腿交换并弯曲，以降低身体重心，缓冲向前的冲力，维持身体平衡，防止出圈犯规。

4.2.5　田赛项目竞赛规则要点

1. 比赛方法

奥运会田赛项目的比赛通常先分两组进行及格赛，通过及格标准的直接进入决赛，如达到及格标准的运动员人数不足 12 人，不足的人数按及格赛成绩递补。远度项目决赛前 3 轮比赛的顺序抽签决定。决赛前三轮比赛结束后，按成绩取前 8 名运动员进行最后 3 轮比赛；第 4、5 轮比赛排序按前 3 轮成绩的倒序排列，第 6 轮比赛排序则按前 5 轮成绩的倒序排列，成绩最好的在最后跳（掷）。

2. 有效成绩

除犯规外，跳跃远度项目比赛中，运动员每次试跳的成绩均为有效成绩。除犯规外，高度项目比赛中，运动员每次跳过的高度为有效成绩。投掷项目比赛除犯规以外，当运动员投出的器械完全落在落地区内（不包括落地区边线）才算有效，丈量成绩时从距离投掷区最近的落地点算起。其中标枪必须是枪尖首先触地成绩才算有效。

3. 录取名次

远度项目比赛结束以后，以运动员最好的一次试跳（掷）成绩，包括因第一名成绩相等而进行的决名次赛的成绩，作为最后的决定成绩判定名次，成绩好者列前。如成绩相等，按下列规定解决：在远度项目比赛中，如出现最好成绩相等，则以第二好成绩来确定名次，依此类推，直到最后一个成绩。如果还是相同，除了第一名以外，可以并列；如果涉及第一名成绩相同，必须让这些涉及第一名的运动员继续比赛，直到决出第一名为止。

在高度项目比赛中，如出现最好成绩相等，则按以下规定解决：①在出现成绩相等的高度上，试跳次数较少者名次列前；②如成绩仍然相等，则在包括最后跳过的高度在内的决赛全部比赛中，试跳失败次数较少者名次列前；③如成绩仍相等：当涉及第一名时，进行决名次赛，直到分出名次为止。如成绩不涉及第一名，名次并列。

4. 犯规

跳远、三级跳远有下列之一情况即判犯规：①运动员以身体任何部位触及起跳线之前的地面；②从起跳板两端之外起跳，无论是否超过起跳线的延长线；③触及起跳线和落地区之间的地面；④在落地过程中触及落地区以外的地面，而落地区外的触地点较落地区内的最近触地点更靠近起跳线；⑤离开落地区时，运动员在落地区外地面的第一触地点较落地区内最近触地点和在落地区内因身体失去平衡而留下的任何痕迹更靠近起跳线；⑥在助跑或跳跃中采用任何空翻姿势；⑦还未通知该运动员试跳，而进行试跳，不管是否成功，都应判该次试跳失败；⑧无故错过该次试跳顺序；⑨无故延误时限。比赛时，运动员无故延误时间，即不准参加该次跳，以失败论处。如果在比赛中再次无故延误比赛时间，即取消该运动员的比赛资格，但在此之前的比赛成绩仍然有效。每次试跳的时限为 1 分钟，只有当一名运动员连续两次试跳时，其试跳时限为 2 分钟。在时限只剩最后 15 秒时，计时员举黄旗示意，当时限到时，落下黄旗，主裁判应判定运动员该次试跳失败。如时限到的同时，运动员已开始试跳，应允许其进行该次试跳。当裁判员通知运动员试跳开始后，运动员才决定免跳，当时限已过时，应判为该次试跳失败。

跳高有下列之一情况即判犯规：①使用双脚起跳；②由于运动员的试跳动作致使横杆未能停留在横杆托上；③在越过横杆之前，身体触及立柱前沿垂直面以外的地面或落地区，但如果裁判员认为运动员并没有受益，则不应由此而判该次试跳失败；④无故延误时限；⑤当裁判员通知运动员试跳开始后，运动员才决定免跳，当时限已过时，应判该次试跳失败；⑥试跳时，运动员有意用手或手指把即将从横杆托上掉下的横杆放回；⑦无故错过该次试跳顺序。

撑竿跳高有下列之一情况即判犯规：①试跳后，由于运动员的试跳动作致使横杆未能停留在横杆托上；②在越过横杆之前，运动员的身体或所用撑竿的任何部位触及插斗前壁上沿垂直面以外的地面或落地区；③起跳离地后，将原来握在下方的手移握至上方的手以上或原来握在上方的手向上移握；④试跳时，运动员用手稳定横杆或将横杆放回；⑤无故延误时限；⑥当裁判员通知运动员试跳开始后，运动员才决定免跳，当时限已过时，应判为该次试跳失败；⑦当裁判员根据运动员登记的架距调整好架距后，计时员已开始计时，运动员再提出调整架距，则再次调整架距的时间应计入运动员的试跳时间内，如因此而超出试跳时限，则应判定试跳失败；⑧无故错过该次试跳顺序；⑨试跳中，当撑竿不是朝远离横杆或撑竿跳高架方向倾倒时，如有人接触撑竿，而有关裁判长认为，如果撑竿不被接触，将会碰落横杆，则应判为此次试跳失败。

投掷项目。在比赛过程中，运动员如果有下列违反规则的行为，则会被判犯规，成绩无效：①超出时间限制；②投掷铅球和标枪技术不符合规则规定（规则要求铅球和标枪必须由单手从肩上掷出）；③在投掷过程中，身体和器械的任何一部分不得触及投掷圈铁圈上沿或圈外的地面和标枪投掷弧、延长线以及线以外地面任何一部分，包括铅球抵趾板的上面，否则即为投掷失败；④只有当器械落地以后，运动员才允许离开投掷圈或助跑道。标枪运动员在投出的枪落地前，不能在投掷后转身完全背对其投出的标枪，完成投掷后，链球、铁饼和铅球运动员必须从投掷圈后半圈的延长线后面退出，标枪运动员必须从投掷弧以及延长线以后退出；⑤在没有犯规的情况下，参赛者可以中止已开始的试掷动作，将器材放下以后暂时离开投掷区，并重新开始，但是必须在规定的时限内完成投掷；⑥参赛者可以在比赛期间离开比赛区域，但必须由裁判员许可并由裁判员陪伴；⑦比赛过程中，运动员不能在比赛场地使用以下电子设备：摄像机、便携式录放机、收音机、CD 机、报话机、手机、MP3 以及类似的电子设备。

5. 裁判员的旗示

在跳跃项目比赛中，通常有一名主裁判手中持有红、白旗帜各一面，用来示意运动员试跳是否成功。举红旗表示试跳失败，成绩无效；举白旗表示成功，成绩有效。

在投掷项目比赛中，通常有两名主裁判手中持有红、白旗帜各一面，用来示意运动员试投是否成功。举红旗表示试投失败，成绩无效；举白旗表示成功，成绩有效。其中一名站在投掷区附近的称为内场主裁判，主要判定运动员在试投过程中是否犯规；另一名在落地区内的称为外场主裁判，主要判定器械落地点是否有效。

4.3 径 赛

本节介绍了短距离跑、中长距离跑、跨栏跑、接力跑的概况，详细阐述了其技术要领。

竞赛项目包括短跑（Sprint/Dash）、中跑（Middle-distance Race）、长跑（Long-distance Race）、接力跑（Relay Race）、跨栏跑（Hurdle Race）、障碍跑（Obstacle Race）等。位移相同距离，耗时少者名次列前。

4.3.1 短距离跑、中距离跑、长距离跑

1. 短跑

短距离跑（简称短跑），包括 400 米及 400 米以下各种距离的赛跑和接力跑，是高速度的极限性运动项目。它能有效地提高大脑皮层的兴奋性、中枢神经的协调性和意志转换的灵活性，增强呼吸系统和循环系统的能力，发展速度、力量、灵敏性和协调性，培养拼搏、竞争、坚毅、顽强的意志品质。

跑是人类与生俱来的基本能力，几乎每个国家的文献中都有对跑这种比赛形式的描述。现代短跑起源于欧洲，最早的正式比赛始于 1850 年牛津大学运动会。19 世纪末，赛跑距离由码制改为米制。初为职业选手的表演项目，后逐渐扩展到业余运动员。

短跑技术经历了从“踏步式”到“迈步式”再到“摆动式”的演变。起跑技术也从古希腊人的“站立式”起跑发展为“蹲踞式”起跑。

1896 年第一届现代奥运会，设有男子 100 米和 400 米比赛；1900 年第二届奥运会，增设了男子 200 米比赛项目；1928 年第九届奥运会，始设女子 100 米跑；1948 年第十四届奥运会，

增设女子 200 米比赛；1964 年第十八届奥运会，女子 400 米被列为比赛项目。

短跑全程是由起跑、起跑后的加速跑、途中跑和终点跑 4 个紧密相连的阶段组成。

（1）起跑技术

起跑包括起跑前的准备姿势和起动动作。在短跑比赛中，必须用蹲踞式起跑，并使用起跑器。

如图 4-27 所示，起跑器的安装方法有普通式、接近式和拉长式 3 种。前起跑器抵足板与地面的夹角约为 45°，后起跑器为 60°～80°。安装起跑器的目的在于蹬离时能充分发挥腿部肌肉的最大力量，从而获得向前的最大初速度，起跑后使身体能保持较大的前倾。

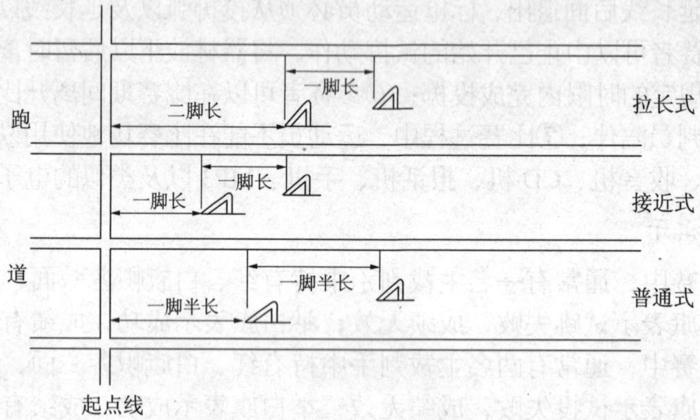

图 4–27　起跑器安装方法

起跑过程包括“各就位”“预备”“鸣枪”3 个环节。

如图 4-28 所示，听到“各就位”口令后，可稍做放松（如深呼吸），然后俯身两手于起跑线后撑地，两脚依次踏在前、后起跑器抵足板上，脚尖触地。将有力的腿放在前面，后膝跪地。两臂伸直约与肩同宽，四指并拢或稍分开和拇指成“人”字形，身体重心稍前移，肩约与起跑线平行。背微弓，颈部自然放松，注意听“预备”口令。

听到“预备”口令后，后膝离地，抬起臀部，使之稍高于肩。重心适当前移，体重主要落于两臂和前腿上。两小腿趋于平行，前腿膝角约为 90°，后腿膝角约为 120°，注意力高度集中等候发令枪声。

加速　　蹬地

“预备”　　“各就位”

图 4–28　起跑过程

听到枪声后，两手迅速推离地面，屈肘做有力的前后摆臂，同时两脚用力蹬离起跑器，使身体以前倾姿势向前上方运动，躯干与地面呈 15°～20°。后腿迅速屈膝向前上方摆出，但不宜过高。后腿前摆并积极下压着地的同时，前腿快速蹬伸髋、膝、踝 3 个关节。躯干逐渐抬起，头部也随之上抬，视线逐渐向前移。

（2）起跑后的加速跑技术

加速跑的任务是充分利用起跑的初速度，在较短距离内尽快获得最高速度。

起跑后，第一步不宜过大，为 3.5～4 脚长，第二步为 4～4.5 脚长，以后逐渐增大。上体随着步长和速度的增加而逐渐抬起，两脚落点逐渐靠拢人体中线，形成一条直线（在起跑后 10～15 米处）。同时，两臂应积极摆动，上下肢协调配合。加速距离一般为 25～30 米。

（3）途中跑技术

一个跑的周期包括两个腾空时期和两个支撑时期（左支撑和右支撑）。单腿均要经历后蹬、摆动、着地缓冲等阶段。

途中跑指从完成加速跑开始，到距终点 10 米左右的一段距离，其任务是继续发挥和保持最高速度。进入途中跑时，应顺惯性放松跑 2～3 步，以消除肌肉的过分紧张。在百米跑中，途中跑的距离为 65～70 米。

摆臂动作：途中跑时上体稍前倾，两眼平视，颈肩放松，手半握拳，两臂屈肘，以肩关节为轴，用力前后摆动，如图 4-29 所示，前摆时，肘稍向内，肘关节角度变小；后摆时，肘稍向外，角度变大。手和小臂不能摆过身体胸前的中线形成两臂的交叉摆动。正确的摆臂动作能够维持平衡、调节节奏，有利于加快步频和步幅。

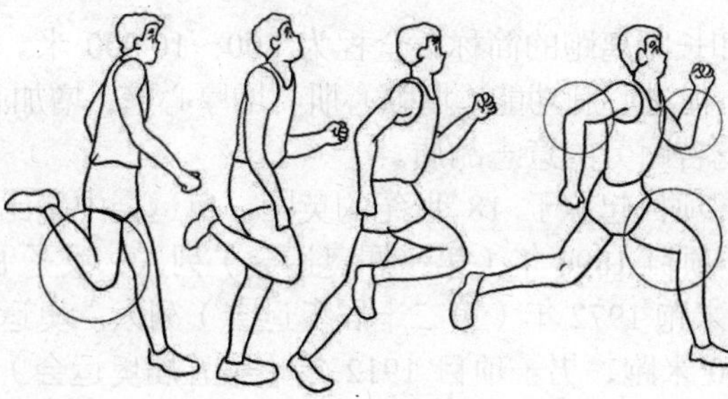

图 4-29　途中跑技术动作

摆腿动作：①后蹬伸展阶段，支撑腿从伸展髋关节开始，依次蹬伸膝、踝关节，直到脚掌蹬离地面。后蹬动作中速度极为重要。②折叠前摆阶段，后蹬结束后，摆动腿使大小腿尽力折叠，快速积极地向前摆动。同侧髋部随之前移。③下压缓冲阶段，前摆至大腿高抬后，随即积极下压，前脚掌积极“扒地”。着地瞬间小腿与地面接近垂直，迅速屈膝、屈踝缓冲，摆动腿随惯性快速向前摆动与支撑腿靠拢，使身体重心迅速前移，膝踝关节屈曲角度达到最大，转入后蹬待发状态。

支撑腿与摆动腿的蹬摆协调配合是途中跑技术的关键。一般情况下，摆动腿前摆速度快，步频也快，前摆幅度大，步幅也大。

（4）终点跑技术

终点跑包括终点冲刺和撞线，其任务是尽量保持途中跑的高速度跑过终点。在距离终点约 15～20 米时，上体前倾，以增强后蹬力，同时加大摆臂的幅度和速度，在距离终点线最后一步时，上体达到最大前倾，用胸部或肩部撞线。通过终点后，要调整步频和步幅，逐渐减速。

（5）弯道跑技术

如图 4-30 所示，弯道起跑时，为了形成一段直线距离的加速跑，应将起跑器安装在跑道右侧、正对左侧弯道的切点方向。左手撑于起跑线后 5～10 厘米处，身体正对弯道的切点。加速跑距离较短，上体抬起较早，沿切线跑进。

如图 4-31 所示，从直道进入弯道，身体应有意识地稍向圆心方向倾斜。后蹬时，右脚前脚掌内侧用力，左脚前脚掌外侧用力。摆动时，右腿膝关节稍向内，左腿膝关节稍向外。右臂的摆动幅度和力量略大于左臂。尽可能沿跑道内侧前进。

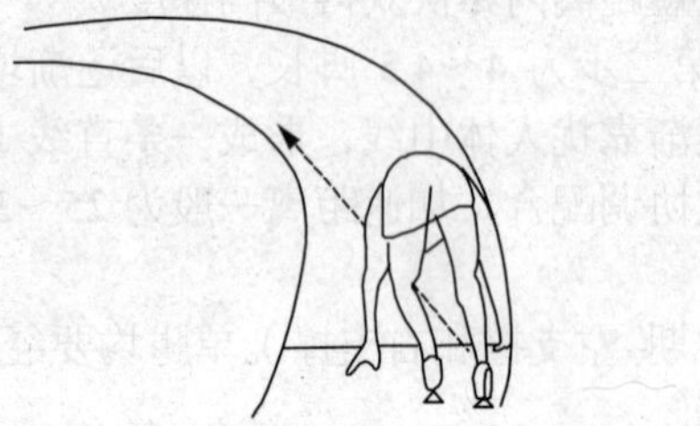

图 4-30　弯道起跑姿势

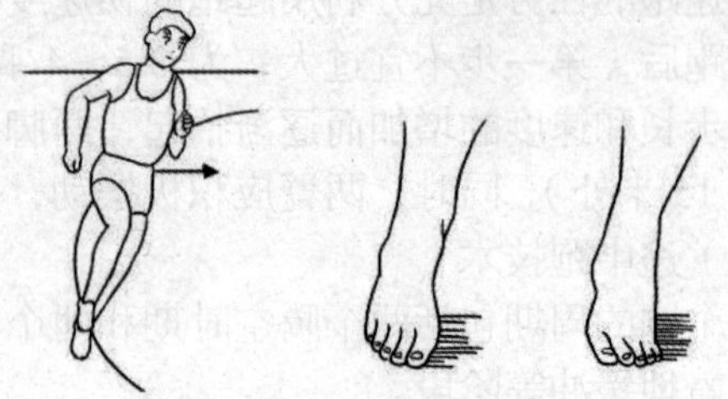

图 4-31　直道进入弯道

从弯道进入直道，最后几米，应逐渐减小身体内倾程度，惯性跑 2～3 步后转入正常途中跑。

温馨提示　200 米跑时，全程都应保持高速度。400 米跑时，大部分采用前后 200 米平均分配速度的节奏跑法，后 200 米比前 200 米成绩低 2～3 秒。

2. 中长跑

中长跑是中距离跑和长距离跑的简称，全程为 800～10 000 米。它能有效地改善呼吸系统和心血管系统的功能，促进心肺功能（增强心肌，增厚心壁，增加心脏容积），提高速度和耐力，培养坚韧不拔、吃苦耐劳的意志品质。

中长跑作为一种竞赛项目起源于 18 世纪的英国。奥运会中跑比赛项目男、女均为 800 米跑和 1 500 米跑。男子项目 1896 年（第一届奥运会）列入；女子 800 米跑 1928 年（第九届奥运会）列入，1 500 米跑 1972 年（第二十届奥运会）列入。奥运会长跑比赛项目男、女均为 5 000 米跑和 10 000 米跑，男子项目 1912 年（第五届奥运会）列入；女子 5 000 米跑 1996 年（第二十六届奥运会）列入，10 000 米跑 1988 年（第二十四届奥运会）列入。

现代中长跑各项目因距离不同，在动作技术的速度、幅度等细节方面存在区别，但整体动作结构基本相同，均要求保持较高的速度、积极有效的伸髋和快速有力的蹬摆。

（1）起跑技术

中长跑的起跑按“各就位”“鸣枪”两个口令进行，起跑姿势有“站立式”和“半蹲踞式”两种。

①“各就位”时，先作一两次深呼吸，“站立式”起跑的运动员两脚前后开立，有力的腿在前，前脚尖紧靠起跑线后沿，全脚掌着地，后脚以前脚掌着地，两脚前后间距约一脚，左右间距约半脚，两膝弯屈，上体前倾（跑的距离越短，腿的弯曲度越大，上体前倾也越大），颈部放松，两臂在体前自然下垂或一前一后，身体重心落于前脚，保持稳定姿势（见图 4-32）。

“半蹲踞式”起跑的动作与“站立式”基本相同，但其前腿的异侧臂的拇指和其他四指成“八”字形撑在起跑线后。两脚均用前脚掌支撑，前后相距约一小腿长，左右间隔约一脚宽，两膝弯屈角略小，体重主要落在前腿和支撑臂上。

② 鸣枪。听到枪声后，后腿用力蹬地后积极前摆，前腿用力蹬伸。两臂配合腿部动作做快而有力地前后摆动，身体向前冲出（见图 4-33）。

图 4-32　各就位时动作要领

图 4-33　鸣枪时动作要领

（2）起跑后的加速跑技术

起跑后，上体保持一定的前倾，两臂的摆动和腿脚的蹬摆都应迅速有力，逐渐加速，同时，上体随之抬起，跑向对自己有利的战术位置，然后转入途中跑。加速跑的距离和速度，应根据个人特点、战术要求和临场情况而定。

（3）途中跑技术

途中跑是中长跑技术中的主要部分，其任务是保持速度，节省体力，讲求节奏，并充分运用战术为获取优异成绩奠定良好基础。

如图 4-34 所示，就途中跑的技术而言，中长跑与短跑实质相同，但由于距离和速度的不同，两者仍存在一定差异。

图 4-34　途中跑技术要领

① 上体姿势。中长跑的途中跑时上体自然伸直或稍向前倾，中跑上体前倾约 5°，长跑上体前倾 1°～2°。上体前倾的角度小于短跑。

② 腿部动作。后蹬时，角度较短跑稍大，用力程度和蹬伸幅度较短跑稍小。前摆时，大腿上摆的高度较短跑低，大小腿的折叠程度较短跑小。

此外，中长跑的途中跑中，特别强调动作与呼吸的配合，其身体重心的上下波动、弯道跑时摆臂幅度、跑的频率系数（腾空时间与支撑时间的比值）均小于短跑。

（4）终点跑技术

终点跑是临近终点前一段距离的加速跑。其任务是以顽强的意志，调动全部力量，克服高度疲劳，加大摆臂速度和幅度，加快步频，冲刺终点。

终点冲刺的距离应根据个人的体力情况、战术要求和临场情况而定，一般中跑为 200～400 米，长跑在 400 米以上。应注意观察对手情况，抢占有利位置，把握冲刺时机。速度占优势的运动员，宜紧跟且晚冲刺，一般在进入最后直道时开始冲刺；耐力占优势的运动员，宜早冲刺。

（5）中长跑的呼吸

中长跑途中，为了保证机体对氧气的需求，采用口鼻同时进行呼吸的方法。呼吸的节奏应和跑的节奏相配合，并注意加大呼吸的深度（特别是呼气，只有充分地呼出二氧化碳，才能吸入更多的氧气）。一般采用两步一呼，两步一吸（也有一步一呼，一步一吸；三步一呼，三步一吸等）。

"极点"是一种正常的生理现象，是指中长跑途中，由于氧气的供应落后于机体活动的需要，代谢物质无法及时转移，而出现的胸部发闷、呼吸困难、动作无力、难以继续跑进等感觉。此时要以顽强的意志坚持跑下去，加强呼吸，适当调整步速。经过一段时间后，"极点"现象就会消失或减轻，身体运动能力逐渐提高，出现"第二次呼吸"。

4.3.2 跨栏跑

跨栏跑是在规定距离中，跑并跨越一定数量、一定间距和一定高度栏架的径赛项目，也是田径运动中技术较复杂，节奏性较强，锻炼价值较高的项目之一。它能有效地提高中枢神经系统对运动肌群的调控和支配能力，改善呼吸系统和循环系统的机能，各关节活动幅度增大，肌肉和韧带的伸展增强，骨骼增粗，使速度、力量、耐力、弹跳力、柔韧性、灵敏性、协调性、准确性、节奏感等身体素质得到全面发展，培养勇敢顽强、不屈不挠、坚定果断的意志品质。

现代跨栏跑起源于英国，是由牧羊人跨越羊圈栅栏的游戏演变而来的。其技术经历了由"跳栏"到"跨栏"再到"跑栏"的演变过程。最初以埋在地下无法移动的木支架或栅栏为栏架，1900 年出现了可移动的倒"T"形栏架，1935 年"L"形栏架诞生并沿用至今。

奥运会比赛项目设男子 110 米跨栏跑（1896 年列入，当时为 100 米跨栏跑，1900 年改为 110 米跨栏跑）、400 米跨栏跑（1900 年列入）；女子 100 米跨栏跑（1932 年列入，当时为 80 米跨栏跑，1972 年改为 100 米跨栏跑）、400 米跨栏跑（1984 年列入）（见表 4-1）。

表 4-1　奥运会跨栏跑比赛项目及要求

<table>
<tr><th>性　别</th><th>项　目</th><th>栏间距离（米）</th><th>起点到第一栏距离（米）</th><th>最后一栏到终点距离（米）</th><th>栏高（米）</th><th>栏数（个）</th></tr>
<tr><td rowspan="2">男</td><td>110 米栏</td><td>9.14</td><td>13.72</td><td>14.02</td><td>1.067</td><td rowspan="4">10</td></tr>
<tr><td rowspan="2">400 米栏</td><td rowspan="2">35</td><td rowspan="2">45</td><td rowspan="2">40</td><td>0.914</td></tr>
<tr><td rowspan="2">女</td><td>0.762</td></tr>
<tr><td>100 米栏</td><td>8.50</td><td>13</td><td>10.50</td><td>0.84</td></tr>
</table>

男子 110 米栏的栏架较高，过栏和栏间跑的速度较快，是跨栏跑中技术难度最大的项目。以此为例，讲解跨栏跑技术。

1. 起跑至第一栏技术

起跑至第一栏的任务是在固定的距离内用固定的步数完成加速跑，为全程过栏奠定良好的速度和节奏。

其技术与短跑基本相同。起跑采用蹲踞式，一般跑 7～8 步，采用 7 步上栏，应将起跨腿置于后起跑器上；采用 8 步上栏，则应将起跨腿置于前起跑器上。

这一阶段，跨栏跑与短跑动作技术的差异主要表现为：①预备时，臂部抬起相对较高；②起跑后，身体前倾角度较小，上体抬起较早，大约在第 6 步时，基本达到短跑途中跑的姿势；③加速中，后蹬角度较大，步长增加较快。跨栏前倒数第二步达到最大步长，最后一步是短步（比前一步短 10～20 厘米），起跨腿以前脚掌迅速准确地踏上起跨点。

2. 跨栏步技术

如图 4-35 所示，跨栏步是指从起跨脚踏上起跨点到摆动腿过栏落地的过程，距离为 3.30～3.50 米。其技术分为起跨攻栏和腾空过栏两个动作阶段。

起跨

过栏

图 4-35　跨栏步技术

（1）起跨攻栏

起跨攻栏是指从起跨脚踏上起跨点开始至后蹬结束时止的整个支撑时期。起跨的动作质量直接决定过栏速度、下栏时间和栏间跑进，是跨栏步技术的关键。

起跨点距栏架的距离一般为 2.00～2.20 米。后蹬要求迅猛有力，起跨腿髋、膝、踝关节充分伸展，并与躯干、头部基本成一条直线，起跨角度（起跨离地时，身体重心与支撑点的连线同地面之间的夹角）约为 70°。同时，摆动腿在体后屈膝折叠，足跟靠近臀部，膝向下，并以髋为轴，膝领先，大腿带动小腿充分向前摆超过腰部高度。上体随之前倾，摆动腿异侧臂屈肘向前上方摆出，肘关节达到肩的高度，另一臂屈肘摆至体侧，整个身体集中向前用力，形成良好的“攻栏”姿势。

（2）腾空过栏

腾空过栏是指从蹬离地面身体转入无支撑阶段起，到摆动腿过栏后落地时止的动作阶段。

身体腾空后，摆动腿随惯性继续向前上方攻摆，膝关节高过栏架后，小腿向前伸展，脚尖勾起。其异侧臂前伸，与摆动腿基本平行，同侧臂屈肘后摆，上体达到最大前倾，角度为 45°～55°。同时，起跨腿屈膝提拉，小腿收紧抬平，约与地面平行或略高，两腿在栏前形成一个约 120° 以上夹角的大幅度劈叉动作。

如图 4-36 所示，摆动腿的脚掌移过栏架后，起跨腿屈膝外展，脚背屈并外翻，以膝领先，经腋下迅速向前上方提拉过栏。两腿在空中完成一个协调有力的以髋关节为轴的剪绞动作。同时，两臂配合积极摆动，起跨腿同侧臂由前伸位置向侧后方做较大幅度的划摆，另一臂屈肘前摆，以维持身体平衡。

图 4-36 腾空过栏

摆动腿膝关节过栏瞬间，大腿积极下压，膝、踝关节伸直，以脚前掌后扒着地，身体重心处于较高位置。上体保持适当前倾，起跨腿加速向前提拉，至身体正前方，大腿高抬，转入栏间跑。下栏着地点距栏架约 1.40 米。

3. 栏间跑技术

栏间跑是从下栏着地点到下一栏起跨点之间的跑段。其任务是以正确的节奏，继续发挥和保持最快速度，为下一栏的顺利起跨创造有利条件。

栏间跑的技术同短跑的途中跑实质基本相同，但由于受栏间距离和跨栏步的限制，其节奏与短跑明显不同。栏间距离为 9.14 米，除去跨栏步约余 5.30～5.50 米，需跑三步。三步步长各不相同，第一步最小为 1.50～1.60 米，第二步最大为 2.00～2.15 米，第三步中等为 1.85～1.95 米。

提高栏间跑的速度主要靠加快步频和改进跑的节奏，使三步步长比例合理，频率快、节奏稳、方向正、直线性强，身体重心稍高、起伏较小。

4. 终点跑技术

类似于短跑的冲刺跑技术，撞线动作与短跑相同。

5. 全程跑技术

全程跑中，要合理地将跨栏步技术与栏间跑技术紧密地结合起来。起跑后，首先跨好第一栏并在第二栏、第三栏继续积极加速，充分发挥出最高速度。第四至第八栏尽量保持速度，并注意控制动作的准确性。第九栏、第十栏保持跑的节奏并准备冲刺。跨过第十个栏架后，把跨栏节奏调整为短跑节奏，加快步频，加大上体前倾，加强蹬地和摆臂力度，全力以赴冲向终点。

温馨提示 全程跑技术状况 = 110 米栏成绩 − 110 米跑成绩（数值越小说明技术水平越好）

其他跨栏跑项目基本技术结构与 110 米栏相同，但上体前倾和手臂摆动较小，摆动腿抬起较低，起跨腿前伸幅度稍小，下栏着地点较近，整体动作更接近于短跑。

女子 100 米跨栏跑的起跨点距栏架为 1.95～2.00 米，起跨角度为 62°～65°，下栏着地点距栏架为 1.00～1.20 米，栏间跑三步步长为 1.60～1.65 米、1.95 米、1.80～1.85 米。

400 米跨栏跑，起跑之第一栏的距离为 45 米，男子跑 21～23 步，女子跑 23～25 步。起跨点，男子为 2.10～2.15 米，女子为 1.9～2.0 米。栏间跑距离为 35 米，男子一般跑 15～17 步（部分优秀选手跑 13 步），女子一般跑 17～19 步（部分优秀选手跑 15 步）。弯道过栏时，以右腿起跨较为有利。起跨时，右脚前脚掌内侧蹬地，左腿向左前方攻摆，右臂内侧倾斜向左前上方摆出，上体前倾时略向左转，右肩高于左肩。下栏时，用左腿前脚掌外侧在靠近左侧分道线处着地，右腿提拉过栏时向左前方用力。

4.3.3　接力跑

接力跑是田径运动中唯一的集体项目。以队为单位，每队 4 人，每人跑相同距离。它能有效地提高速度和身体的灵敏度等身体素质，培养团结协作的集体主义精神。

接力跑的起源众说纷纭，有古代奥运会祭祀仪式中火炬传递说，有非洲盛行的“搬运木料（搬运水坛）”游戏说，有传递信件文书的邮驿演变说。

目前，奥运会比赛项目分男、女 4×100 米接力跑和 4×400 米接力跑。接力棒为光滑、彩色的空心圆管，由整段木料、金属或其他适宜的坚固材料制成，长度为 20～30 厘米，周长为 12～13 厘米，重量不少于 50 克。

如图 4-37 所示，传棒人必须持棒跑完各自规定的距离，接棒者可以在接力区前 10 米内起跑，两人必须在 20 米的接力区内完成传、接棒。

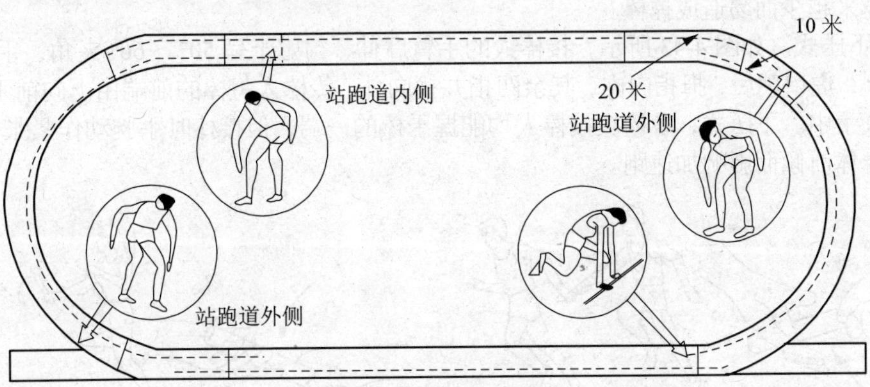

图 4-37　传、接棒位置

接力跑技术包括短跑技术和传、接棒技术。要求各队员在快速跑进的同时，配合默契。接力跑的距离越短，传、接棒技术要求越高。以 4×100 米接力跑为例，讲解接力跑技术。

1. 起跑技术

（1）持棒起跑

第一棒运动员通常采用蹲踞式起跑，其技术和短跑弯道起跑基本相同。如图 4-38 所示，用右手的中指、无名指和小指握住棒的末端，拇指和食指分开撑地，接力棒不得触及起跑线和起跑线前的地面。

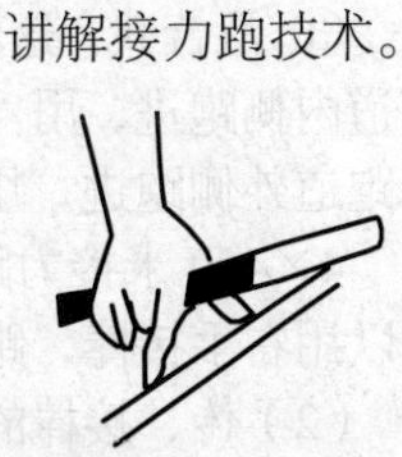

图 4-38　持棒起跑姿势

（2）接棒起跑

接棒人选择恰当的起跑姿势，标准有二：第一是否有利于快速起跑和加速跑；第二是否能清楚地看到传棒队员及设定的起跑标志线。

如图 4-39 所示，第二、第三、第四棒运动员可用站立式或一手撑地的半蹲踞式起跑姿势。第二棒、第四棒运动员应站在跑道外侧，左腿在前（亦可右腿在前），右手撑地，身体重心稍向右偏，头转向左后方，目视传棒队员的跑进和自己的起跑标志线（见图 4-40）。第三棒运动员应站在跑道内侧，右脚在前（亦可左腿在前），左手撑地，身体重心稍向左偏，头转向右后方，目视传棒队员的跑进和自己的起跑标志线（见图 4-41）。

图 4-39　半蹲踞式起跑姿势

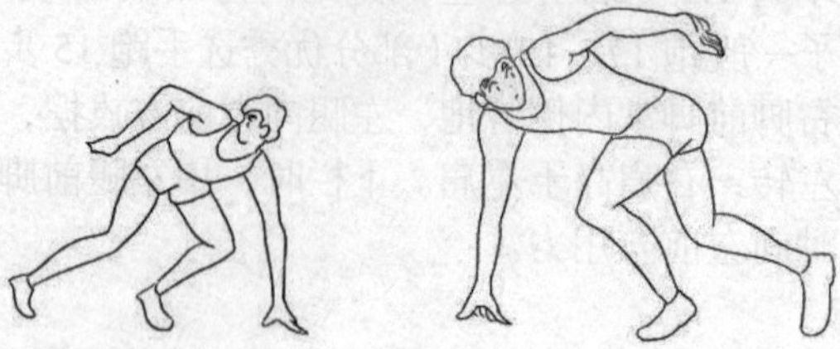
图 4-40　第二、第四棒运动员接棒动作

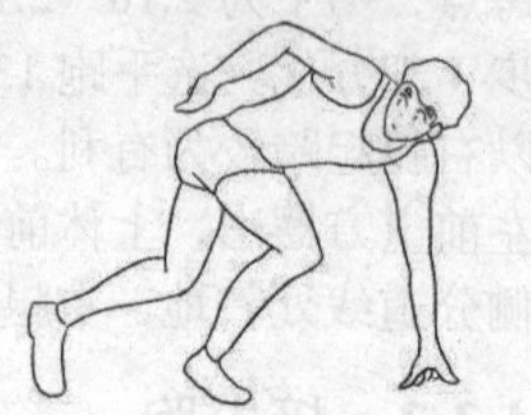
图 4-41　第三棒运动员接棒动作

持棒运动员保持最快速度，接棒运动员根据持棒者的跑速有控制地进行加速，以便于顺利并快速地接棒。

2. 传、接棒技术

（1）传、接棒的方法

① 上挑式。如图 4-42 所示，接棒人的手臂自然后伸，与躯干呈 40°～45° 夹角，掌心向后，拇指与其他四指张开，虎口朝下，传棒人将棒由下向前上方“挑”送入接棒人手中。上挑式动作自然，容易掌握，但第二棒接棒人手握棒的中段，第三、第四棒传接时由于棒的前端部分越来越少而易造成掉棒。

② 下压式。如图 4-43 所示，接棒人的手臂后伸，与躯干呈 50°～60° 夹角，手腕内旋，掌心向上，虎口朝后，拇指向内，其余四指并拢向外，传棒人将棒的前端由上向前下方“压”入接棒人手中。下压式，各棒次接棒人均能握于棒的一端，但接棒时手腕动作紧张，掌心上向引起身体前倾而影响加速跑。

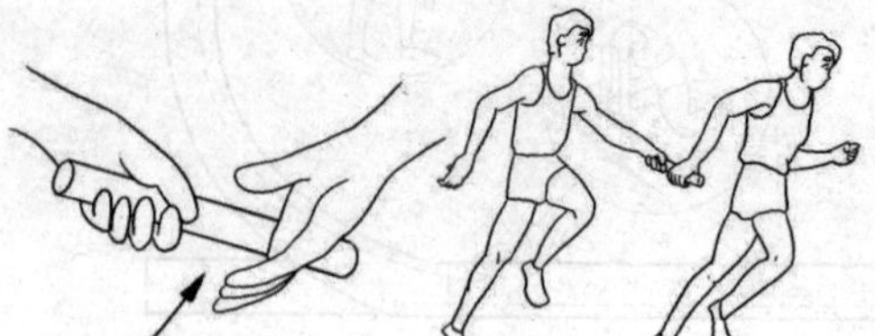
图 4-42　上挑式

图 4-43　下压式

③ 混合式。这种方法综合了上述两种方法的优点。第一、第三棒运动员以右手持棒，沿弯道内侧跑进，用“上挑式”将棒传入第二、第四棒运动员左手中；第二棒运动员左手持棒，沿跑道外侧跑进，用“下压式”将棒传入第三棒运动员右手中。

4×400 米接力跑，多采用换手传、接棒技术。接棒人用左手接棒后，立即换到右手。也可以用右手接棒，跑至最后一个直道时再换到左手传棒（第四棒可免）。

（2）传、接棒的时机

为了集中精神保持高速度，4×100 米接力运动员均采用听传棒人信号而不看棒的接棒方式。传、接棒运动员在 20 米接力区内，双方均达到相对稳定的高速时，便是传、接棒的最佳时机。此时，一般距接力区前端 3～5 米。

传棒人跑到标志线时，接棒人开始由预跑区内或接力区后端迅速起跑。传棒人跑至接力区内，距接棒人 1～1.5 米时，向其发出“嘿”或“接”等传、接棒信号，接棒人听到后迅速向后伸手接棒（见图 4-44）。

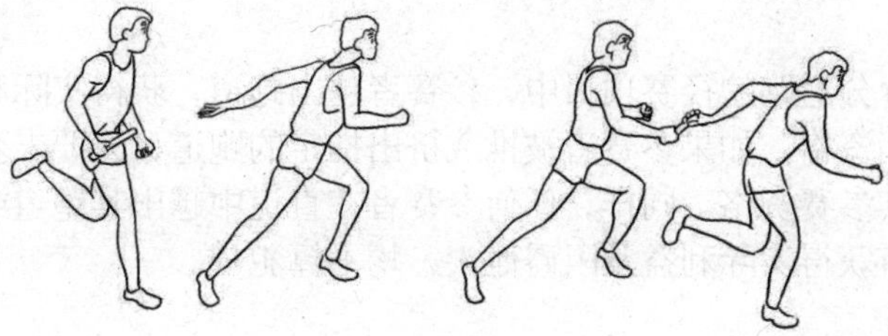

图 4-44　传、接棒的时机

（3）起跑标志线的确定

起跑标志线与起跑点的距离，是根据传、接棒队员的跑速和传、接棒技术的熟练程度以及最佳传、接棒时机而定的，一般为5～6米。起跑标志线要在训练中多次实践反复调整才能准确确定。

温馨提示　若接棒人在接力区前10米预跑线处起跑，至接力区末端26米处传、接棒，两人间距1.5米，则起跑标志线到起跑点的距离＝传棒人最后30米的平均速度×接棒人起跑26米所需的时间－（26－1.5）。

（4）各棒队员的分配

接力跑要求各棒队员之间协调配合，并能够充分运用每个人的特长，保证在快速跑进中精确、默契、迅速地完成传、接棒动作。一般而言，第一棒应起跑好，并善于跑弯道；第二棒应速度快，耐力好，善于传、接棒；第三棒除应具备第二棒的长处外，还要善于跑弯道；第四棒通常是100米成绩最好、冲刺能力最强的。

4.3.4　径赛项目竞赛规则要点

1. 短跑、中长跑的名次判定

在田径比赛中，所有赛跑项目参赛者的名次取决于其身体躯干（不包括头、颈、臂、腿、手或足）抵达终点线后沿垂直面为止时的顺序，以先到达者名次列前。在任一赛次中，按成绩录取进入下一赛次时如遇运动员成绩相等，则终点摄像主裁判应考虑有关运动员的1/1 000秒的实际成绩。如果成绩依然相等，则有关运动员均应进入下一赛次。如实际条件不允许，应抽签决定进入下一赛次的人选。在决赛中第一名成绩相同，裁判长有权决定是否重赛，若无条件重赛，则并列第一；至于其他名次成绩相同，按并列处理。

2. 短跑及中长跑的起跑

在国际赛事中，所有400米或以下的径赛项目，必须采用蹲踞式起跑及起跑器。

发令员口令为“各就位”（On your marks!）、“预备”（Set!），最后发令枪响。在“各就位”（On your marks!）及“预备”（Set!）口令之后，参赛者应立即完成有关动作，否则属起跑犯规。如果有运动员抢跑，发令员就会宣布起跑犯规。对第一次起跑犯规的运动员应给予警告，除了全能项目之外，每项比赛只允许一次起跑犯规而运动员不被取消资格，之后每次起跑犯规的运动员均将被取消该项目的比赛资格。

全能比赛中，如果一名运动员两次起跑犯规，将被取消比赛资格。

除此以外，在“各就位”口令发出后，以声音或动作扰乱他人，也判为起跑犯规。在枪声响起前有任何起跑动作，均属起跑犯规。如因仪器或其他原因而非运动员造成的起跑，应向所有运动员出示绿牌。

400米以上（不含400米）的径赛项目，均采取站立式起跑。发令员口令为“各就位”，当所有参赛者在起跑线后准备妥当静止后，便可鸣枪开始比赛。

3. 分道跑

在分道跑和部分分道跑的径赛项目中，参赛者越出跑道，获得实际利益或冲撞、阻碍其他参赛者，会被取消资格。如果参赛者被推或挤出指定的跑道，只要未获得实际利益也未影响他人，可不取消其参赛资格。同样，任何参赛者在直道中越出其跑道或在弯道中越出其跑道的外侧，只要没有获得实际利益及阻碍他人，均不算犯规。

4. 赛次和分组

径赛一般分为第一轮（round1）、第二轮（round 2）、半决赛（semi-finals）和决赛（finals）4 个赛次。而赛次的安排和分组，以及每一赛次的录取人数等将根据报名参加比赛的人数决定。预赛分组时要尽可能把成绩好的运动员平均分配到不同的小组中去。在其后的各轮比赛中，分组依据运动员在前一轮的比赛成绩。如果可能，相同国家或地区的运动员应分开。

5. 分道

运动员在所有短跑、跨栏和 4×100 米接力赛中自始至终都必须在自己的跑道里。800 米和 4×400 米接力赛，在自己的跑道里起跑，当运动员通过抢道标志线以后才能离开自己的跑道，切入里道。运动员的跑道由技术代表抽签确定。第二轮开始的各轮比赛，跑道的选择还需依据运动员在上一轮的比赛结果，如排名前 4 位的运动员抽签后分别占据第 3，4，5，6 跑道，后 4 名抽签排定第 1，2，7，8 跑道。

6. 接力赛

4×100 米接力跑是分道进行的，接棒者可以在接力区前 10 米内起跑。

接力赛中，运动员必须在 20 米的接力区内里完成交接棒。“接力区内”的判定是根据接力棒的位置，而不是根据参赛者的身体或四肢的位置。

在 4×400 米接力跑中，第一棒全程及第二棒的第一弯道是分道跑，第二棒运动员要跑至抢道线后方可自由抢道。第一棒的传接必须在参赛者指定的跑道内进行，其余各棒的传接，裁判员根据第二棒及第三棒运动员通过 200 米起点处的先后，按次序让其第三棒及第四棒的队友在接力区内，由内至外排列等候接棒。所有接棒者均不可在接力区外起跑。

接力棒必须拿在手上，直到比赛结束为止。完成交接棒后，运动员应留在本队的跑道中以免因影响他人而被取消比赛资格。任何人掉了棒，必须由其本人拾回，而且要在不影响别人的情况下，方可越出自己的跑道以拾回接力棒。

7. 跨栏

各参赛者必须在自己的跑道内完成比赛，当参赛者跨越栏架时，若其腿或足从低于栏架顶的水平线跨越，或跨越并非自己赛道上的栏架，或故意以手或足撞倒任何栏架，均取消其参赛资格。

8. 风速

在 100 米、200 米和 100 米栏、110 米栏比赛中，如果顺风超过 2 米/秒，运动员创造的成绩就不能成为新纪录。

9. 公路赛

奥运会公路赛包括男、女 20 千米竞走、男 50 千米竞走以及男、女马拉松比赛。

① 起跑。当发令员召集运动员到出发线以后，运动员按抽签排定的顺序排列。发令员枪响以后比赛开始，任何人两次抢跑都会被取消比赛资格。

② 取胜。躯干第一个触到终点线的运动员为优胜者。

③ 饮料站。在比赛的起点和终点应提供水和其他饮料，在比赛路线上每隔 5 千米设置一

个饮料站。每一个饮料站内分别设有组委会提供的饮料和运动员自己准备的饮料。在两个饮料站之间还要设置饮水用水站，运动员经过时可以取饮用水，还可以取浸了水的海绵为身体降温。除了已经设置的站点之外，运动员不能从比赛线路的其他地方获得饮料，否则将被取消比赛资格。

10. 竞走

竞走比赛有两个核心规则。首先，竞走运动员必须始终保持至少有一只脚与地面接触。其次，前腿从着地的一瞬间起直到垂直位置必须始终伸直，膝关节不能弯曲。

比赛中有 6～9 名专职的竞走裁判员监督运动员。按规则规定，他们不能借助任何设备帮助判断，只能依靠自己的眼睛来判断运动员是否犯规。当竞走裁判员看到竞走运动员的动作有违反竞走技术的迹象时，应予以黄牌警告，并在赛后报告给主裁判。当运动员的行进方式违反竞走技术的规定，表现出肉眼可见的腾空或膝关节弯曲时，竞走裁判员须将一张红卡送交竞走主裁判。当竞走主裁判收到针对同一名运动员的 3 张来自不同竞走裁判员的红卡时，该运动员即被取消比赛资格，并由主裁判或主裁判助理向其出示红牌通知。

思考与练习

1. 标准田径场的组成部分有哪些？
2. 跳高、跳远、三级跳远、推铅球、短跑、中长跑、跨栏跑、接力跑的动作技术有哪些？

活动与探索

1. 结合个人爱好，谈谈对某一田径项目的实际感受。
2. 若条件允许，可进行多种形式的田径比赛，如单项赛、综合赛、趣味赛等。

第 5 章

篮球

本章将概述篮球运动的起源、发展、规则等，并详细讲解其基本动作和战术技巧。

5.1 篮球运动概述

本节将介绍篮球运动的起源和发展历程。

5.1.1 篮球运动的起源

1891 年，在美国马萨诸塞州斯普林菲尔德基督教青年会国际训练学校（后为春田学院）任教的詹姆斯·奈史密斯（James Naismith）博士从当地儿童喜欢用球投向桃子筐的游戏中得到启发，创编了篮球（basketball）游戏。为了怀念这位篮球运动先驱，国际篮联于 1950 年将世界男子篮球锦标赛的金杯命名为“奈史密斯杯”。

5.1.2 篮球运动的发展

1904 年，在第三届奥林匹克运动会上第一次进行了篮球表演赛。1932 年，国际业余篮球联合会宣告成立。1936 年第十一届奥运会上，男子篮球被列为正式比赛项目。1976 年第二十一届奥运会上，女子篮球被列为奥运会的正式比赛项目。自 1992 年第二十五届奥运会开始，职业篮球运动员被允许参加奥运会的篮球比赛。美国“梦之队”的参赛使世界篮坛更为精彩纷呈。

篮球运动以其特有的魅力，深受世界各国人民的喜爱，国际篮球联合会成为单项体育人口最多的国际单项运动协会。奥林匹克运动会篮球比赛、世界篮球锦标赛、美国 NBA 职业联赛，这三大赛事代表着世界篮球运动的最高水平。

5.2 篮球运动的基本技术

本节将讲解篮球的进攻和防守技术，阐述了移动、投篮、传接球、运球、抢篮板球、防守等基本技术。

篮球技术分为进攻和防守两大部分，进攻技术有传球、接球、运球、持球突破、投篮等，防守技术有防守对手、抢球、打球、断球、盖帽等。此外，移动、抢篮板等技术的攻防含义皆有。

5.2.1　移动

进攻者运用急起、急停、转身、变速变向跑等动作，摆脱防守去完成进攻任务。防守者则运用跑、停、滑步、后撤步、交叉步等动作阻止进攻。这些争取比赛主动权的行动都离不开快速灵活的脚步动作。

5.2.2　投篮

按照持球的方法不同，可分为双手投篮和单手投篮；依据投篮前球置于身体部位的不同，可分为胸前、肩上、头上等不同的投篮动作；就运动员投篮时移动形式而言，又可分为原地、行进间和跳起投篮。

1. 原地双手胸前投篮

如图 5-1 所示，两脚左右或前后站立，两膝微屈、两脚脚跟略离地面，上体稍向前倾，两手手指自然张开，握球两侧略后的部位，两拇指相对成“八”字形，掌心空出，持球于胸前、屈肘靠近身体。投篮时，两脚蹬地身体伸展，同时两臂向前上方伸出，拇指向前上方用力推送，手腕稍外翻，使球从拇指、食指、中指指尖投出，球向后旋转飞行。

图 5–1　原地双手胸前投篮

2. 原地单手肩上投篮（以右手为例）

如图 5-2 所示，右手五指自然分开，手心空出，用指根以上部位持球，大拇指和小拇指控制球体，左手扶球的左侧，右手屈肘，肘关节自然弯曲，置球于右肩上方。投篮时，下肢蹬地发力，右臂向前上方伸直，手腕前屈，食指、中指用力拨球，通过指端将球柔和地送出。球出手的同时，身体随投篮动作向前伸展。

图 5–2　原地单手肩上投篮

3. 行进间单手低手投篮（以右手为例）

如图 5-3 所示，在跑动中接球或运球突破上篮时，应先跨右脚接球或拿球，接着第二步跨左脚起跳，左脚跨的步子稍小一些（已能掌握基本动作者，其左脚跨出的步子大小，可根据对方防守的情况和进攻的需要选择），右腿屈膝上抬，身体上升到最高点时，右臂向上伸或向前上方伸，掌心向上，用手指和手腕的力量，将球上拨。

图 5-3　行进间单手低手投篮

4. 运球急停跳投（以右手为例）

如图 5-4 所示，在快速运球中，用一步或两步的方式接球停步，两膝微屈，身体重心下降，迅速蹬地起跳，同时两手迅速举球于右肩上。当身体接近最高点处于稳定的一刹那，迅速向上伸臂，用右手的手腕和手指的力量将球投出。

图 5-4　运球急停跳投

5.2.3　传、接球

1. 传球基本技术

（1）双手胸前传球

如图 5-5 所示，两手五指自然分开，拇指相对成“八”字形，用指根以上部位握球的两侧后下方，掌心空出，两臂自然弯曲于体侧，将球置于胸前。肩、臂、腕肌肉放松，两眼注视传球目标，身体成基本姿势。传球时，后脚蹬地，身体重心前移，同时两臂前伸，手腕由下向上翻转，同时拇指用力下压，食指、中指用力弹拨，将球传出。双手胸前传球是一种最基本、最常用的传球方法，具有准确性高、容易控制、便于变化的优点。

图 5–5 双手胸前传球

（2）单手肩上传球（以右手为例）

如图 5-6 所示，原地右手肩上传球时，两脚前后开立，左脚在前，侧对传球方向，右手肩上托球于头侧，掌心空出，以转体、挥臂、甩腕以及手指拨球的力量将球传出。单手肩上传球是一种中远距离的传球方法。其特点是传球力量大、速度快、距离远，在长传快攻和突破起跳分球时经常采用。

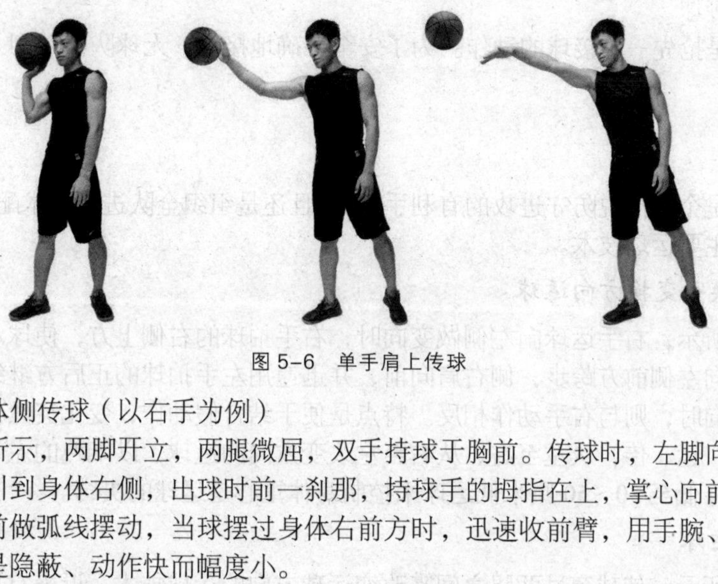

图 5–6 单手肩上传球

（3）单手体侧传球（以右手为例）

如图 5-7 所示，两脚开立，两腿微屈，双手持球于胸前。传球时，左脚向左跨步的同时将球移至右手引到身体右侧，出球时前一刹那，持球手的拇指在上，掌心向前，手腕后屈，出球时前臂向前做弧线摆动，当球摆过身体右前方时，迅速收前臂，用手腕、手指的力量将球传出。特点是隐蔽、动作快而幅度小。

图 5–7 单手体侧传球

（4）反弹传球

反弹传球是一种近距离较隐蔽的传球方法，是小个队员对付高大防守者的有效传球手段。方法很多，如单、双手胸前，单手体侧，单手背后等反弹传球，都可通过地面反弹传球给同伴。所以动作方法与各种传球相同，但运用反弹传球时要掌握好球的击地点，一般应在传球者距离接球者 2/3 的地方。如防守自己的对手距离自己较远，而传球的距离又较近时，可向防守者的脚侧击地传出。球弹起的高度一般在接球人的腰部为宜。

2. 接球基本技术

接球时眼睛要注视来球，肩、臂都要放松，手臂应迎球伸出，手指自然分开。当手指触球时，屈肘，臂后引，缓冲来球的力量，两手握球，保持身体平衡，以便做下一个动作。

（1）接反弹球

掌心要向着来球反弹的方向，屈膝弯腰并向前下方伸手迎球，五指自然分开成上、下手接球动作。在球刚刚离地弹起时，手指触球将球接住。接球后手腕迅速向上翻，持球于胸腹前保持身体平衡，成基本站立姿势。

（2）接球后急停

安全接球后急停已成为进攻技术的基础。要点是正确运用转入下次进攻的衔接点，不要犯带球走等违规的动作。

（3）摆脱接球

摆脱接球是抢先一步接球的动作。为了安全准确地接球，无球队员以切入、策应等配合创造接球机会。

5.2.4 运球

运球不仅是个人摆脱防守进攻的有利手段，而且还是组织全队进攻战术配合的重要桥梁。下面介绍几种主要运球技术。

1. 身前换手变换方向运球

如图 5-8 所示，右手运球向左侧做变向时，右手拍球的右侧上方，使球从右侧反弹向左侧，同时右脚向左侧前方跨步，侧右肩向前，并迅速用左手拍球的正后方继续运球前进。左手运球向右变向时，则与右手动作相反。特点是便于结合假动作，变化突然，易造成防守者错误判断，伺机运、传，从左至右、从右至左改变方向的运球。以娴熟的左、右假动作和反弹高运球突然降低至 30～50 厘米低运球来控制身体重心是运球的决窍。

2. 胯下运球

如图 5-9 所示，使球穿过两腿之间来改变运球方向的运球技术。近来有更多使用胯下运球技术的倾向。其理由是两腿可以保护球，且可以安全转换方向，防守者的手难以够着。

3. 后转身运球

如图 5-10 所示，身体左侧对防守者，左脚在前做中枢脚，右手左右后侧运球或向后运球，同时做后转身，换左手拍球的后上方运至左侧，右脚落地贴近防守者的右侧（脚尖向前），然后运球继续前进。特点是转身时便于保护球、改变球的路线幅度大、攻击力强、灵活多变。

4. 运球急停急起

如图 5-11 所示，可用两步急停，两腿屈膝前后开立，跨出第一步时，身体稍后仰。同时，按拍球的上方，降低球的反弹高度，使球在原地反弹，同时降低身体的重心，用腿和异侧臂护球。急起时，拍球的后上方。身体重心移至前脚掌，同时后脚迅速蹬地跨出超越防守者，迅速向前推进。特点是动作突然、起动快、线路多变、攻击力强、易摆脱防守。

图 5-8　身前换手变换方向运球

图 5-9　胯下运球

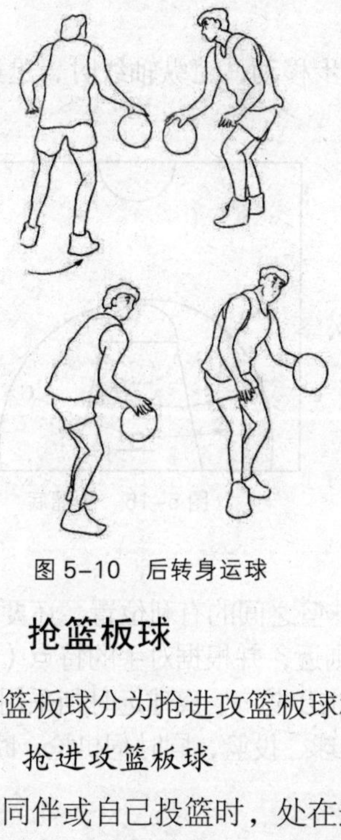

图 5-10　后转身运球

图 5-11　运球急停急起

5.2.5　抢篮板球

抢篮板球分为抢进攻篮板球和防守篮板球两种。

1. 抢进攻篮板球

当同伴或自己投篮时，处在近篮的进攻队员首先应判断球的反弹方向，然后先向相反方向的侧前方跨步，利用身体虚晃的假动作，诱开身前的防守队员，绕跨挤到对手的前面或侧前方，抢占有利位置，借助跨步或助跑起跳，跳至最高点补篮或抢篮板球。

2. 抢防守篮板球

图 5-12　抢防守篮板球

如图 5-12 所示，当对方投篮出手后，首先应注意对手的动向，并根据当时与进攻队员所处的位置和距离的远近，运用上步、撤步和转身抢占有利位置，把进攻队员挡在身后，与此同时还要判断球的落点准备起跳。

5.2.6 防守

1. 防守无球队员

防守队员应站在对手与球篮之间的内侧，保持与对手有适当的距离和角度，做到以人为主，人球兼顾，使对手和球处于自己的视野之内，随对手的动作积极跟进移动，调整防守位置，堵截其移动和接球的路线，手臂配合做出伸出、挥摆、上举等动作，干扰对手接球，争取抢、断球。

（1）防纵切

如图 5-13 所示，A 传球给 B，a 及时偏向球侧错位防守，当 A 向篮下纵切要球时，a 应抢前防守，合理运用身体堵住对方的切入路线，同时伸臂封锁接球，迫使对手向远离球的方向移动。

（2）防横插

如图 5-14 所示，A 持球，C 欲横插过去要球，c 应上步挡住对手，并伸臂不让对手接球，用背贴着对手，随其移动到有球一侧。

（3）防溜底

如图 5-15 所示，A 持球，C 溜底的时候，c 要面向球滑步移动，至纵轴线时，迅速上右脚前转身，错位防守，右臂伸出不让对方接球。

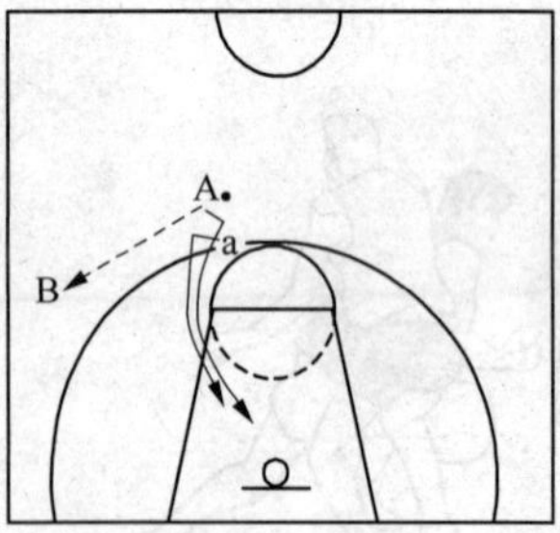

图 5-13　防纵切

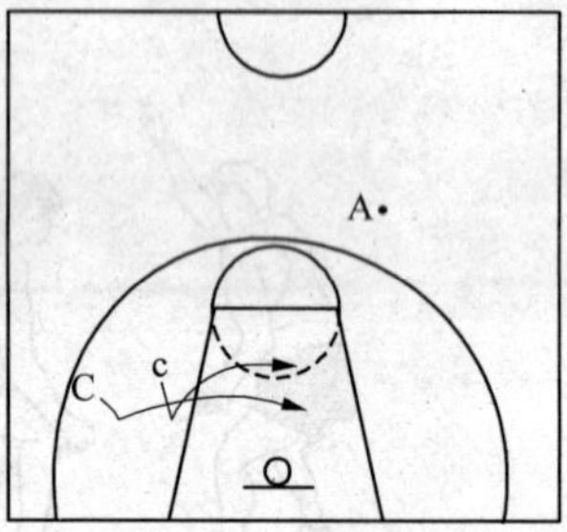

图 5-14　防横插

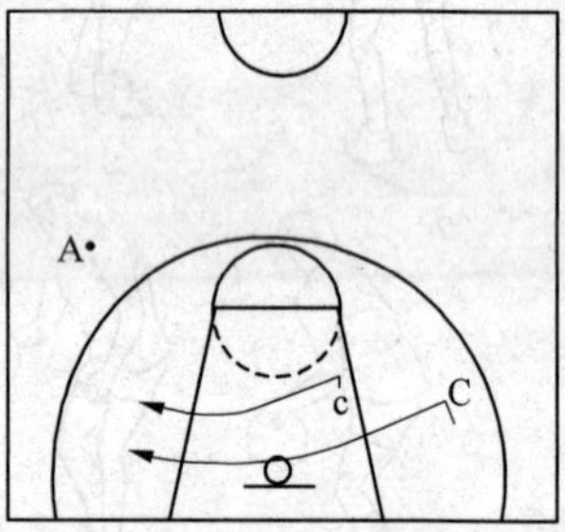

图 5-15　防溜底

2. 防守持球队员

当对手接球后，迅速调整防守位置和距离，占据对手与球篮之间的有利位置，还要与对手保持适当的距离（一臂左右）。一般来说，离球板远则远，近则近，并根据对手的特点（投篮或突破）而有所调整。防守持球队员在离球篮近时采用贴近的攻击步防守，离球远时则采用平步防守，无论采用哪一种防守，都要积极移动，阻截和干扰对方传球、投篮，同时伺机抢、断球。

5.3 篮球运动的基本战术

本节将介绍篮球的基本配合、快攻与防守快攻、攻防半场人盯人等基本战术。

5.3.1 基础配合

1. 进攻基础配合

进攻基础配合，是指两三名进攻队员，为了创造投篮机会，合理运用技术而组成的合作方法。

（1）传切配合

传切配合有两种，分别为一传一切配合和空切配合。

一传一切配合。如图 5-16 所示，A 传球给 D 后，立刻摆脱对手 A 向篮下切入，接 D 的回传球投篮。空切配合。如图 5-17 所示，A 传球给 D 时，C 突然切向篮下接 D 的传球投篮。

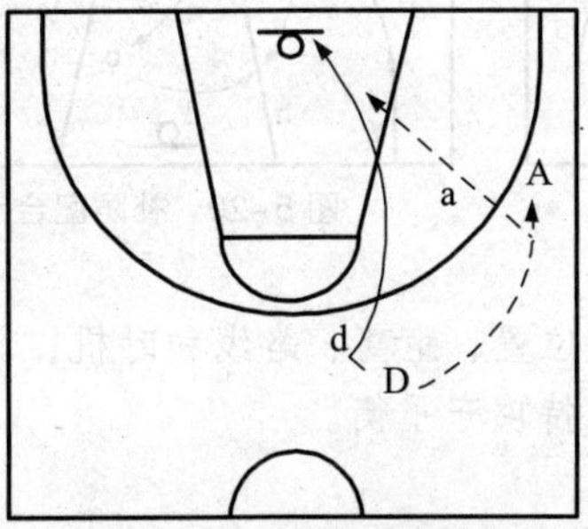

图 5–16　一传一切配合

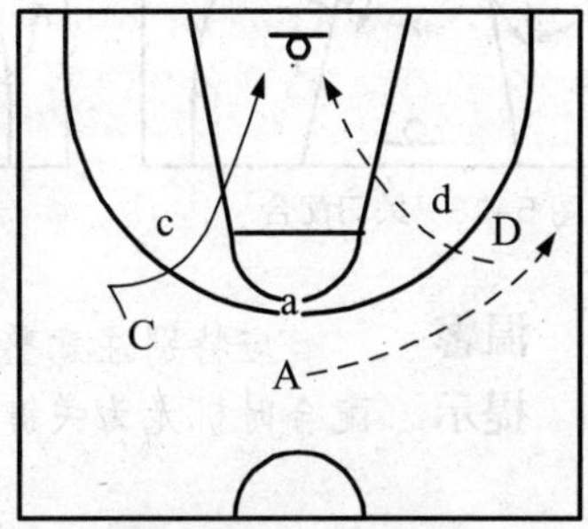

图 5–17　空切配合

（2）突分配合

有球队员持球突破后，主动地或应变地利用传球与同伴配合的方法。其要求是，突破动作要突然、快速，在突破过程中，要随时观察场上攻、守队员行动和位置的变化，既要做好投篮的准备，又要及时、准确地传球给同伴。其他进攻队员要掌握时机及时跑到有利于进攻的位置上接球。

（3）掩护配合

掩护配合是掩护队员采用合理的行动，用自己的身体挡住同伴的防守者的移动路线，使同伴得以摆脱防守，或利用同伴的身体和位置使自己摆脱防守的一种配合方法。掩护配合的形式根据掩护的位置和方向不同，分为前掩护、后掩护、侧掩护 3 种。

2. 防守基础配合

防守基础配合，是指两三名防守队员，为破坏对方进行配合，或当同伴防守出现困难时，及时互相协作行动的方法。以下是几种常用的配合。

（1）关门配合

“关门”是两个防守队员靠拢协同防守突破的配合方法。如图 5-18 所示，当 D 从正面突破时，a，d 与 d，c 进行“关门”配合。

关门配合的要求是，防守队员应积极堵住进攻者的突破路线；临近突破一侧的防守队员要及时向同伴靠拢进行“关门”，不给突破者留有通过的空隙。关门配合也运用于区域联防。

（2）夹击配合

指两个防守队员积极防守一个进攻队员配合的方法。如图 5-19 所示，A 从底线突破，a 封堵底线，迫使 A 停球，d 同时向底线迅速跑去与 a 协同夹击 A，封堵其传球路线，迫使其违例或失误。

夹击配合要正确地掌握夹击的时机和区域。行动要果断，出其不意。在形成夹击时要用身体和腿部限制进攻队员的活动，用手臂封堵传球或接球，但要防止不必要的犯规。

（3）补防配合

指防守队员在同伴漏防时，立即放弃自己的对手，去补防那个威胁最大的进攻者，而与漏人的防守队员及时换防的一种协同防守方法。如图 5-20 所示，D 传球给 A，突然摆脱 d 的防守直插篮下，此时 c 放弃 C 的防守补防 D，d 去补防 C。

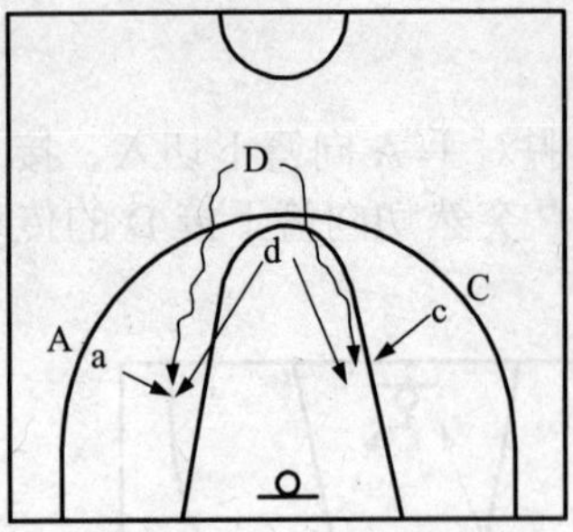

图 5-18 关门配合

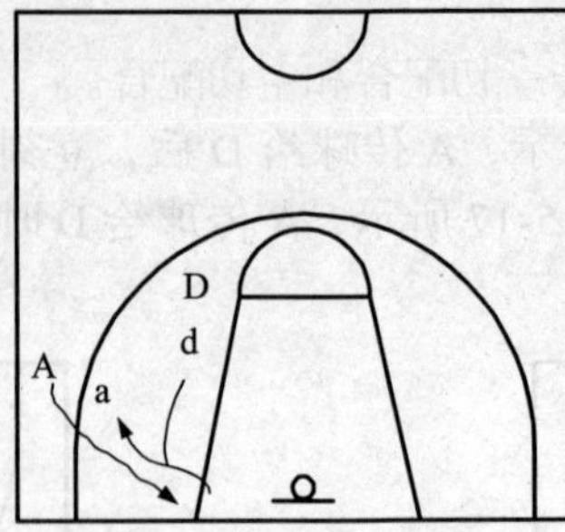

图 5-19 夹击配合

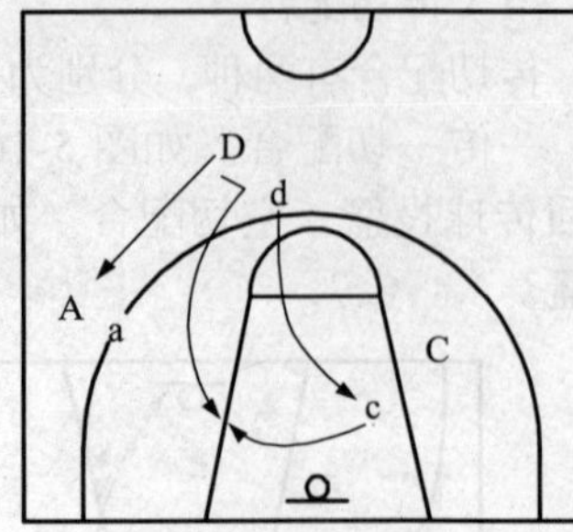

图 5-20 补防配合

温馨提示 应特别注意整体配合，包括配合的位置、距离、路线和时机，其中以配合时机尤为关键。此外，还要注意保持攻守平衡。

5.3.2 快攻与防守快攻

1. 快攻

快攻是由防守转入进攻时，趁对方未站稳阵脚之前，抓住战机以最快的速度、最短的时间，果断而合理地发动攻击的一种速决性战术配合。发动快攻的时机是在抢获后场篮板球、抢球、断球和跳球获球后。快攻的形式有长传快攻、短传和运球快攻相结合等。

（1）抢后场篮板球长传快攻

如图 5-21 所示，D 抢到后场篮板球后，首先观察场上的情况，寻找长传快攻机会。B 和 C 判断 D 有可能抢到篮板球时，便立即起动快下，争取超越防守队员接 D 的长传球投篮。

（2）断球长传快攻

如图 5-22 所示，c 断球后，看到 b 已快下，可立即传球或运球后传球给 b 投篮。

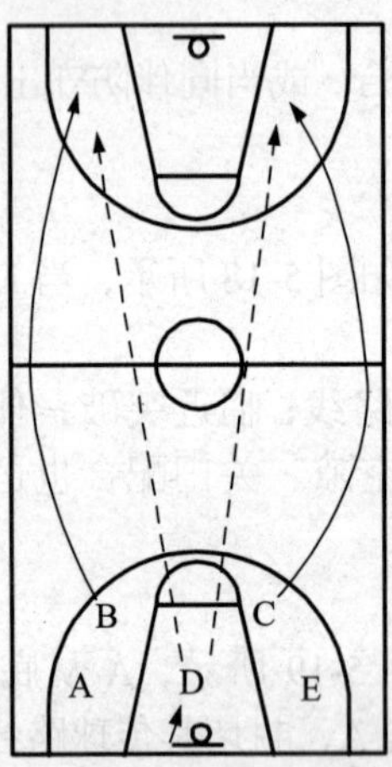

图 5-21 抢后场篮板球长传快攻

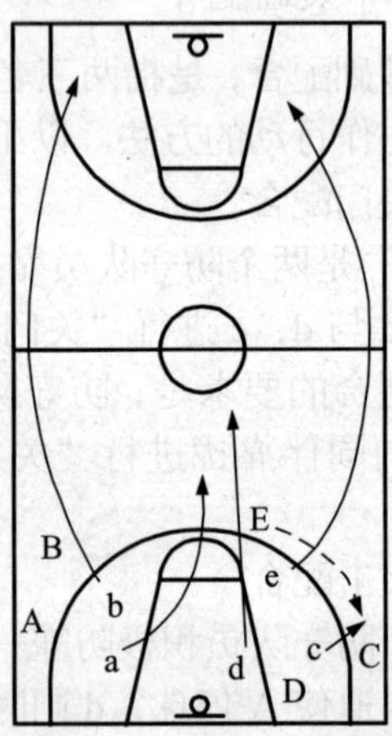

图 5-22 断球长传快攻

（3）短传与运球结合快攻

指队员在后场获球后，利用快速的短传球和运球推进相结合的方法迅速推进到前场进行攻击的一种配合。其特点是参加人数多、机动灵活、层次清楚、容易成功，但对队员配合的技巧要求较高。

2. 防守快攻

篮板球是发动快攻的主要先决条件之一，积极地与对方争抢前场篮板球是防止发动快攻的重要步骤。

（1）有组织积极地堵截对方发动快攻的第一传，是防守快攻的关键。

（2）防守快下队员

快下队员是对方长传快攻的主要成员，如果快下队员接到球，将给防守造成极大的困难。因此，当对方抢获篮板球时，外线队员要迅速退守，在退守过程中，控制好中路，堵截快下路线，紧逼沿边线快下的进攻队员，切断对方长传球的路线。

（3）提高以少防多的能力

当对方发动快攻并迅速地向前场推进时，防守队往往来不及全部退防，出现以少防多的局面。提高一防二、二防三的能力，重点防篮下，为同伴回防赢得时间，这就必须提高个人防守能力，以及同伴之间的相互补防能力。

5.3.3 攻防半场人盯人

1. 人盯人防守战术

该战术是在由攻转守时，放弃前场的防守，全队迅速退回后场，每人盯住自己对手的配合方法。它以个人防守为基础，综合运用挤过、穿过、交换、关门、夹击等几个人之间的防守基础配合所组成的全队战术。

防守要点：人盯人防守要从由攻转守时开始。此时，每个队员都要快速退向自己的后场，立即找到对手，形成集体防守；要根据对手、球、球篮选择有利位置，做到球、人、区兼顾，与同伴协同防守。

防守原则："以球为主，人球兼顾"，"有球紧，无球松"，"近球紧，远球松"，积极移动，抢占有利位置。

运用时机：半场扩大人盯人防守主要用于对付外围远投较难、突破与篮下进攻能力和后卫控制球能力相对较差的队，而本队需要扩大战果，争抢时间时；半场缩小人盯人防守用于对付中远距离投篮不准、突破和篮下攻击能力较强的队，本队得分已占优势，保持体力再扩大战果时。

2. 进攻人盯人防守战术

进攻人盯人防守是根据人盯人防守战术的特点，从每个队员的具体实际出发，综合运用传接球、投篮、运球、突破等个人技术动作和传切、掩护、策应等几个人之间的战术基础配合所组成的一种全队进攻战术。

进攻人盯人战术的要点为：由守转攻后，要迅速到位。

5.4 篮球运动的主要规则

本节将讲解篮球比赛的基本情况和违例、犯规等违规现象。

5.4.1 篮球比赛的概况

篮球比赛由两个队参加，每队上场 5 人，其中 1 人为队长，替补球员有 7 人。

将球投入对方球篮得 2 分；在 3 分区外投入对方球篮得 3 分；罚球中 1 次得 1 分。

比赛由 4 节组成，每节 10 分钟。在第 1 节和第 2 节（第一半时）之间，第 3 节和第 4 节（第二半时）之间以及每一决胜期之前有 2 分钟的比赛休息时间；两个半时的比赛休息时间为 15 分钟，以全场得分多者为胜。如果在第 4 节比赛时间终了时比分相等，需要一个或多个 5 分钟的决胜期来继续比赛，直至决出胜负。

比赛中每队的换人次数不限。但是，要登记的暂停在第一半时的任何时间每队可准予 2 次；在第二半时任何时间可准予 3 次；每一决胜期的任何时间每队可准予 1 次。

整个比赛过程由裁判员（三人制：包括主裁判员，第一副裁判员和第二副裁判员，二人制：包括主裁判员和副裁判员）、记录台人员（包括记录员、助理记录员、计时员和 24 秒钟计时员）和技术代表管理。

5.4.2 篮球比赛的违规现象

篮球比赛中对规则的违反有违例和犯规两大类。

1. 违例

违例是违反规则。

罚则是将球权判给对方队在靠近发生违例的地点掷球入界。

带球走——当持活球的队员用同一脚向任何方向踏出一次或多次，其另一脚（称为中枢脚）不得离开与地面的接触点，如果中枢脚离开了这个接触点就构成带球走违例。

非法运球——队员在运球后，用双手同时触及球或允许球在一手或双手中停留时，运球即完毕。运球结束后，除非失去控球权后又重新控制球，否则不得再次运球，如果再次运球，则为非法运球违例。

拳击球或脚踢球——比赛中队员不得故意用拳击球或用腿的任何部分去阻挡球，否则将判违例。如果球偶然地接触到腿的任何部分，或腿的任何部分无意碰到球，则不算违例。

球回后场——在比赛中，前场控制球的队，不得使球再回到后场，否则为球回后场违例。具体判定球回后场有三个条件：① 该队必须控制球；② 球进入前场后，在球又回到后场前该队队员（或裁判员）最后触及球；③ 球回后场后，该队队员在后场最先触及球。这三个条件必须依次连续发生。

干涉得分和干扰——投篮（罚球）的球在飞行下落并完全在篮圈水平面之上时，双方队员不可触及球。当投篮的球触及篮圈时，双方队员都不得触及球篮或篮板，不得从下方伸手穿过球篮并触及球，不得使篮板和篮圈摇动。如果进攻队员违犯这一规定，中篮无效，将球判给对方在罚球线延长部分的界外掷球入界；如果防守队员违犯这一规定，不论是否投中，均判投篮（罚球）队员得分。

3 秒违例——当某队在前场控制活球并且比赛计时钟正在运行时，该队队员在对方的限制区内持续停留的时间不得超过 3 秒钟。否则，便是违例。

5 秒违例——进攻球员必须在 5 秒钟之内掷出界外球；或在被严密防守时，必须在 5 秒之内传、投或运球；当裁判员将球递给罚球队员可处罚时，该队员必须在 5 秒钟内出手。否则，便是违例。

8 秒违例——一个球队从后场控制活球开始，必须在 8 秒钟内使球进入前场（对方的半场）。否则，便是违例。

24 秒违例——每当一名队员在场上获得控制活球时，该队必须在 24 秒钟内尝试投篮。否则，便是违例。

2. 犯规

犯规是对规则的违犯，含有与对方队员的非法身体接触和/或违反体育道德的举止。对违犯者登记犯规并随后按规则予以处罚。

侵人犯规——队员与对方队员的接触犯规。无论球是活球还是死球，队员均不应通过伸展其手、臂、肘、肩、髋、腿、膝或脚来拉、阻挡、推、撞、绊、阻止对方队员行进；以及不应将其身体弯曲成“反常的”姿势（超出其圆柱体）；也不应放纵任何粗野或猛烈的动作。在所有情况下都要给犯规队员登记1次侵人犯规。如果对未做投篮动作的队员犯规，由非犯规队在靠近犯规地点的界外掷球入界重新开始比赛。如果犯规队处于全队犯规处罚状态，则应判给未做投篮动作的队员2次罚球，代替掷球入界。如果对正在做投篮动作的队员犯规，如果投篮成功，应计得分并判给1次追加罚球；如投篮未中，则要根据投篮的地点，判给2次或3次罚球。

技术犯规——包含（但不限于）行为性质的队员的非接触犯规。如不顾裁判员警告；没有礼貌地冒犯裁判员、技术代表、记录台人员或球队席人员；使用冒犯或煽动观众的语言和举止；戏弄对方队员或在对方队员的眼睛附近摇手妨碍其视觉；在球穿过球篮后，故意触及球以延误比赛；阻碍迅速地执行掷球入界以延误比赛；假摔以伪造一次犯规等。

队员技术犯规，应给其登记一次技术犯规，作为全队犯规之一计数。教练员、替补队员和随队人员的技术犯规，对每一起违犯行为都要登记教练员一次技术犯规，但不作全队犯规之一计数。

对技术犯规的处罚，是判给对方2次罚球，以及随后在记录台对面的中线延长部分掷球入界或在中圈跳球开始第一节（如犯规发生在第一节比赛前）。

违反体育道德的犯规——根据裁判员的判断，一名队员不是在规则规定的范围内合法地试图去直接抢球，发生的接触犯规是违反体育道德的犯规。应给犯规队员登记1次违反体育道德的犯规。判给对方罚球，以及随后在记录台对面的中线延长部分掷球入界或在中圈跳球开始第一节（如犯规发生在第一节比赛前）。

罚球的次数按如下规定：对没有做投篮动作队员的犯规应判给2次罚球；对正在做投篮的队员发生的犯规，如中篮，应计得分并加判给1次罚球。如未中篮，应判给2次或3次罚球。

思考与练习

1. 篮球的基本技术有哪些？
2. 篮球的基本战术有哪些？
3. 篮球的竞赛规则有哪些？

活动与探索

若条件允许，可组织篮球比赛。

第6章

排球

本章将概述排球运动的起源、发展、规则等，并详细讲解其基本动作和战术技巧。

6.1 排球运动概述

本节将介绍排球运动的起源，阐述我国排球运动的发展。

6.1.1 排球运动的起源

排球（volleyball）运动始于 1895 年，创始人是美国人威廉·摩根。第一部规则发表在 1896 年 7 月出版的美国《体育》杂志上。最初排球比赛没有人数规定，赛前由双方临时商定，只要双方人数相等即可。

在美国，排球很快受到教会、学校和社会的广泛重视，同时也被列为军事体育项目。1896 年美国开始举行排球比赛。1947 年国际排球联合会成立，1949 年第一届世界男子排球锦标赛举行，1964 年排球运动被列为第十八届奥运会正式比赛项目。世界级排球比赛主要包括世界锦标赛、世界杯赛、奥运会排球赛、世界沙滩排球锦标巡回赛、残疾人奥运会排球赛等。

20 世纪 50 年代初，东欧各国主要依靠高点强攻和个人进攻战术的变化取胜，并一直处于世界领先地位。20 世纪 60 年代，日本女排在国际排坛崛起，创造了垫球、滚翻救球、勾手飘球等技术。1965 年，排球规则进行了重大修改，允许伸手过网拦网。

6.1.2 我国排球运动的发展

排球运动于 1905 年传入我国时，仅在广东等地开展。1914 年第二届全国运动会时排球正式被列为比赛项目。其后，经历了 16 人制、12 人制、9 人制和 6 人制的演变过程。

中华人民共和国成立后，我国排球运动有了较快的发展，形成了一套以快球为中心的快攻掩护战术，此后男排在掌握“盖帽”拦网技术的基础上，创造了“平拉开”扣球新技术，发展了我国排球快攻打法的特点。20 世纪 70 年代中期，我国首创了“时间差”打法。男排创造的前飞、背飞、拉三、拉四等技术，丰富了快中有变的自我掩护打法，在世界比赛中取得了良好的效果。1979 年，中国男、女排取得亚洲冠军的光荣称号，实现了冲出亚洲的愿望。1981～1986 年，中国女排五次连获世界冠军，在国际排坛上书写下辉煌的纪录。

6.2 排球运动的基本技术

本节讲解准备姿势、移动、发球、垫球、传球、扣球、拦网等排球的基本技术。

发球、垫球、传球、扣球、拦网是排球的5项基本击球动作，这种直接触球的动作技术称为有球技术。而各种准备姿势、移动、助跑、起跳、倒地等没有直接触及球的配合动作，称为无球技术。

6.2.1 准备姿势

如图6-1所示，按照身体重心的高低，准备姿势可分为半蹲准备姿势、低蹲准备姿势和稍蹲准备姿势3种。

1. 半蹲准备姿势

两脚开立略比肩宽，两膝弯曲，脚跟自然提起，上体前倾，重心靠前，膝部的垂直线应在脚尖前面，两臂放松，自然弯曲置于腹前，两眼平视，注意来球，两脚始终保持微动。

2. 低蹲准备姿势

身体重心比半蹲准备姿势更低更靠前，两脚左右、前后的距离更宽一些，膝部弯曲的程度大于半蹲准备姿势。身体重心要更靠前，肩部垂直线过膝，膝部垂直线超过脚尖。两手臂置于胸腹之间。

图6–1 发球准备姿势

3. 稍蹲准备姿势

两脚左右开立与肩同宽，一脚在前，两膝微屈，身体重心位于两脚之间，并稍靠近前脚，后脚跟稍提起，上体稍前倾，两臂放松，自然弯曲置于腹前。两眼注视球并兼顾场上各种情况，两脚保持微动状态。

6.2.2 移动

移动由起动、移动步法和制动3个环节构成。

1. 起动

起动是移动发力的开始，它的快慢是移动的关键，起动的速度取决于正确的准备姿势，反应能力和腰腿部的速度力量。

2. 移动步法

起动后应根据临场战术的需要，灵活地采用各种移动步法进行移动。

（1）并步与滑步

并步如向前移动，则后腿蹬地，前脚向来球方向跨出一步，后腿迅速跟上做好击球准备。连续并步就是滑步。

（2）跨步与跨跳步

跨步如向前移动，则后腿用力蹬地，前脚向来球方向跨出一大步，膝部弯曲，上体前倾，身体重心移至前腿上。跨步过程中有跳跃腾空即为跨跳步。

（3）交叉步

以向右交叉步为例，上体稍向右转，左脚从右脚前面向右交叉迈出一步，然后右脚再向右跨出一大步，同时身体转向来球方法，保持击球前的姿势。

（4）跑步

跑步时两臂要配合摆动，如球在侧方或后方时应边转身边跑。

（5）综合步

以上各种步法的综合运用。

3. 制动

在快速移动之后，为了保持稳定的击球姿势和克服身体惯性的冲力，必须运用制动技术。

（1）一步制动法

一步制动时，最后跨出一大步，同时降低重心，膝和脚尖适当内转，全脚掌横向蹬地，抵住身体重心继续移动的趋势，并用腰腹力量控制上体，使身体重心的投影落在两脚所构成的支撑面内。

（2）两步制动法

两步制动时，以倒数第二步做第一次制动，接着跨出最后一步做第二次制动，同时身体后仰，重心下降，双脚用力蹬地，使身体处于有利于做下个动作的姿势。

6.2.3 发球

发球是 1 号位队员在发球区内自己抛球后，用一只手将球直接击入对方场区的一种击球方法。发球是排球技术中唯一不受他人制约的技术。

1. 正面上手发球

如图 6-2 所示，队员面对球网，两脚前后自然开立，左脚在前，用手托球于身前，用抬臂和手掌的平托上送，将球平稳地垂直抛于右肩前上方，高度适中。在左手抛球的同时，右臂抬起，屈肘后引，肘与肩平，上体稍向右转。击球时，利用蹬地、转体和收腹带动手臂挥动，在右肩前上方伸直手臂的最高点，以全手掌击球的中下部。击球时，手指自然张开吻合球，手腕要迅速主动地做推压动作，使击出的球呈上旋飞行。为了加强发球的力量和攻击性，还可采用一步、两步或多步的助跑发球方法。

图 6-2 正面上手发球

2. 正面上手发飘球

正面上手发飘球是采用正面上手的形式，发出球不旋转、不规则地飘晃飞行的一种发球方法。由于面对球网，便于观察对方接发球情况。

如图 6-3 所示，准备姿势同正面上手发球，但抛球比正面上手发球稍低、稍靠前。击球前，手臂自后向前做直线挥动。击球时，五指并拢，手腕稍后仰，用掌根平面击球的中下部，作用力通过球体重心。击球瞬间手指、手腕紧张，手型固定，不加推压动作，手臂并有突停动作。

图 6–3　正面上手发飘球

3. 正面下手发球

正面下手发球是正面对网，手臂由后下方向前摆动，在腹前将球击入对方场区的发球方法。

如图 6-4 所示，面对球网，两脚前后开立，左脚在前，两膝微屈。上身稍前倾，重心偏后脚。左手持球于腹前，将球轻轻抛起在体前右侧，离手高约 20 厘米，在抛球的同时右臂伸直以肩为轴向后摆动，借右腿蹬地力量，身体重心随着右手向前摆动击球而移至前脚上。在腹前以全手掌、掌根或虎口击球后下方。

跳发球，如图 6-5 所示。

图 6–4　正面下手发球

图 6-5 跳发球

4. 勾手飘球

发勾手飘球采用侧面对网站位,可利用身体转动和腰部力量带动手臂的快速挥动去击球,比较省力。勾手飘球是目前排球比赛常用的一种主要发球方法，男、女队员均可采用。

发球队员应左肩对网，左手将球平衡抛向左肩前上方，抛至相同于击球点的高度。在抛球同时，右臂伸直向身体右侧后下方摆动，身体重心移至右脚。当球开始上升到最高点时，右脚蹬地，身体向左侧转动，带动手臂沿弧线轨迹挥动，在右肩前上方以掌根或半握拳拇指根部坚硬平面击球后中下部，击球一瞬间，手腕稍后仰并保持紧张，用力集中，作用力要通过球体的重心。击球后，可做突停或下拖动作，但不能有推压的动作。

温馨提示 无论采用哪种发球动作，都必须做到以下三点：一是平稳抛球，二是击球要准，三是手法要正确。

6.2.4 垫球

垫球在比赛中主要用于接发球、接扣球、接拦回球以及防守和处理各种困难球。现将几种常用的垫球技术做如下介绍：

1. 正面双手垫球

正面双手垫球是双手在腹前垫击来球的一种垫球方法，是各种垫球技术的基础，是最基本的垫球方法，适合于接各种发球、扣球和拦回球，在困难时也可以用来组织进攻。

如图 6-6 所示，正面双手垫球的基本手型有抱拳式、叠掌式和互靠式。

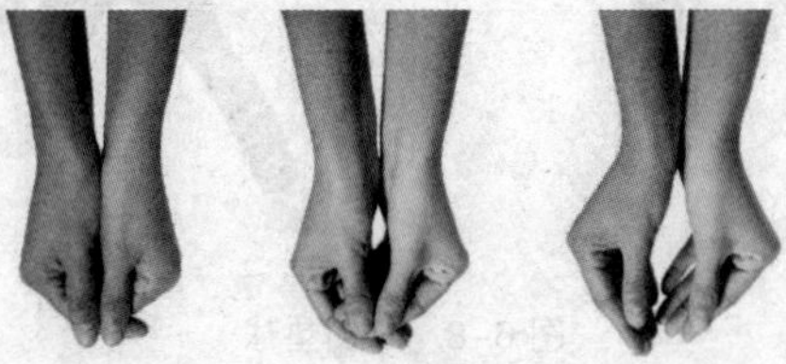

图 6–6 正面双手垫球基本手型

正面双手垫球在垫轻球、垫中等力量来球和垫重球时，其动作方法是有一定区别的。

（1）垫轻球

如图 6-7 所示，采用半蹲准备姿势，当球飞来时，双手成垫球手型，手腕下压，两臂外翻形成一个平面，当球飞到腹前一臂距离时，两臂夹紧前伸，插到球下，向前上方蹬地抬臂，迎击来球，利用腕关节以上 10 厘米左右处的桡骨内侧平面击球的后下部，身体重心随击球动作前移。击球点保持在腹前一臂距离。

图 6–7 垫轻球

（2）垫中等力量来球

动作方法与垫轻球相同，由于来球有一定力量，因此击球动作要小，速度要慢，手臂适当放松。

（3）垫重球

根据来球的高低和角度，采用半蹲或低蹲准备姿势，击球时采用含胸、收腹的动作，帮助手臂随球屈肘后撤，适当放松，以缓冲来球力量。在撤臂缓冲的同时，用微小的小臂和手腕动作控制垫球方向和角度。

2. 体侧垫球

简称侧垫，是在身体侧面垫球的一种垫球方法。其特点是控制面宽，但较难把握垫击的方向、弧度和落点。

如图 6-8 所示，左侧垫球时，以右脚前脚掌内侧蹬地，左脚向左跨出一步，身体重心随即移至左脚，并保持左膝弯曲，两臂夹紧向左侧伸出，左臂高于右臂，右肩向下倾斜，再用向右转腰和收腹的力量，配合两臂在体侧截击球的后下部。

图 6-8　左侧垫球

3. 跨步垫球

队员向前或向侧跨出一步的垫球方法称为跨步垫球。当来球的速度较快，弧线低，距身体 1 米左右时，可采用跨步垫球的方法。如图 6-9 所示，跨步垫球时，当判断来球的落点后，迅速向来球方向跨出一大步，屈膝深蹲，臀部下降，两臂夹紧伸直插入球下，用两前臂的内侧平面击球的后下部，对准垫出方向，将球平稳垫起。

图 6-9　跨步垫球

4. 单手垫球

当来球较远，速度快，来不及或不便用双手垫球时，可采用单手垫球。单手垫球动作快，垫击范围大，但触球面积小，不易控制。单手垫球可采用各种步法接近球，可采用虎口、半握拳、掌根、手背以及前臂内侧击球。

6.2.5 传球

传球是排球运动的一项重要技术，是组织进攻战术的基础。传球主要运用在第二传，用于衔接防守和进攻。

按照传球的方向基本上把传球动作分为正面传球、背传球和侧传球，上述三种传球技术是指在原地完成。跳起在空中完成传球动作的，称为跳传。

1. 正面传球

面对出球方向的传球动作，称为正面传球。正面传球是最基本的传球方法，是其他一切传球技术的基础。

如图 6-10 所示，采用稍蹲准备姿势，当来球接近额头时，开始蹬地、伸膝、伸臂，两手微张经脸前向前上方迎球。击球点在额头前上方约一球距离处。当手触球时，两手自然张开成半球形，手腕稍后仰，两拇指相对成“一”字或“八”字形，两手间有一定距离，用拇指内侧，食指全部，中指的二、三指节触球的后下部，无名指和小指在球两侧辅助控制传球方向。两肘适当分开，两前臂之间约成 90° 夹角，传球时主要靠蹬地伸臂和手指、手腕力量，以及球的反弹力将球传出。

图 6-10 正面传球

2. 背传

背对传球目标的传球动作叫背传。如图 6-11 所示，身体背面要对正传球目标，上体保持正直或稍后仰，身体重心在两脚之间，双手自然抬起，放松置于脸前。迎球时，抬上臂、挺胸、上体后仰。击球点保持在额上方，比正传稍高、稍后。触球时，手腕后仰并适当放松，掌心向上，击球的下部，手型与正面传球相同。背传用力要靠蹬地、展腹、抬臂、伸肘和手指、手腕的弹力，把球向后上方传出。

图 6-11 背传

3. 跳传

跳传是当一传弧线较高而又接近球网时，所采用的跳起传球技术。目前在比赛中运用比较广泛，一般用于二传。跳传可起到加快进攻速度和迷惑对方的作用，并且可使进攻战术多样化，扩大进攻的范围，减少二传环节中的失误。

如图 6-12 所示，起跳时，首先选好起跳点和掌握好起跳时间。起跳后，两臂屈肘抬起，两手放置脸前，击球点保持在额上方，在身体跳至最高点时，用伸臂动作及手指、手腕的弹力将球传出。由于人在空中，无法用上伸腿蹬地的力量去传球，因此，要加大伸臂的幅度和速度。

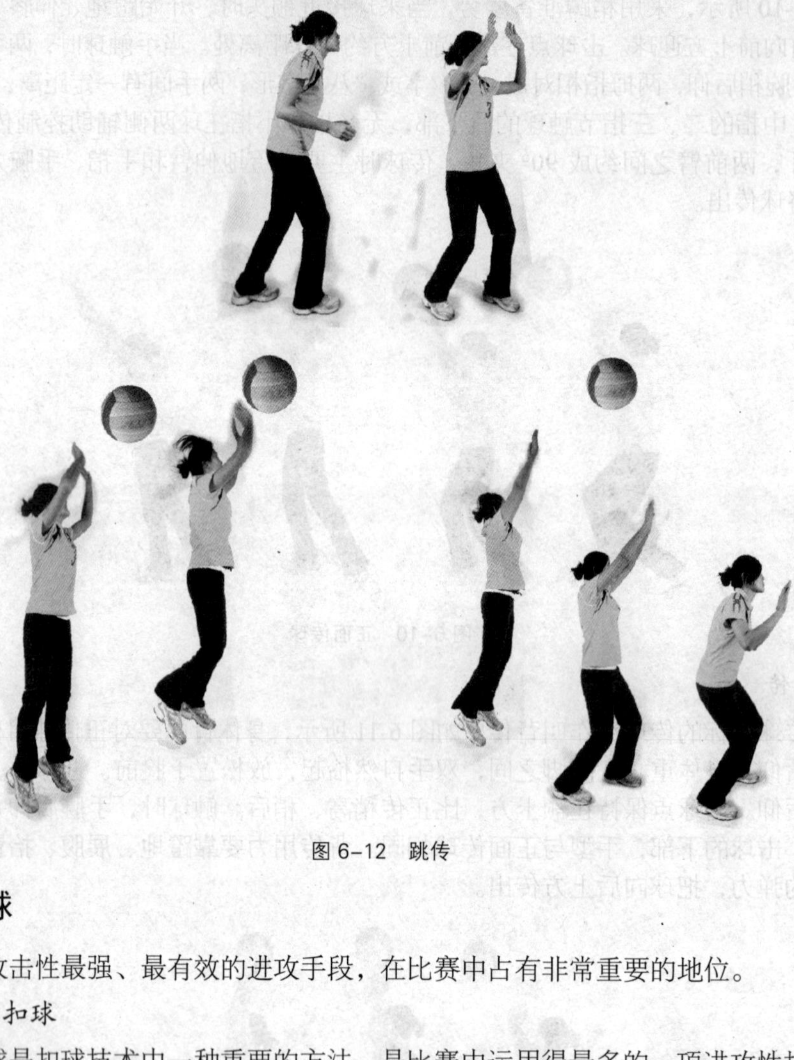

图 6–12　跳传

6.2.6　扣球

扣球是攻击性最强、最有效的进攻手段，在比赛中占有非常重要的地位。

1. 正面扣球

正面扣球是扣球技术中一种重要的方法，是比赛中运用得最多的一项进攻性技术，适合于近网和远网扣球。

（1）准备姿势

扣球助跑前采用稍蹲姿势，两臂自然下垂，站在离网 3 米左右处，身体转向来球方向，观察来球，做好向各个方向助跑起跳的准备。

（2）助跑

助跑开始时，左脚先向前迈出一步，紧接着右脚再快速跨出一大步，左脚及时并上，踏在右脚之前，两脚尖稍向右转。两臂绕体侧向上引摆。

（3）起跳

在助跑跨出最后一步（即第二步），左脚并上踏地制动的同时，两臂自后积极向前摆动，随着双腿蹬地向上起跳，两臂配合起跳有力地向上摆动。

（4）空中击球

起跳后，挺胸展腹，上体稍向右转，右臂向后上方抬起，身体成反弓形。挥臂时，以迅速转体、收腹动作发力，依次带动肩、肘、腕各部位关节向前上方成鞭甩动作挥动。击球时，五指微张，以掌心为主，全掌包满球，在手臂伸直的最高点的前上方击球的后中部，同时主动用力屈腕屈指向前推压，使扣出的球呈上旋。

（5）落地

落地时，以两脚前脚掌先着地再迅速过渡到全脚掌着地，同时顺势屈膝、收腹，以缓冲下落的力量，立即做好下一个动作的准备。

2. 调整扣球

调整扣球是指在接发球或后排防守垫球不到位时，二传队员从后场区将球传到网前所进行的扣球。调整扣球技术动作与正面扣球相同，但由于二传球来自后场区，有近网球，也有远网球，还有拉开球和集中球，与球网有一定的角度并且弧线不固定，扣球队员难以判断，所以扣这种球难度较大。因此，扣球队员要准确判断来球的方向、弧线、速度和落点。调整好人和球的关系，选择好起跳点，掌握好起跳时间。根据人和球网的距离，合理地采用不同的扣球方法，控制好扣球的力量、速度、方向、路线和落点。

3. 扣快球

扣快球是扣球队员在二传队员传球前或传球的同时起跳，并迅速将二传队员传出的球，击入对方场区的扣球。快球在时间上争取主动，起着攻其不备、突然袭击的作用，可使对方拦网和防守产生判断错误。这种扣球的特点是速度快、力量大、时间短、落点近、突然性强、牵制能力大。快球技术动作方法较多，有近体快球、半快球、短平快球、平拉开快球、背快球、背平快球、调整快球等。

4. 自我掩护扣球

（1）时间差扣球

扣球队员利用起跳时间的差异迷惑对方拦网的扣球，为时间差扣球。这种扣球可在近体快、背快、短平快等扣球中。扣球时，按快球的助跑、摆臂节奏佯作起跳，以诱使对方起跳拦网。待对方拦网队员下落后，扣球队员立即原地起跳扣半高球。

（2）位置差扣球

扣球队员按原来扣球的时间助跑，在助跑后佯作踏蹬动作逼真，下蹲与摆臂动作明显的起跳扣球，但助跑后不起跳，待对方队员拦网起跳时，突然变向侧跨出一步，动作幅度、挥臂幅度要小，速度要快，用双足或单足"错"开拦网人的位置起跳扣球，即为"位置差"扣球，或称错位扣球。

（3）空间差扣球

扣球队员利用助跑的冲力和专门的踏蹬技术，使身体向前上方跃出，把正面取位盯人拦网的对手甩开，使扣、拦在空中出现差误，即为"空间差"扣球，也叫冲飞扣球。常用的"空间差"扣球有：佯扣短平快球突然向前冲跳到二传手向前扣半高球的"前飞"，佯扣快球而冲跳向二传人背后小弧度球的"背飞"，佯扣前快球而侧身向左起跳追击扣球的"拉三"，以及佯扣短平快球而侧身向左起跳追击扣球的"拉四"。

6.2.7 拦网

1. 单人拦网

单人拦网是集体拦网的基础。如图 6-13 所示，其动作结构分为准备姿势、移动、起跳、空中动作和落地 5 个互相衔接的部分。

（1）准备姿势

队员面对球网，两脚左右开立，约与肩同宽，距网 30～40 厘米。两膝微屈，两臂屈肘置于胸前。

（2）移动

常用步法有一步、并步、交叉步、跑步等。无论采用哪种移动步法，都要做好制动动作，以保证向上起跳，避免触网和冲撞同队队员。

图 6-13 单人拦网

（3）起跳

原地起跳时，两腿屈膝，重心降低，随即用力蹬地，两臂以肩发力，与体侧近身处，做画弧或前后摆动，帮助身体迅速跳起。移动后的起跳，其起跳动作与原地起跳一样，但要注意制动并使移动与起跳动作紧密衔接。

（4）空中动作

起跳时，两手从额前沿球网向上方伸出，两臂伸直并保持平行，两肩上提。拦网时，两臂应伸过网去接近球。两手自然张开，屈指屈腕成半球状。当手触球时，两手要突然收紧，手腕下压盖在球的前上方。

（5）落地

拦球后，要做含胸动作，以保持身体平衡。手臂要先后摆或上提，从网上收回至本方上空，再屈肘向下收臂，以保持身体平衡。与此同时屈膝缓冲，双脚落地，随即转身面向后场，准备接应来球或做下一个动作准备。

2. 双人拦网

由前排两个队员互相靠近，同时起跳组成的拦网，称双人拦网。双人拦网是集体拦网的一种，是比赛中最常用的一种拦网形式，主要在对方大力扣球时采用。

双人拦网时，应以一人为主拦队员，另一人为配合队员。但主拦队员不是固定的，一般情况下距对方扣球点近的队员应为主拦队员。主拦队员必须抢先移动到对正扣球点的位置，做好起跳准备，配合队员则迅速移动靠近主拦队员准备同时起跳。两队员之间的距离一定要合适，距离太远，跳起后将出现“空门”；距离太近，起跳时互相干扰，致使双方都跳不高。双人拦网起跳时，两人的手臂应该在体前画小弧向上摆伸，都要尽量垂直向上起跳，要防止互相碰撞或干扰。手臂在空中既不能重叠，造成拦击面缩小，又不能间隔太宽，造成中间漏球。扣球靠近边线时，靠边线近的拦网队员外侧的手应适当内转，以防打手出界。

3. 三人拦网

三人拦网也是集体拦网的一种形式。它是在对扣球进攻力强，路线变化多，但很少轻扣和吊球时采用。三人拦网的动作方法与双人拦网相同，关键在于移动迅速，取位恰当，配合密切。无论对方从哪个位置进行扣球，一般都以 3 号位队员为主拦队员，2、4 号位队员为配合队员。由于三人拦网对配合的要求高，加之减弱了防守、保护的力量，故要在很有必要的情况下才采用。

拦网队员要在短短的瞬间从防守转为进攻，从被动转为主动，而完成这些都要在空中进行，所以难度较大，这就要求拦网应积极主动，判断准，起动快，跳得高，下手狠。

6.3　排球运动的基本战术

本节将阐述阵容配备、进攻战术、防守战术等排球基本战术。

排球运动是一项集体竞赛项目，因而不仅要求每个队员有比较熟练的基本技术，而且要求全队密切配合，运用得当的战术，发挥全队每个队员的特长，才能取得比赛的胜利。

6.3.1　阵容配备

1. “三三”配备

由三名进攻队员和三名二传队员组成。站位时，一名进攻队员间隔一名二传队员。目前采用这种配备形式的队伍比较少。一般适用于初学者和水平较低的球队。

2. “四二”配备

由四名进攻队员（主攻和副攻队员各两名）和两名二传队员组成，他们分别站在对角的位置上。目前，在水平一般的球队中采用这种配备形式的比较多。

“四二”配备的优点是每一轮次前排都有一个二传队员和两个进攻队员，便于组织“中二三”“边二三”进攻，战术配合有一定的稳定性。缺点是前排进攻点相对较少，隐蔽性差，不能适应高水平球队的要求。

3. “五一”配备

由五名进攻队员和一名二传队员组成。位置的安排与“四二”配备基本相同，只是由一名进攻队员站在与二传对应的位置上作为接应二传，其目的是弥补在主二传来不及到位传球时所出现的被动局面，但主要还是承担进攻任务。这种阵容配备在水平较高的球队中普遍采用。

“五一”配备的优点是加强了拦网和前排进攻力量，使全队的进攻队员只需适应一名二传队员的技术特点，有利于统一指挥、相互配合，能够更好地控制比赛的进行，使进攻战术富于变化。缺点是当二传队员轮转到前排时，有三轮前排只有两名进攻队员，影响了前排整体进攻的威力。

6.3.2　进攻战术

进攻战术主要有以下三种形式：“中一二”进攻阵形、“边一二”进攻阵形、“插上”进攻阵形。

1. “中一二”战术形式特点

容易组织，但战术变化少，只能两点进攻，战术意图容易被识破，战术的突然性和攻击性小。其变化形式有：扣球队员通过二传队员传出集中、拉开、背传和平快等各种球，采用斜线助跑、直线助跑和跑动中变步起跳扣球等。

2. “边一二”战术形式特点

形式简单，容易掌握，也是基本战术形式之一。其变化形式有：除“中一二”战术形式变化外，还可组织“快球掩护拉开”“前交叉”“围绕”“快球掩护夹塞”“梯次”“短平快掩护拉开”“掩护活点进攻”等战术变化。

3. “插上”战术形式特点

保持前排 3 人进攻，能充分利用网的全长，发挥每个队员的特点，组成快速多变的各种战术变化。进攻的突破点多，突然性大，使对方难以有效地组织集体拦网和防守。

6.3.3 防守战术

主要介绍“心跟进”和“边跟进”两种防守战术。

1. “心跟进”防守形式

在本方拦网能力强，对方采取打吊结合时采用。当甲方 4 号位队员进攻时，乙方 2、3 号位队员拦网，后排中心的 6 号位队员在本方拦网时跟在拦网队员之后进行保护，其余 3 名队员组成后排弧形防守。其优点是加强了前区的防守能力，缺点是后排防守队员之间的空档较大。

2. “边跟进”防守形式

多在对方进攻较强、吊球较少时采用。当甲方 4 号位队员进攻时，乙方 2、3 号位队员拦网，其他 4 个队员组成半圆弧形防守。如遇甲方吊前区，由边上 1 号位队员跟进防守。其优点是加强了拦网，缺点是边上的队员既要防直线，又要跟进防前区，比较困难。

6.4 排球运动的主要规则

本节将介绍发球犯规、位置错误、击球时犯规、暂停、换人等排球运动的规则要点。

6.4.1 排球规则简介

排球是一项集体比赛项目，由两队 12 名队员组成，两队各派 6 名队员在由球网分开的场地上进行比赛。

比赛的目的是各队遵照规则，将球击过球网，使其落在对方场区的地面上，而防止球落在本方场区的地面上。每队可击球 3 次（拦网触球除外），将球击回对方场区。

比赛由发球开始，发球队员击球使其从网上飞至对方场区，比赛由此连续进行，直至球落地、出界或某一队不能合法地将球击回对方场区。

排球比赛采用五局三胜制，胜三局的队胜一场。比赛中，某队胜 1 球，即得 1 分（每球得分制）。接发球队胜 1 球时得 1 分，同时获得发球权，队员按顺时针方向轮转一个位置。每局比赛（决胜局第五局除外）先得 25 分并同时领先对手 2 分的队胜一局。当比分为 24:24 时，比赛继续进行至某队领先 2 分（26:24，27:25……）为止。决胜局先得 15 分并同时领先对手 2 分的队获胜。当比分为 14:14 时，比赛继续进行至某队领先 2 分（16:14，17:15……）为止。

6.4.2 发球犯规

发球犯规包括发球击球时的犯规和发球击球后的犯规。

发球击球时的犯规包括：① 发球次序错误；② 发球队员在击球时或击球起跳时，踏及场区（包括端线）或发球区以外地面；③ 发球队员在第一裁判员鸣哨允许发球后8秒钟内未将球击出；④ 球未被抛起或持球手未清楚撤离就击球；⑤ 双手击球或单手将球抛出、推出；⑥ 将球抛起准备发球却未击球。

发球击球后的犯规包括：① 球触及发球队其他队员或球的整体没有从过网区内通过球网的垂直平面；② 界外球；③ 球越过发球掩护的个人或集体（在发球时，某一队员或两名以上队员密集站位或挥臂跳跃、移动遮挡接发球队员，且发出去的球从他或他们上空飞过，则构成个人或集体发球掩护犯规）。

6.4.3 位置错误

排球规则规定，当发球队员击球时，如果场上队员不在其正确位置上，则构成位置错误犯规。下列情况之一者均为位置错误犯规：① 发球队员击球时，场上其他队员未完全站在本场区内；② 发球队员击球时，场上队员未按“每一名前排队员至少有一只脚的一部分比同列后排队员的双脚距中线更近”的规定站位；③ 发球队员击球时，场上队员未按“每一名左边（右边）队员至少有一只脚的一部分比同排中间队员的双脚距左（右）边线更近”的规定站位。

6.4.4 击球时的犯规

1. 连击犯规

排球比赛时，运动员身体任何部分均可触球，但一名队员（拦网队员除外）连续击球两次或球连续触及其身体的不同部位即为连击犯规。但在第一次击球时，允许队员在同一击球动作中，球连续触及其身体的不同部位。

2. 持球犯规

排球运动员在比赛中，身体任何部分均可触球，但球必须被击出，不得接住或抛出，否则即为持球犯规。

3. 四次击球犯规

一个队连续触球四次（拦网除外）为四次击球犯规。队员不论是主动击球还是被动触及，均算该队员击球一次。

4. 借助击球犯规

队员在比赛场地内借助同伴或任何物体的支持进行击球，皆为借助击球犯规。

5. 队员在球网附近的犯规

队员在球网附近的犯规包括过网击球犯规、过中线犯规、触网犯规和网下穿越进入对方空间妨碍对方比赛犯规等。对方进攻性击球前或击球时，在对方空间触及球为过网击球犯规。比赛进行中，队员整只脚、手或身体其他任何部分越过中线并接触对方场区，为过中线犯规。比赛过程中，队员触网或触标志杆不是犯规。但队员在击球时或干扰比赛情况下的触网或触标志杆为犯规。队员击球后可以触及网柱、全网长以外的网绳或其他任何物体，但不得影响比赛。比赛过程中，在不妨碍比赛的情况下，允许队员在网下穿越进入对方空间。若网下穿越进入对方空间的队员妨碍了对方比赛则为犯规。

6. 同时击球

双方队员或同队队员可以同时触球。同队的两名或两名以上队员同时触到球，被计为两次或两次以上击球(拦网除外)。双方队员在网上同时击球后，如果球落入场内，应继续比赛，获得球的一方仍可击球三次。

7. 拦网犯规

拦网犯规包括过网拦网犯规、后排队员拦网犯规、拦发球犯规和从标志杆外伸入对方空间拦网犯规几种情况。在对方进攻性击球前或击球时，在对方空间拦网触球为过网拦网犯规。判断过网拦网的依据是进攻队员与拦网队员触球时间的先后。后排队员或后排自由防守队员完成拦网或参加了完成拦网的集体，为后排队员拦网犯规。拦对方发过来的球为拦发球犯规。从标志杆外伸入对方空间拦网并触球为拦网犯规。

8. 后排队员进攻性击球犯规

后排队员在前场区内或踏及进攻线(或其延长线)，将整体高于球网上沿的球，击过球网垂直面或触及对方拦网队员，则为后排队员进攻性击球犯规。

6.4.5 暂停和换人

在比赛中，每队最多可以请求 2 次暂停和 6 人次换人。暂停时间限制为 30 秒钟。第 1～4 局，每局另外有 2 次时间各为 60 秒钟的技术暂停，每当领先队达到 8 分和 16 分时自动执行。决胜局(第 5 局)，没有技术暂停，每队在该局中可请求 2 次 30 秒钟的普通暂停。

6.4.6 自由防守队员的有关规定

排球比赛的各队可以在最后确认的 12 名队员中选择 1 名作为自由防守队员(Libero)。自由防守队员身着区别于其他队员颜色的服装。比赛前，自由防守队员必须登记在记分表上，并在旁边注明“L”字样，其号码必须登记在第一局上场阵容位置表上。自由防守队员仅作为特殊的后排队员参加比赛，在任何位置上(包括比赛场区和无障碍区)都不得将高于球网的球直接击入对方场区完成进攻性击球。自由防守队员不得发球、拦网或试图拦网。自由防守队员在前场区进行上手传球且所传球的整体高于球网上沿时，其同伴不得在高于球网处完成对该球的进攻性击球。

思考与练习

1. 排球运动的基本技术有哪些?
2. 排球运动的基本战术有哪些?
3. 排球运动的主要规则有哪些?

活动与探索

若条件允许，可组织小型排球比赛。

第 7 章 足球

本章将概述足球的起源、发展、规则等，并详细讲解其基本动作和战术技巧。

7.1 足球运动概述

本节将介绍现代足球运动的起源，简述了其发展。

7.1.1 足球运动的起源

现代足球（Football（英）/Soccer（美））运动诞生于英国。1863 年 10 月 26 日，剑桥大学、牛津大学和凯尔波里特专科学校与伦敦周围地区 11 个最主要的俱乐部和学校，举行联席会议，创立了英格兰足球协会。这一天被称为现代足球的诞生日。两个月后，英格兰足球协会制定出世界上第一个统一的足球规则。

7.1.2 足球运动的发展

1872 年，足球运动史上的第一次正式比赛在英格兰和苏格兰之间进行，即泛英足球比赛。在此后 30 年，足球运动逐渐风靡英国和欧美各国。1900 年，足球首次在奥运会上露面。1908 年，足球被正式批准为奥运会比赛项目。1930 年，乌拉圭成功举办了第一届世界足球锦标赛。1904 年 5 月 21 日，国际足球联合会（FIFA）在法国巴黎成立，总部设在瑞士苏黎世。这标志着足球作为一项世界性的体育项目登上了国际体坛，足球运动在更加广泛的范围内开展起来，影响也越来越大。国际足联从最初的 7 个会员国，发展到现在的 190 多个，是世界上最大的国际单项体育组织。其举办的重大比赛包括：4 年一届的世界杯足球赛、奥运会足球赛、世界青年足球锦标赛和女子世界杯足球赛，此外还有许多洲际比赛。

7.2 足球运动的基本技术

本节将讲解踢球、接球、运球、头顶球、抢断、假动作等足球运动的基本技术。

7.2.1 踢球

踢球指运动员有目的地用脚把球击向预定目标的技术。踢球是足球技术中最重要的技术，主要用于传球和射门。

踢球的方法很多，主要有脚内侧踢球，脚背正面踢球，脚背内侧踢球，脚背外侧踢球，脚尖踢球和脚跟踢球。这些动作结构完全一致，均由助跑、支撑脚站位、踢球腿摆动、脚触球、踢球后的随前动作 5 个环节组成。

1. 脚内侧踢球（又称脚弓踢球）

（1）脚内侧踢定位球

如图 7-1 所示，直线助跑，支撑前的最后一步稍大些，支撑脚站在球的侧面约 15 厘米处，脚尖正对出球方向，支撑腿膝关节微屈。在支撑脚着地时，踢球腿大腿带动小腿由后向前摆动，在前摆的过程中大腿外展，当膝关节摆动至接近球的正上方时，小腿做爆发式摆动，在触球前将脚跟送出使得脚内侧部位所形成的平面与出球方向垂直，踢球脚脚尖微微翘起，脚底与地面平行，踝关节功能性地紧张使脚型固定，触（击）球后身体跟随向前移动。

图 7–1　脚内侧踢定位球

（2）脚内侧踢空中球

如图 7-2 所示，根据来球速度和运行轨迹及时移动到位，踢球腿的大腿抬起并外展，小腿绕额状轴后摆，而后小腿由后向前摆动，当摆至额状面时与球接触，击球的中部。

图 7–2　脚内侧踢空中球

2. 脚背正面踢球（又称正脚背踢球）

（1）脚背正面踢定位球

如图 7-3 所示，直线助跑，最后一步稍大些，支撑脚积极着地支撑，在球的侧面 10～12 厘米处，脚尖正对出球方向，膝关节微屈，踢球腿随跑动向后摆动，小腿弯曲，支撑的同时踢球腿以髋关节为轴，大腿带动小腿由后向前摆动。当膝关节摆至接近球的正上方时，小腿做爆发式的摆动，脚趾屈，以脚背正面部位击球的后中部。击球后身体及踢球腿随球前移。

（2）脚背正面踢反弹球

根据来球的速度、运行轨迹、落点，支撑脚踏在球落点的侧面。在球落地时，踢球腿爆发式前摆，在球刚弹离地面时，用脚背正面击球的中部，并控制小腿的上摆（送髋、膝关节向前平移），出球则不会过高。

图 7–3　脚背正面踢定位球

（3）凌空踢倒勾球

根据来球的速度、运行轨迹，选好击球点，及时移动到位，以踢球腿为起跳腿蹬地起跳，同时另一腿上摆，身体后仰腾空，眼睛注视来球，蹬地腿在离地后迅速上摆的同时，另一腿则向下摆动，以脚背正面击球的后部。踢球后，两臂微屈，手掌向下，手指指向头部相反方向着地，屈肘，然后背、腰、臀部依此滚动式着地。

3. 脚背内侧踢球（又称内脚背踢球）

（1）脚背内侧踢定位球

如图 7-4 所示，斜线助跑，助跑方向与出球方向约成 45°，最后一步稍大，以支撑脚底积极着地，脚尖指向出球方向，距球内侧后方 20～25 厘米，膝关节微屈。在支撑同时，踢球腿已完成后摆，并开始以髋关节为轴大腿带动小腿由后向前摆动，当大腿摆至与支撑腿接近同一平面时，小腿做爆发式摆动，此时脚尖外转、脚背绷直，以脚背内侧部位触击球。击球后踢球腿及身体继续随球向前。

图 7–4　脚背内侧踢球

（2）脚背内侧转身踢球

助跑结束前倒数第二步应向球的侧前方跨出（即与出球方向在支撑脚一侧的侧前方），最后一步略跳动并伴随转身支撑，脚尖对准出球方向，膝关节微屈，身体向支撑脚一侧倾斜，其余各环节与踢定位球同。

（3）脚背内侧踢反弹

根据来球的落点及时移动到位，在球离地（反弹）的瞬间踢球，其他的动作要求与踢定位球相同。这种踢球方法多用于踢侧方或侧前方来的由空中下落的球。

4. 脚背外侧踢球（又称外脚背踢球）

由于踢这种球的脚踝灵活性较大，摆腿方向变化较多，且助跑时又是正常的跑动姿势，故其出球隐蔽性较强。足球比赛中各种距离的弧线球及非弧线球均可使用。

（1）脚背外侧踢定位球

助跑、支撑脚站位及踢球腿摆动均与脚背正面踢球技术的 3 个环节相同，脚触球是用脚背外侧部位。此时要求膝关节和脚尖内转，脚背绷紧，触（击）球后身体随踢球腿的摆动前移。

（2）脚背外侧踢地滚球

可用于踢正前方、侧前方及侧后方来的地滚球。踢球的动作、规格要求与踢定位球相同，但支撑脚站位时应考虑球的滚动速度，以保证在脚触球的瞬间支撑脚与球的相对位置符合规格要求。

（3）脚背外侧踢反弹球

与脚背正面踢反弹球的方法相同，只是接触球时用脚背外侧部位触（击）球。

5. 脚尖踢球（又称脚尖捅球）

由于脚尖踢球时出球异常迅速，雨天场地泥泞时多使用这种踢法。还可以借助踢球腿的最大长度，踢那些距离身体较远的球。具体方法是用支撑脚跳跃上步，踢球腿屈膝前跨，髋关节尽量前送，两臂上摆协助身体向前，小腿前伸，在踢球脚落地前用脚尖捅球的后中部。

6. 脚跟踢球

这是用脚跟（跟骨的后面）接触球的一种踢球方法。球在支撑脚外侧时，踢球脚在支撑脚前面交叉摆到支撑脚外侧用脚跟击球。球在支撑脚内侧时，踢球脚后摆用脚跟踢球。虽然由于人体结构的特点，决定了这种踢球方法（大腿微伸小腿屈）产生的力量小，但其出球方向向后，故有隐蔽性和突然性。

7.2.2 接球

接球是指运动员有目的地用身体的合理部位把运行中的球停下来，控制在所需要的范围内，以便更好地衔接下一个技术动作。接球的方法有多种，常用的有脚内侧、脚背正面、脚底、大腿、胸部、头部等部位的接球。

1. 脚内侧接球

由于脚触球面积大，动作简单，较易掌握，比赛中经常使用这种技术接各种地滚球、反弹球、空中球。

（1）接地滚球

如图 7-5 所示，身体正对来球，判断来球的速度和方向，选好支撑脚位置，膝关节微屈。接球脚根据来球的状态相应提起，膝、踝关节旋外，脚趾稍翘，用脚内侧对准来球，触球刹那，接球部位做相应的引撤或变向接球动作，将球控在所需要的位置上。

图 7–5 接地滚球

（2）接反弹球

如图 7-6 所示，接球腿小腿应与地面形成一定的夹角，向下做压推动作时，膝要领先，小腿留在后面。

图 7–6 接反弹球

（3）接空中球

如图 7-7 所示，接球腿要屈膝抬起，可根据需要采用引撤或切挡动作，接球落地后应随即将球在地面控制住。

图 7–7 接空中球

2. 脚背正面接球

此方法多用于接有较大抛物线的来球。如图 7-8 所示，根据球的落点，及时移动到位，脚背正面上迎下落的球，当球与脚面接触的一瞬间，接球脚与球下落的速度同步下撤，此时接球腿膝关节、踝关节、脚趾均保持适度的紧张，脚尖微翘将球接到需要的地方。

3. 脚底接球

由于脚底接球技术便于掌握，易于将球接到位置，故常被用来接各种地滚球和反弹球。

（1）脚底接地滚球

身体正对来球方向，移动前迎，支撑脚站在球的侧面（或前或后均可），脚尖正对来球方向，膝关节微屈。同时接球腿提起，膝关节微屈，脚背略屈，使脚底与地面约小于45°（且脚跟离开地面），一般以前脚掌接触球的上部为宜。在触球瞬间接球脚可轻微趾屈（前脚掌下点）将球停住，也可根据需要在接球同时将球推向前方或拉向身后。

（2）脚底接反弹球

根据来球落点，及时前移迎球，支撑脚站在落点侧后方，脚尖正对来球方向，球落地瞬间，用前脚掌去触球的中上部，微伸膝，用脚掌将球接在体前。若需接球到身后则应在触球瞬间继续屈膝，将球回拉，并伴随支撑脚以前脚掌为轴旋转90°以上。

4. 大腿接球

大腿接球一般可以用来接抛物线较大的高空球和略高于膝的低平球。

（1）接抛物线较大的下落球

如图7-9所示，面对来球方向，根据球的落点迅速移动到位，接球腿大腿抬起，当球与大腿接触的瞬间大腿下撤将球接到需要的位置上。

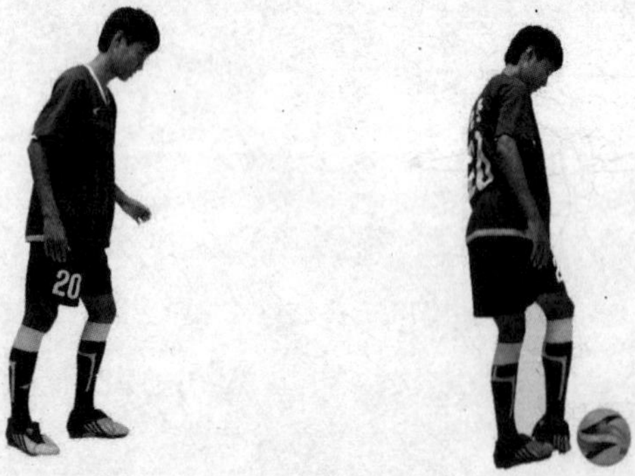

图7-8 脚背正面接球

图7-9 大腿接球

（2）接低平球

面对来球方向，根据来球高度，接球腿大腿微屈，送髋前迎来球，当球与大腿接触瞬间收撤大腿，使球落在所需要的位置上。

5. 胸部接球

由于胸部接球部位较高，加之胸部面积大、肌肉较丰满等特点，动作易于掌握，故是接高球的一种好方法。胸部接球包括挺胸式、收胸式两种方法。

（1）挺胸式接球

接球时，身体正对来球，两腿自然开立，膝微屈，两臂在体侧自然屈抬，上体稍后仰与来球形成一定的角度。触球刹那，胸部主动挺送，使球触胸后向前上方弹起落于体前。一般用于接有一定弧度的高球。

（2）收胸式接球

面对来球，两脚左右或前后开立，两臂自然张开，挺胸迎球，触球瞬间收胸、收腹、臀部后移将球接在体前。若需将球接在体侧时，则触球瞬间转体将球接在转体后相应的一侧。多用于接齐胸高的平直球。

6. 头部接球

高于胸部的来球可用头部接球。根据球的运行路线，面对来球，用前额正面接触球的中下部。下颌微抬，两臂自然张开，提踵伸膝。触球瞬间全脚掌着地，屈膝、塌腰、缩颈，全身保持上述姿势下撤将球接在附近。

7.2.3 运球

运球是运动员在跑动中用脚连续推拨球，使球处于自己控制范围内的动作。常用的运球技术有脚内侧、脚背正面、脚背外侧、脚背内侧运球。

1. 脚内侧运球

运球前进时支撑脚位于球的侧前方，肩部指向运球方向，支撑腿膝关节微屈，重心放在支撑腿上，另一条腿提起屈膝，用脚内侧推球前进，然后运球脚着地。由于肩部指向运球方向，身体侧转，虽然移动速度较慢，但身体前倾有利于将对方与球隔开，因而这种技术多用在运球中做配合传球，或有对方阻拦需用身体做掩护时。

2. 脚背正面运球

运球时身体持正常跑动姿势，上体稍前倾，步幅不宜过大，运球腿提起，膝关节稍屈，髋关节前送，提踵，脚尖下指，在着地前用脚背正面部位触球后中部将球推送前进。

由于脚背正面运球时身体持正常跑动姿势，故可以发挥出较快的速度，因而这种技术多用在运球前方一定距离内无对手阻拦时。

3. 脚背外侧运球

如图 7-10 所示，运球时身体持正常跑动姿势，上体稍前倾，步幅不宜过大，运球腿提起，膝关节稍屈，髋关节前送，提踵，脚尖绕矢状轴向内旋转，使脚背外侧讵对运球方向，在运球脚落地前用脚背外侧推拨球的后中部。

图 7-10 脚背外侧运球

脚背外侧运球时，身体姿势与正常跑动时相同，因而可以发挥出较快的速度，故与脚背正面运球有相同的用途。另外，利用脚踝关节的动作可以很快改变脚背外侧面所正对的方向，故在运球脚一侧改变方向时也多采用这种运球方法。这种方法能用身体将对手与球隔开，故掩护时也常使用。

4. 脚背内侧运球

身体稍侧转并协调放松，步幅小，上体前倾，运球腿提起外展，膝微屈外转，提踵，脚尖外转，使脚背内侧正对运球方向，在运球脚落地前用脚背内侧推拨球，使球随身体前进。

脚背内侧运球由于身体稍侧转，不能采用正常跑动姿势，因而不适用于高速运球。但由于接触部位和支撑位置的特点易于完成向支撑脚一侧的转动，故多用于向支撑脚一侧的变向运球。

7.2.4 头顶球

头顶球技术是传球、射门、抢断的有效手段，特别是争高空球时头顶球技术更为重要。顶球技术的特点是争取时间，不需要等球落地就可以在空中直接处理来球。因此，它可以争取时间上的优势和主动。

顶球一般分为正额顶球和额侧顶球两种。具体方法有原地、助跑跳起（单脚和双脚）和鱼跃式顶球等。

1. 正额原地顶球

面对来球，两脚前后开立，膝微屈，重心放在两脚上。顶球前，上体先后仰，重心移到后脚上，两臂自然摆动，维持身体平衡，两眼注视来球。顶球时，两腿用力蹬地，迅速伸直，上体由后向前快速摆动，借助腰、腹和颈部力量，用前额正面将球顶出。顶球过程中，身体重心从后脚移到前脚，然后再单脚跳起顶球。

2. 助跑单脚跳起顶球

起跳前要有3～5步的助跑。最后一步踏跳时要用力，步幅要稍大些，踏跳脚以脚跟先着地再迅速移到脚掌，同时另一腿屈膝上提，两臂向上摆动。身体腾起后上体随之后仰。顶球时，上体由后向前摆动，借助腰、腹和颈部力量将球顶出。然后两脚自然落地。

3. 鱼跃头顶球

对于离身体较远的低空球来不及移动到位处理，必须抢点击球时（如抢救险球、射门等）可使用鱼跃头顶球技术。当判断好来球的路线和选择好顶球点后，以单脚或双脚用力向前蹬地，身体接近水平态向前跃出，同时两臂微屈前伸，手掌向下，眼睛注视来球，利用身体向前跃出的冲力，以额头正面顶球。顶球后，两手先着地，手指向前，接着以胸部、腹部和大腿依次着地。

7.2.5 抢断

抢断技术是一种积极有效的防守手段。抢断是防守技术的综合体现，是用争夺、堵截、破坏等方式的延续或阻拦对方进攻的一种技术。一旦把球争夺过来，这就意味着组织进攻的开始。

1. 正面抢断

在对方带球队员迎面而来时，便可采用这种抢断方式。

两脚前后稍开立，两膝稍屈，身体重心下降，并均匀落在两脚上，面向对手。当对方带球或触球即将着地或刚刚着地时，立即抢球。抢球脚的脚弓正对球，并跨出一步，膝关节弯曲，上体前倾，身体重心移至抢球脚上。如对方已有准备，在双方脚同时触球时，脚触球后要顺势向上提拉，使球从对方脚背滚过，身体迅速跟上，把球控制住。双方上体接触时，抢球人可用合理部位冲撞对方，使之失去平衡，从而将球控制在自已脚下。

2. 侧面抢断

当防守队员与带球进攻的队员并肩跑动，或二人争夺迎面来球时，双方都可采用这种抢断方式。

当与对方平行跑动争球时，身体重心要降低，两臂贴紧身体。在对方靠近自己的脚离地时，可用肩和上臂做合理的冲撞动作，使对方身体失去平衡，从而把球抢过来。

3. 后面抢断（铲球）

这是抢断技术中较困难的一种，一般是在用其他方法抢不到球时才采用铲球方式。

铲球有两种方法：一种是脚掌铲球，另一种是脚尖或是脚背铲球。

当防守人追至离运球人右后方1米左右时，可用右脚掌或左脚尖（脚背）进行铲球。在运球人的左侧时，则用左脚掌或是右脚尖（脚背）进行铲球。如用右（左）脚掌铲球，可在运球人刚刚将球拨出时，先蹬左（右）腿，跨右（左）腿，膝关节弯曲，以脚外侧从地面滑出，用脚掌将球踢出。然后小腿、臀部、上体依次着地，身体随铲球动作向前滚动。

温馨提示 铲球脚离地面超过球的高度，易伤害对手造成犯规。

7.2.6 假动作

假动作是指运动员在比赛中，为了隐蔽自己真实动作意图，利用各种动作的假象，来调动迷惑对方；使对方对其动作产生错误的判断或失去身体重心，造成对自己有利的形势，从而取得时间、空间位置的优势，达到自己真实动作的意图。

1. 踢球假动作技术

如图 7-11 所示，运动员已控制球或正准备控制球，准备与同伴配合及接球时，对手前来堵抢，挡住其路线时，先可向一方做假动作，当对手以假当真去封堵假动作路线时，应突然改变踢球脚法将球传或接向另一方面。

图 7–11 踢球假动作技术

2. 头顶球与胸接球假动作技术

当队员面对胸部以上的高空来球，准备接时，对手迎面逼近准备抢截，此时接球的队员做出胸或头接或顶的假动作诱使对手立定，以假当真，在其封堵接、传路线时，突然改变动作，用头或胸将球顶出或接住。

3. 运球假动作技术

运球假动作技术在比赛中是最常见的，它不仅用来突破正面对手，而且可以用来摆脱来自侧面和后面的对手。

如图 7-12 所示，对手迎面跑来抢截球时，可用左（右）脚的脚背内侧扣拨球动作结合身体的虚晃动作，诱使对手的重心发生偏移，然后用左（右）脚的脚背外侧向同侧方向拨运球越过对手。

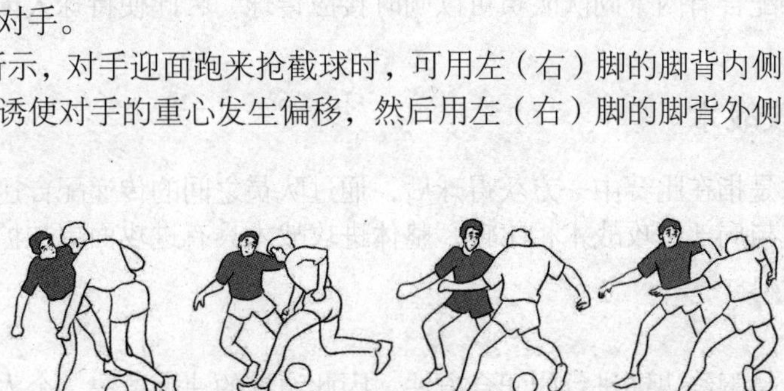

图 7–12 运球假动作技术

对手从侧面来抢截球时，先做快速向前运球动作，诱使对手紧追，这时突然减速佯做停球假动作，当对手上当时，再突然起动加速推球向前甩掉对手。

当对手从身后来抢截球时，运球者用左（右）脚掌从球的上方擦过，做大交叉步，身体也随动作前移，诱使对手向运球者的移动方向堵截，然后以运球脚后前脚掌为轴，突然向右（左）后方转身，再用右（左）脚脚背内侧将球扣回，把对手甩掉。

7.3 足球运动的基本战术

本节将讲解比赛阵形、进攻战术、防守战术等足球运动的基本战术。

7.3.1 比赛阵形

为了适应攻守战术的需要，全队队员在场上的位置排列和职责分工称为比赛阵形。比赛阵形是本队攻守力量搭配和分工的形式。

根据队员的职责和排列的层次分为后卫线、前卫线和前锋线。阵形的人数排列原则是从后卫数向前锋的，守门员不计算在内。

目前，世界上普遍采用的阵形有“4-3-3”“4-4-2”“4-1-2-3”“3-5-2”等。在以上阵形中，除“4-4-2”阵形以防守为主、反击为辅外，其他阵形均以进攻为主。尤以“3-5-2”阵形更为突出。

选择阵形要以本队队员的特长、技能、技术水平与赛队的特点为依据。此外，阵形绝不是僵化的规定，每个队员都应在明确基本位置和主要职责前提下，进行创造性的活动。

7.3.2 局部配合进攻战术

1. “二过一”战术配合

“二过一”战术配合是指两个进攻队员在局部地区通过两次或两次以上的连续传球配合，越过一个防守队员的战术行动。“二过一”是集体配合的基础，可以在任何场区、任何位置上运用这种方法来摆脱对方的抢断或突破防线。“二过一”是进攻的两个队员之间相距 10 米左右，进行一传一切的配合。要求传球平稳及时，一般多用“脚内侧”“脚外侧”等脚法，以传地平球为主。球传的位置，尽可能是接球人脚下或前面二三步远的地方。

2. “三过二”战术配合

“三过二”是在比赛场地中的局部地区，通过 3 个进攻队员的连续配合突破两个防守队员的防守。由于这种配合有两个同队队员可以同时接应传球，因此使持球人传球路线更多，且进攻面也更大。

7.3.3 整体进攻战术

整体进攻战术是指在比赛中一方获得球后，通过队员之间的传递配合达到射门的目的而采用的配合方法。与局部进攻战术相比较，整体进攻战术具有进攻面更加扩大、进攻和反击速度更加快速等特点。

1. 边路进攻

边路进攻一般是围绕边锋进行的配合方法，因此边锋的速度要快，个人突破能力要强，传中技术要突出。其方法是由守转攻时，获球队员将球传给边锋或其他边路上的队员，从边路发起进攻，经过局部配合突破后，一般采用下底和回扣传中方式，将球传到中央，由其他队员包抄射门。

2. 中路进攻

中路进攻时，必须要求边锋拉开，借以牵制对方的后卫，诱使对方中间区域出现较大的空隙，为中路进攻创造有利条件。前场和中场队员要机动灵活地跑位，以有效调动来拉开对方的防线。进攻的推进应有层次和梯队。传球要准确，技术动作应在跑动中准确、简练地完成。

3. 快速反击

比赛中当攻方进攻时，后卫线往往压至中场附近，防守人数也由于插上进攻和助攻而相对减少，此时如防守方能抓住对方防区空隙较大和回防速度较慢的机会，乘攻方失球之机发动快速反击，往往能取得良好的效果。但其难度较大，既要冒险，又要有准确、快速的传切配合技能。

7.3.4 局部配合防守战术

1. 补位

补位是足球比赛中在局部地区队员集体进行配合的一种方法。当防守过程中一个防守队员被对手突破时，另一个队员应立即上前进行封堵。

2. 围抢

围抢是足球比赛中在某局部位置上，防守一方利用人数上的相对优势（通常是两三个队员）同时围堵对方的持球队员，以求在短暂时间内达到抢断球或破坏对方进攻（防守）的目的。

3. 造越位战术

造越位战术是利用规则而设计的一种防守战术，是一种以巧制胜的省力打法，因而成为一种重要的防守手段。由于该战术配合难度较大，搞不好会适得其反，让对手钻空子。因此，往往为水平较高的球队所采纳，但也不宜过多运用。

7.3.5 整体防守战术

整体防守战术主要有盯人防守、区域防守和综合防守 3 种。

1. 盯人防守

盯人防守是指被盯防的对手不管跑到哪个位置就盯防到哪里。盯人防守分为全场盯人和半场盯人。这种防守方法是对口盯人，分工明确，但体力消耗大，一旦被突破，很难补位，会使整个防线出现很大的漏洞。因此，在比赛中，单纯采用人盯人防守方法是不利的。

2. 区域防守

由攻转守时，根据场上位置的分布，每个防守队员负责防守一定的区域，当对方队员跑到本区域时，就负责盯防，离开这个区域，就不再跟踪盯防。这种战术较为省力。但是，对方可以任意交叉换位，容易造成局部以少防多的被动局面。因此，目前在比赛中已很少采用这种防守方法。

3. 综合防守

综合防守是指盯人防守与区域防守相结合的防守方法。综合防守是目前在比赛中普遍采用的一种防守方法，它集中了盯人防守和区域防守的优点，从而在防守中能根据场上情况进行逼抢，盯人、保护与补位，以达到防守的目的。

7.4 足球运动的主要规则

本节将讲解足球运动的基本竞赛规则，包括赛制、运动员和裁判员、任意球、罚球点球、红黄牌、伤停补时、越位、暂停比赛、进球等。

7.4.1 赛制

正式的国际足球比赛分为上、下两个半场，每半场45分钟，中间休息不得超过15分钟。

正式的国际比赛，在国际足联公平竞赛旗及参赛双方国旗的引导下，参赛队伍伴随国际足联公平竞赛曲列队入场；按规定位置站定，然后先奏客队国歌，再奏主队国歌。比赛场地的选择是以裁判员掷硬币的方式决定，猜中者选择上半场比赛的进攻方向，另一方开球开始比赛。

足球比赛分组循环赛期间的积分为胜一场积3分，平1场积1分，负1场积0分，最终以积分多少决定小组名次。如积分相等，则根据赛前规程确定的不同名次判定标准的规定来排定名次。

7.4.2 运动员和裁判员

每队上场队员不得多于11名，其中必须有一名守门员。如果场上一队的队员少于7人，则比赛不能开始。奥运会足球比赛中，每场比赛最多可以使用3名替补队员；场外和场上队员未经裁判员许可不能擅自进出场地。比赛时，守门员和其他队员的位置不能随意交换，如需要交换，须经过裁判员同意。

一场正式的足球比赛由一名裁判员，两名助理裁判员，一名第4官员担任裁判工作。裁判员的职责：有场上最终判决权，决定比赛时间是否延长，比赛是否推迟和中止。

助理裁判员的职责：示意越位及球出界，协助裁判员的场上判罚，但没有最终判决权。

7.4.3 任意球

足球比赛的任意球分两种，一种是直接任意球，主要是针对恶意踢人、打人、绊倒对方的行为，另外用手拉扯、推搡对方，手触球也属于这一类，还有辱骂裁判员、辱骂他人也要判罚直接任意球。这种任意球可直接射门得分。如果这些行为发生在罚球区，就要判罚球点球。另一种是间接任意球的判罚，危险动作、阻挡、定位球的连踢就属于这一类。这种任意球不能直接射门得分，只有当球进门前，触及另外一名队员才可得分，罚球区内这种犯规不能判罚点球。

无论直接任意球还是间接任意球，防守方都要退出 9.15 米线以外。如果不按要求退出9.15米，裁判员可出示黄牌。

7.4.4 罚球点球

在罚球区内直接任意球的犯规要判罚球点球。罚球点球时，双方队员不能进入罚球区。如防守方进入罚球区，进球有效，不进则重罚；如进攻方进入罚球区，进球应重踢，如不进则为防守方球门球。在罚球点球时，守门员可以在球门线上左右移动，但不可以向前移动。

7.4.5 红牌、黄牌

足球裁判员在判罚时，根据犯规性质不同可出示两种不同颜色的牌。对于足球比赛中出现的一些严重犯规，裁判员要出示红、黄牌。如果是恶意的犯规或暴力行为要出示红牌。故意手球、辱骂他人或同一场比赛同一人得到两张黄牌时，也要被出示红牌。

比赛中，有违反体育道德行为，用语言和行为表示不满的就要被出示黄牌。连续犯规、故意延误比赛、擅自进出场地的队员也要被出示黄牌。

7.4.6 伤停补时

足球比赛有时根据场上情况在比赛时间上需要补时。有时是1～2分钟，最长可达5～6

分钟，时间长短的确定由裁判员决定。造成补时的原因主要有：一是处理场上受伤者；二是拖延时间；三是其他原因。

7.4.7 越位

足球比赛构成越位要满足以下条件：在同伴传球时，脚触球的瞬间，在对方半场内如果同伴的位置与最后第二名对方队员的位置相比更靠近对方球门线,这时该队员处于越位位置。需要说明的是，与对方最后第二名队员处于平行时不判越位。处于越位位置的队员裁判员在下列情况中判罚越位犯规：干扰比赛、干扰对方队员、利用越位位置获得利益。

7.4.8 暂停比赛

正式足球比赛一般场上不能暂停，只有在极特殊的情况下，如队员受伤或发生意外纠纷才鸣哨暂停。恢复比赛是在比赛停止时球所在的地点坠球，重新开始比赛。现在足球比赛道德水准普遍很高，通常一方如看到场上有受伤队员，都会将球踢出界。恢复比赛时，对方也会将球踢回。

7.4.9 进球

当球的整体从球门柱间及横梁下越过球门线，而此前未违反竞赛规则，即为进球得分。

有时在比赛中会看到球打到横梁后落地又弹回场内，裁判员可以根据自己的观察来确认球是否越过球门线，这种判决有时会引起很大争议。

思考与练习

1. 足球的基本技术有哪些？
2. 足球的基本战术有哪些？
3. 足球的竞赛规则有哪些？

活动与探索

若条件允许，可组织足球比赛。

第 8 章

乒乓球

本章将概述乒乓球运动的起源、发展、场地、器材、规则等，并详细讲解其基本动作、战术技巧等。

8.1 乒乓球运动简介

本节将介绍乒乓球运动的起源和发展。

8.1.1 乒乓球运动的起源

乒乓球（Table Tennis）起源于英国，由网球发展而来，欧洲人把其称为“桌上的网球”。19 世纪末，欧洲盛行网球运动，但极其受到场地和天气的限制，英国大学生便把网球移到室内，以餐桌为球台，书作球网，用羊皮纸做球拍，在餐桌上打来打去。球台和球网的大小、高度及记分方法均无统一规定，发球的方法也无严格限制。最初，这种游戏叫做“弗利姆—弗拉姆”（Flim—Flam），又称“高西马”（Goossime）。

约 1890 年，英格兰运动员詹姆斯 •吉布从美国带回了赛璐璐空心玩具球，将其稍加改进，逐步在英国和世界各地推广运用。后有人根据球触拍、触桌时发出“乒”“乓”的声音，又称这项运动为“乒乓球”。

8.1.2 乒乓球运动的发展

1926 年 12 月，国际乒乓球联合会在英国伦敦成立，举行了第一届世界乒乓球锦标赛。世界乒乓球运动的发展主要经历了 5 个阶段:第一阶段欧洲乒乓球运动的全盛期（1926～1951 年），第二阶段日本称雄世界乒坛时期（1952～1959 年），第三阶段中国乒乓球运动的崛起时期（1960～1965 年），第四阶段欧洲乒乓球运动的复兴和欧亚乒乓球运动对抗时期（1971～1987 年），第五阶段进入奥运时代（1988 年至今）。

1904 年，乒乓球运动由日本传入中国上海。由于器材均从国外进口，故仅限于上层社会人士参加，运动水平极低。1930 年，中国队首次参加了第九届远东运动会的乒乓球赛。1935 年，中华全国乒乓球协进会在上海成立。新中国成立后，乒乓球运动得到迅速的普及与发展。20 世纪 50 年代，我国在全国范围内开展了群众性的乒乓球运动，使其技术水平得以迅速提高。1952 年 10 月，在北京举行了第 1 次全国乒乓球比赛。1959 年，我国优秀运动员容国团在第二十五届世乒赛中获得第 1 个男子单打世界冠军，这标志着我国乒乓球运动在世界乒坛的崛起。自此，我国乒乓球技术水平进入了世界最先进的行列，并长盛不衰。

8.2　乒乓球运动的基本技术

本节将阐述握拍、基本站位、基本姿势、基本步法、发球、接发球、推挡、攻球、搓球等乒乓球运动的基本技术。

乒乓球技术主要由握拍法、基本站位、基本姿势、基本步法、发球和接发球，以及各种击球方法所组成。

8.2.1　握拍

当前世界上流行的握拍法有两种：一是直握拍；二是横握拍。

1. *直拍握法*

此握法正反手都用球拍的同一拍面击球，一般情况下不需要两面转换，出手较快；正手攻球快速有力，攻斜线、直线球时拍形变化不大，对手不易判断，便于从速度、球路和力量上取得主动；手腕动作灵活，发球可作较多变化；但反手攻球时，因受身体阻碍较难掌握，不易起重板；攻削交替时手法变化大，影响击球速度和准确性；防守时照顾面积较小。

基本握法：如图 8-1 所示，用拇指和食指握住球拍拍柄与拍面的结合部位。拍柄右侧贴在食指的第三关节内侧。食指的第二关节压住球拍的右肩，其第一关节自然向内弯曲，拇指的第一关节压住球拍的左肩，其他三指自然弯曲斜形重叠，以中指第一关节贴于球拍的 1/3 上端。

图 8–1　直拍握法

2. *横拍握法*

此握法照顾面比直拍大，攻球和削球时握拍的手法变化不大；反手攻球不受身体阻碍，便于发力；削球时用力方便，易于发挥手臂的力量和掌握旋转变化。但在还击左右两面来球时，需变换击球拍面；攻斜、直线球时调节拍形的幅度大、动作明显，易被对方识破；台内正手攻球也较难掌握。

基本握法：如图 8-2 所示，以中指、无名指、小指自然地握住拍柄，拇指在球拍正面轻贴在中指旁边，食指自然伸直斜于球拍的背面，虎口轻微贴拍。

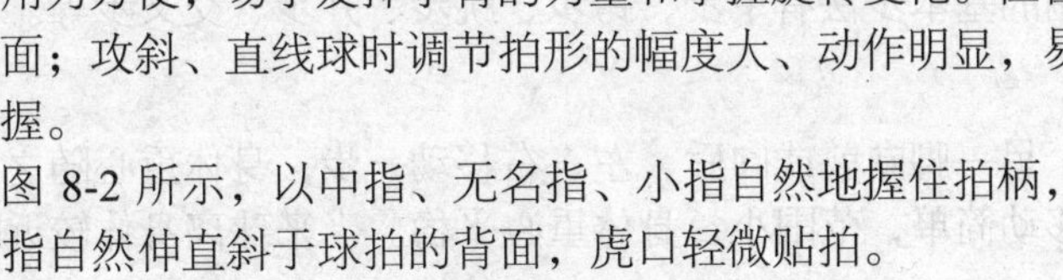

图 8–2　横拍握法

在准备击球时或将球击出后，握拍都不宜过紧或过松。过紧会使手腕僵硬，影响球的飞行弧线；过松会因拍面不稳，影响发力和击球的准确性。

8.2.2　基本站位

乒乓球运动员的基本站位应根据不同类型的打法、个人技术特点和身体特点来选定。一般情形如下（以右手持拍为例）。

1. 左推右攻打法的运动员，其站位在近台偏左，距球台 30～40 厘米。

2. 两面攻打法的运动员，基本站位也在近台中间偏左，距球台 40～50 厘米。

3. 弧圈球打法的运动员，基本站位在中台偏左，距球台约 50 厘米。两面拉弧圈球的运动员，其站位中间略偏左。

4. 横板攻削结合打法的运动员，基本站位在中台附近；削球打法的运动员，基本站位则在中远台附近。

8.2.3 基本姿势

击球前身体的基本姿势应做到（见图 8-3）：① 两脚平行站立，距离略比肩宽，保持身体平稳，重心置于两脚之间。② 两脚稍微提踵，前掌内侧着地，两膝微屈内扣，上体含胸略前倾。③ 右手握拍腹前，手臂自然弯曲，持拍手腕放松，左手协调平衡。④ 下颌稍向下收，两眼注视来球；形如箭在弦上，视球以外无物。

关键是要做到重心低，起动快。两脚略比肩宽和屈膝内扣是为了保持身体重心的稳定性；脚掌内侧着地和稍微提踵是为了保证快速的起动。横握球拍时肘部向下，前臂自然平举即可，其余与直握拍相同。

图 8-3 基本姿势

8.2.4 基本步法

乒乓球运动常用的基本步法有单步、跨步、跳步、并步、交叉步等。

1. 单步

以一脚为轴心，另一脚向前或向后、左、右移动一步，身体重心随之落到移动脚上，挥拍击球。其特点是移动简单，范围小，身体重心平稳。当来球离身体较近时采用。

2. 跨步

从来球方向的异侧脚蹬地，同侧脚向来球方向跨出一大步，身体重心随即移到同侧脚，异侧脚迅速跟上。特点是移动范围比单步大。当来球离身体较远时采用。移动速度快，多用于借力回击。

3. 跳步

以来球方向的异侧脚蹬地为主，两脚发力同时离地，异侧脚先落地，另一脚随即着地即挥拍击球。跳移过程中，身体重心起伏不宜过大，落地要稳。特点是移动范围比单步和跨步大，移动速度快，一般在来球离身体较远较急时采用。

4. 并步

由来球方向的异侧脚向同侧脚并一步，然后同侧脚再向来球方向迈一步，挥拍击球。特点是移动时脚步不腾空，身体重心平稳，移动范围不如跳步大。

5. 交叉步

来球方向的同侧脚发力，异侧脚迅速从体前做平行交叉横跨一大步，同侧脚迅速跟上落地还原，挥拍击球。特点是移动范围比其他步法大，适用于主动发力进攻，一般在来球距身体较远时采用。

8.2.5　发球

乒乓球比赛是从发球开始的，其技术的好坏将直接影响到得分和失分，发球是力争主动、先发制人的第一个环节。现介绍几种常用的发球技术。

1. 平击发球

平击发球速度慢，力量轻，几乎不带旋转，易掌握，是初学者的入门技术，也是掌握其他发球技术的基础。它分为正手平击发球和反手平击发球两种。

正、反手平击发球时，站位近台，抛球的同时，向右（左）侧后方引拍。当球下降至稍高于网时，上臂带动前臂向前平行挥动，拍形稍前倾，或接近垂直，击球的中上部。击球后，手臂继续向左（右）前上方顺势挥动，并迅速还原。

2. 正手发转和不转的球

正手发转与不转球是用相似的动作迷惑对方，发出旋转差异较大的球，往往能够取得主动。它是中国队 1959 年发明的一种技术。

其准备姿势与正手平击发球相似。发加转球时，拍面后仰，用球拍下半部靠左的一侧去摩擦球的底部。发不转球时，拍面的后仰角度小一些，用球拍上半部偏右的一侧碰击球的中下部。

3. 发短球

指发至对方距球网约 40 厘米范围内的球，且第二跳不出台。具有动作小、出手快、落点短的特点。正反手均可发短球。

在抛球时，向身体右后方引拍，手腕放松。当球从高点下降至稍高于网时，前臂向前下方稍用力，拍面后仰，击球瞬间主要以手腕发力为主，触球中上部并向底部摩擦。

4. 正手发左侧上、下旋球

用近似的发球方法发出两种旋转方向完全不同的球，极易迷惑对方，并具有较大的威胁性，是极常用的发球技术。所发出的球均具有较强烈的左侧旋。

方法：如图 8-4 所示，右脚在后，抛球时，持拍手向右上方引拍，手腕略向外展。当球下落时，手臂迅速向左下方挥动，在与网同高时触球，触球瞬间手腕快速向左上方挥动，使球拍从球的中部略偏下向左上方摩擦。发左侧下旋球时，手腕快速向左下方转动，使球拍从球的中下部向左下方摩擦。

图 8-4　正手发左侧上、下旋球

5. 侧身正、反手发高抛球

如图 8-5 所示，由于将球高抛至 2～3 米，故下降的球获得加速度，从而增大球与拍的合力，增强了发球的旋转；也因高抛球下落时间长，改变了击球节奏，可影响对手的注意力和心理状态，从而增大发球的威胁性。

图 8-5 侧身正、反手发高抛球

8.2.6 接发球

接发球的基本方法由点、拨、带、拉、攻、推、搓、削、摆短等技术综合组成。运用这些方法接发球时，存在着一般的规律，即用某单一接发球方法可以接稳对方某种性能的发球。下面介绍一般接发球的规律和最基本的接发球方法。

1. 接上旋球

一般采用推、拨、攻、拉等技术回接。

2. 接下旋球

发过来的球速度较慢，触拍后向下反弹，用搓球回接时，注意拍面后仰以增加向前上方的发力。用拉攻或弧圈球回接时，一定要增加向上提拉的力量。

3. 接左侧上、下旋球

接左侧上旋球一般采用推、攻为宜。回接时，拍面角度要稍前倾，拍面向左偏斜以抵消来球的左侧旋，向前下方用力要相对加大，防止球触拍时向自己右上方反弹。接左侧下旋球一般采用搓、削为宜。回接时，拍面角度要稍后仰，拍面所朝方向向左偏斜以抵消来球的左侧旋，稍向上用力，防止球触拍时向自己左下方反弹。

4. 接旋转不明发球

如图 8-6 所示，当旋转判断不明时，站位应稍远，运用慢搓，击球下降中期，这样有利于增加判断时间，降低来球旋转强度和赢得接球的技术选择时间。

图 8-6 接旋转不明发球

5. 接短球

由于对方发来的球是台内近网短球，回接时最主要的是注意及时上前，以获得最适合的击球位置。同时要控制好身体的前冲力量。接发球后要迅速还原，准备下一拍来球。无论采用搓、削、挑、带哪一种方法回接短球，都应特别注意，来球是在台内，台面会影响引拍，因此要充分依靠前臂和手腕发力，同时要根据来球的旋转性能调节拍面角度、击球部位、击球时间和用力方向。

8.2.7 推挡

推挡，顾名思义，具有推和挡的两种功能："挡"着重防守，强调借力，如在接重板或速度较快的球时，多采用"挡"，其主要有平挡、减力挡、侧挡等技术；"推"力主进攻，强调主动加力，加快球速，主要技术有快推、加力推、推挤、下旋推挡等。这里着重介绍平挡、快推和加力推 3 种技术。

1. 平挡（挡球）

两脚平行站位，身体靠近球台。击球前，上臂贴近身体，前臂约与台面平行，球拍置于腹前，略高于台面呈半横状，拍面近乎垂直。击球时，调整好拍形，在来球上升前期触球中部或中上部，借来球的反弹力将球挡回。平挡具有速度慢、发力均匀柔和、力量小等特点。

2. 快推

近台中偏左站位，右脚稍前，上臂和肘关节靠近右侧身旁。拍面垂直，当球弹起至上升前或中期时，拍面略前倾，大臂带动前臂向前或前上方加速推出，击球中上部。

3. 加力推

动作较大，回球力量重，球速快，主要用于对付反手位速度较慢、反弹偏高的球。当来球弹至上升后期或高点期时，拍面前倾，大臂带动前臂，前臂带动手腕向前或前下方加速发力推出，击球中上部或上中部。加力推时，可以配合髋、腰以及身体前移共同发力。

8.2.8 攻球

攻球可分为正手攻球和反手攻球两种。每种又可包括许多不同的攻球方法。下面我们主要介绍几种常用的攻球技术。

1. 正手快攻

正手快攻具有站位近、动作小、速度快、攻击性强的特点。动作时左脚稍前，身体离球台40～50 厘米，呈基本姿势站立。以前臂为主引拍至身体右侧方。球拍呈半横状。击球时，在上臂带动下前臂和手腕由右侧方向左前上方挥动，拇指压拍，食指放松，拍面稍前倾，在来球弹起上升期，击球的中上部。击球后，手臂随势向前挥摆，迅速还原成击球前的准备姿势。

2. 正手台内攻

正手台内攻具有站位近、动作小、速度快、突然性强等特点，动作时站位近台，右方大角度来球时右脚上步，中间或偏左方向来球时左脚上步。上步同时上臂和肘部前移，前臂伸进台内迎球。当来球跳至高点期，下旋强时，拍面稍后仰，前臂和手腕向前上方发力，击球的中下部；下旋弱时，拍面接近垂直，前臂和手腕以向前发力为主击球的中部；上旋球时，拍面稍前倾，前臂和手腕向前发力击球的中上部。

3. 正手中远台攻

正手中远台攻具有站位远、动作大、力量重的特点。动作时，左脚稍前，身体离球台 1

米左右。持拍手臂较大幅度向右后方引拍，拍面接近垂直。击球时，右脚蹬地、向左转体的同时，上臂带动前臂由右后方加速向左前上方发力挥动，手腕边挥边转使拍形逐渐前倾，在来球弹起至下降前期，击球中部或中上部。

4. 正手扣杀

正手扣杀具有力量重、速度快、攻击性强的特点。动作时前臂内旋使拍面稍前倾，随着身体向右转动的同时，持拍手臂引拍于身体右后方。随着右脚蹬地，身体左转的同时，持拍手上臂带动前臂加速向左前上方发力挥动，拍面稍前倾，在来球弹起至高点期，击球的中上部。一般击球点在胸前 50 厘米为宜。

5. 反手快攻

左脚稍后，身体离球台 40～50 厘米。持拍手臂自然弯曲并外旋使拍面前倾，上臂与肘关节自然靠近身体，引拍至腹前偏左的位置。击球时，在上臂带动下前臂和手腕向右前上方挥动，同时配合外旋转腕动作，使拍面稍前倾，在来球弹起上升期，击球中上部。

6. 反手中远台攻

右脚稍前，身体离球台 0.7～1 米。身体左转的同时，持拍手的上臂和肘关节靠近身体，前臂向左下方移动，引拍至身体左侧下方，拍面稍前倾。击球时，身体右转的同时，手臂由左后向前挥动，前臂在上臂带动下，向前上方用力，并配合向外转腕，使拍面稍倾，在来球弹起下降期，击球中下部。

8.2.9 搓球

对初学者来说，首先应学反手搓球，再学正手搓球。先练习慢搓，再练习快搓。在基本熟悉以上技术之后，再练习搓转与不转的球。

1. 快搓

动作幅度较小，回球速度较快，能借助来球的前进力去回击。它是对付削球和搓球的一种方法。

右脚稍前，身体靠近球台。来球在身体左侧时，可运用反手搓球。击球时，上臂迅速前伸，前臂跟随向前，拍形稍后仰，利用上臂前送力量，在上升期击球中下部。来球在身体右侧，可以运用正手搓球。搓球时，身体稍向右转，手臂向右前上引拍，然后前臂和手腕向前下方用力，在上升期击球中下部。

2. 慢搓

慢搓的动作幅度较大，回球速度较慢，靠主动发力回击，回球有一定旋转强度。

如图 8-7 所示，反手搓球时，向左上方引拍，前臂以肘关节为轴，快速向前下方用力挥摆，伸手腕辅助用力，手指配合使拍面后仰，在球的下降前期切击球的中下部。

图 8-7 反手搓球

如图 8-8 所示，正手搓球时，手臂外旋使拍面后仰，前臂提起，向右上方引拍至右肩高度。当来球至下降前期，手臂快速向左前下方挥摆，屈手腕辅助用力，切击球的中下部。

图 8–8　正手搓球

3. 搓转与不转

如图 8-9 所示，其特点是用近似手法搓出转与不转两种性质不同的球，使对方难以判断，增加其回球难度或直接导致接球失误。

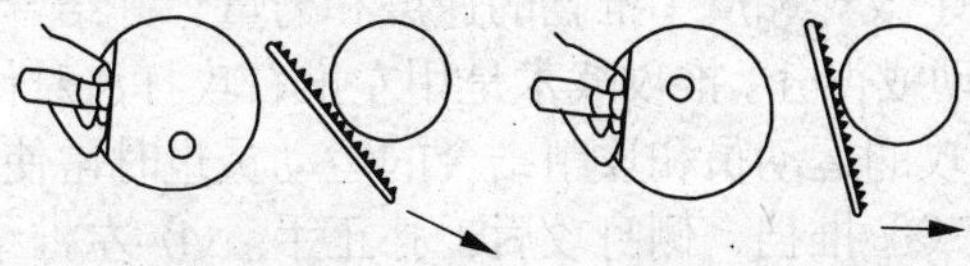

图 8–9　搓转与不转

动作方法：搓转与不转球的动作方法与快搓技术的动作相同。决定转与不转要看击球作用力是偏离球心还是通过球心。搓转球时，除击球速度、击球力量和拍面后仰角度要加大以外，还要在球拍切击球时切薄一些，使其作用力远离球心，形成较旋转的下旋球。而搓不转球时，减小拍面后仰角度，击球中下部并向前上推，使击球力量接近或通过球心，这样就形成相对的不转球。搓转与不转球时，一定要在相似的动作上下功夫，如若搓不转球的动作意图很明显，则会弄巧成拙，送给对方进攻机会。

8.3　乒乓球运动的基本战术

本节将介绍乒乓球的基本战术：发球抢攻战术、接发球战术、对攻战术、推攻战术、搓攻战术、削攻战术等。

8.3.1　发球抢攻战术

发球抢攻战术是乒乓球所有打法特别是进攻型打法的主要战术和得分手段。发球抢攻战术以发球的旋转、速度、落点灵活变化为主要技术特征，常用的有以下几种。

（1）发下旋转与“不转”球抢攻。

（2）发正、反手奔球抢攻。

（3）发正、反手侧上、下旋球抢攻。

发球抢攻要注意：① 发球要有线路和落点变化，以便使对方在前、后、左、右走动中接发球。② 发球后要有抢攻准备，以便不失抢攻的机会。③ 自己发什么球，对方可能以什么技术回击，这些要在发球前做到心中有数。这样，才能较好地做好抢攻的准备。

8.3.2　接发球战术

接发球战术是发球抢攻战术的直接对立面。接发球战术一方面要抑制、扰乱或破坏对方运用发球抢攻的战术，降低发球抢攻的质量，形成相持状态；另一方面要从被动中求主动，通过过渡性接发球技术力争在第四板抢先上手，转入对己方有利的战局，同时抓住机会采用接发球抢攻直接得分或设法取得明显的战术优势。接发球战术是各类型打法的选手都必须掌握的战术，主要有主动法、稳健法和相持法。

8.3.3 对攻战术

对攻战术是进攻型选手经常采用的战术。运用正、反手攻球、反手推挡等技术，采用攻击对方两角、追身攻、轻重结合来达到目的。常用的有以下几种：压反手，伺机正手侧身攻；调右压左，转攻两角或追身；连压中路，突变攻两角。

8.3.4 推攻战术

推攻战术主要运用正手攻球和反手推挡的速度和力量，并结合落点变化和节奏变化来压制和调动对方，以争取主动或得分。推攻战术是用左推右攻打法对付攻击型打法的主要战术，具有反手推挡能力的两面攻的运动员和攻削结合的运动员也时常使用它。其方法如下：① 左推右攻。② 推挡侧身攻。③ 推挡、侧身攻后，扑正手。④ 左推结合反手攻。⑤ 左推、反手攻后，侧身攻。⑥ 左推、反手攻、侧身攻后，扑正手。

8.3.5 搓攻战术

搓攻战术主要运用“转、低、快、变”的搓球控制对方，以寻找战机，然后采用低突、快点或快拉等技术展开攻势并进入连续攻；在搓球中遇到机会球时进行扣杀，常常带有突然性，往往可以直接得分。搓攻战术是乒乓球各种打法都不可缺少的辅助战术。其方法如下：① 正、反手搓球结合正手快拉、快点、突击或扣杀。② 正、反手搓球结合反手快拉、快点、突击或扣杀。

8.3.6 削攻战术

削攻是利用削球的旋转、节奏、落点变化来控制对方的攻势，并为进攻创造机会，达到反击对方目的的一种手段。削攻战术是削攻型打法对付进攻型、弧圈型打法的重要战术，常用的有以下几种：削转与不转球，伺机反攻；削长、短球反攻；削逼两角，伺机反攻；逢直变斜，逢斜变直，伺机反攻。

8.4 乒乓球运动的主要规则

本节将阐述发球、击球、先分、次序、方位、间歇等乒乓球比赛的主要规则。

8.4.1 发球

（1）发球开始时，球自然地置于不持拍手的手掌上，手掌张开，保持静止。

（2）发球时，发球员须用手将球几乎垂直地向上抛起，不得使球旋转，并使球在离开不执拍手的手掌之后上升不少于16厘米，球下降到被击出前不能碰到任何物体。

（3）当球从抛起的最高点下降时，发球员方可击球，使球首先触及本方台区，然后越过或绕过球网装置，再触及接发球员的台区。双打中，球应先后触及发球员和接发球员的右半区。

（4）从发球开始，到球被击出，球要始终在台面以上和发球员的端线以外，而且不能被发球员或其双打同伴的身体或衣服的任何部分挡住。

（5）在运动员发球时，球与球拍接触的一瞬间，球与网柱连线所形成的虚拟三角形之内和一定高度的上方不能有任何遮挡物，并且其中一名裁判员要能看清运动员的击球点。

8.4.2　击球

对方发球或还击后，本方运动员必须击球，使球直接越过或绕过球网装置，或触及球网装置后，再触及对方台区。

8.4.3　失分

（1）未能合法发球。
（2）未能合法还击。
（3）击球后，该球没有触及对方台区而越过对方端线。
（4）阻挡。
（5）连击。
（6）用不符合规则条款的拍面击球。
（7）运动员或运动员穿戴的任何物件使球台移动。
（8）运动员或运动员穿戴的任何物件触及球网装置。
（9）不执拍手触及比赛台面。
（10）双打运动员击球次序错误。
（11）执行轮换发球法时，发球一方被接发球一方或其双打同伴，包括接发球一击，完成了 13 次合法还击。

8.4.4　一局比赛

在一局比赛中，先得 11 分的一方为胜方；10 平后，先多得 2 分的一方为胜方。一场单打或双打（男、女双打和混合双打）比赛的淘汰赛采用七局四胜制，团体赛中的一场单打或双打采用五局三胜制。

8.4.5　次序和方位

（1）在获得 2 分后，接发球方变为发球方，以此类推，直到该局比赛结束，或直至双方比分为 10 平，或采用轮换发球法时，发球和接发球次序不变，但每人只轮发 1 分球。
（2）在双打中，每次换发球时，前面的接发球员应成为发球员，前面的发球员的同伴应成为接发球员。
（3）在一局比赛中首先发球的一方，在该场比赛的下一局中应首先接发球，在双打比赛的决胜局中，当一方先得 5 分后，接发球一方必须交换接发球次序。
（4）一局中，在某一方位比赛的一方，在该场比赛的下一局应换到另一方位。在决胜局中，一方先得 5 分时，双方应交换方位。

8.4.6　间歇

（1）在局与局之间，有不超过 1 分钟的休息。
（2）在一场比赛中，双方各有一次不超过 1 分钟的暂停。
（3）每局比赛中，每得 6 分球后，或决胜局交换方位时，有短暂的时间擦汗。

8.4.7　竞赛方法

已经举办过的几届奥运会乒乓球比赛，竞赛方法大同小异，但均不完全相同，主要是采用分组预选和单淘汰加附加赛或排名淘汰赛加附加赛的方式。

思考与练习

1. 乒乓球运动的基本技术有哪些？
2. 乒乓球运动的基本战术有哪些？
3. 乒乓球运动的竞赛规则有哪些？

活动与探索

若条件允许，可组织乒乓球比赛。

第 9 章

羽毛球

本章将概述羽毛球运动的起源、发展、场地、器材、规则等，并详细讲解其基本动作、战术技巧等。

9.1 羽毛球运动概述

本节将介绍羽毛球运动的起源和发展。

9.1.1 羽毛球运动的起源

现代羽毛球运动一般认为源于英国。相传，1873 年，英格兰格拉斯哥郡的伯明顿镇，鲍费特公爵举办的社交聚会上，有位从印度退役的军官向大家介绍了一种用拍隔网来回往打毽球的游戏。游戏趣味横生，引人入胜，此后，这项游戏活动便不胫而走，并逐步发展成为当今人们所熟悉和喜爱的羽毛球运动。伯明顿庄园的英文名称 Badminton 也成了羽毛球的英文名称。

9.1.2 羽毛球运动的发展

1893 年，世界上最早的羽毛球协会——英国羽毛球协会成立，并于 1899 年举办了全英羽毛球锦标赛。1934 年，国际羽毛球联合会成立，通过了第一部国际公认的羽毛球竞赛规则。1978 年 2 月，世界羽毛球联合会于中国香港成立。1981 年 5 月，国际羽毛球联合会和世界羽毛球联合会正式合并。

1988 年，在第二十四届汉城奥运会上，羽毛球运动被国际奥委会列为表演项目。1989 年 5 月，在印度尼西亚雅加达举办了首届苏迪曼杯羽毛球大赛。1992 年，在第二十五届巴塞罗那奥运会上，羽毛球运动被正式列为比赛项目，设男、女单打和男、女双打 4 个项目。1996 年，第二十六届亚特兰大奥运会又增设了男女混合双打。从此，羽毛球运动进入了新的发展阶段。

9.2 羽毛球运动的基本技术

本节将阐述羽毛球运动的握拍、发球、接发球、后场击球、前场击球、中场击球、基本步法等基本技术。

9.2.1 握拍

羽毛球的握拍一般分为正手握拍法和反手握拍法。

1. 正手握拍法

右手虎口对准拍柄窄面内侧斜棱，小指、无名指、中指自然并拢，食指和中指稍分开，大拇指的内侧和食指贴在拍柄的两个宽面上将球拍柄握住。握拍时掌心不要贴紧拍柄，要使掌心与拍柄保持一定的空隙。

2. 反手握拍法

在正手握拍的基础上，将大拇指伸直用其第一指节内侧顶贴在拍柄内侧的宽面上，食指收回，与拇指同（或略）高，用大拇指和食指将球拍稍向外转，中指、无名指、小指紧握拍柄，拍柄端近靠小指根部。握拍手心与拍柄之间留有空隙，以便能充分利用手腕力量和大拇指的内侧压力击球。

9.2.2 发球

羽毛球运动的发球技术，按其动作分为正手发球和反手发球两种。按球在空中飞行的弧线可分为发高远球、平高球、平快球和网前短球等 4 种(见图 9-1：1 网前球，2 平快球，3 平高球，4 高远球)。

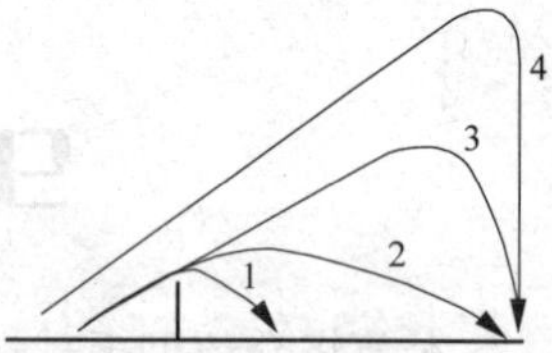

图 9–1　发球技术

1. 正手发高远球

所谓高远球，主要是把球发得又高又远，使球飞行到对方底线上空时，几乎垂直下落。

如图 9-2 所示，发球时，重心由后脚前移至前脚，带动转腰，同时右手持拍沿着向下而上的弧线自然地沿着身体向前上方挥摆。球拍触球前刹那，小臂带动手腕向前上方闪动发力，手紧握拍柄，利用手腕、手指爆发力以及拍面的前半部击球。击球瞬间，拍面正对出球方向，击球点在发球员的右前下方。出球飞行弧度与地面仰角一般大于 45°。

图 9–2　正手发高远球

2. 正手发网前球

如图 9-3 所示，发网前短球是把球发至对方发球区内前发球线附近。球的飞行速度较慢，飞行弧度较低，使球“贴网”而过。它是双打比赛最常用的发球方法，在单打比赛，用于对付接网前球较差的对手，有时也可以作为过渡性的发球，或发球抢攻战术的手段。在发球时，挥拍幅度较小，击球瞬间无需紧握拍柄，而是利用手腕和手指的力量从右向左横切推送，将球轻轻发出，使球贴网而过。

3. 正手发平快球

正手发平快球又称发平球，是把球发得又平又快，使球快速落在对方场内端线附近。平快球突袭性强，往往能使对手措手不及而造成被动或失误。准备姿势同发高远球，站位稍靠后些。击球瞬间紧握球拍柄，利用小臂挥动力量带动手腕、手指力量快速向前击球，球的飞行的路线与地面形成的仰角小于 30°。

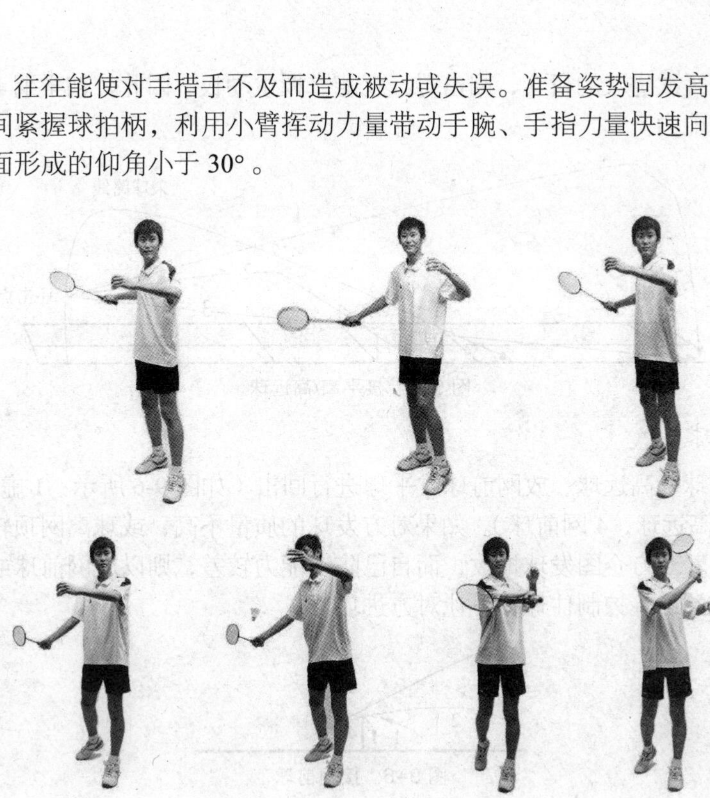

图 9–3 正手发网前球

4. 反手发网前球

如图 9-4 所示，准备击球时手腕内屈，击球瞬间利用小臂带动手腕、手指力量向前横切推送，将球击出。发球时，挥拍较慢，力量较轻，球的落点近网，当球“贴”网而过后即往下坠落在对方发球区内前发球线附近。

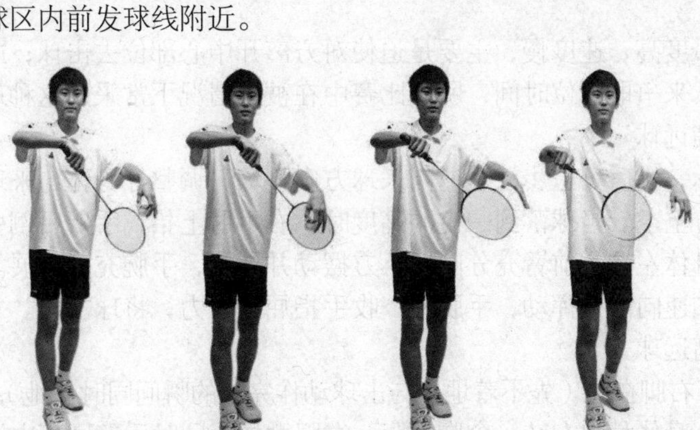

图 9–4 反手发网前球

9.2.3 接发球

单打站位一般是在离发球线 1.5 米处，站在右发球区靠近中线的位置；在左发球区则站在中间的位置。双打发球多以发网前球为主，所以双打的接发球站位要在靠近前发球线的地方。

1. 接平高/高远球

可以用平高球、吊球或扣杀球进行回击（见图 9-5：1 平高球，2 吊球，3 杀球）。一般来说，接高远球是一次进攻的机会，回击得好就能掌握主动权。因此，初学羽毛球者必须努力提高后场进攻的能力。

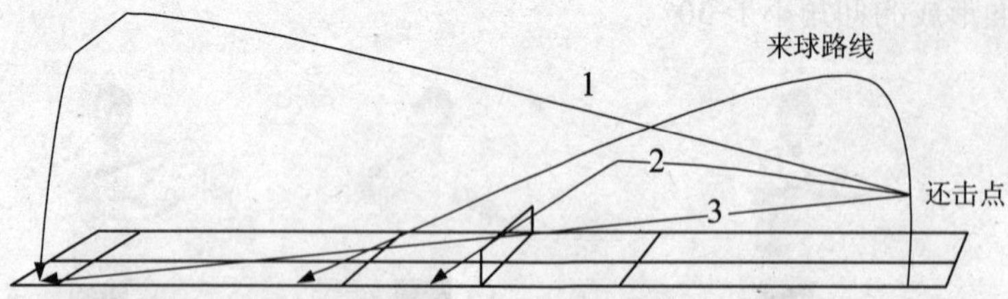

图 9-5 接平高/高远球

2. 接网前球

可以用平高球、高远球、放网前球或平球进行回击（如图 9-6 所示：1 虚线为发网前球，2 平球，3 平高/高远球，4 网前球）。如果对方发球的质量不高，或球离网顶较高过网，则可采用扑球进攻。若对方企图发球抢攻，而自己防守能力较差，则以放网前球或平推球为宜，落点要远离对方站位，控制住球，不让对方进攻。

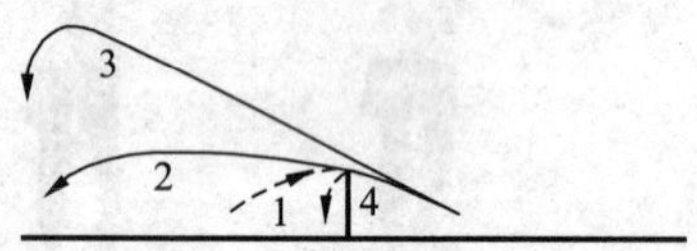

图 9-6 接网前球

9.2.4 后场击球

后场击球主要由高远球、平高球、扣杀球和吊球等几项技术及相应的后退步法组成。其特点是击球点高、力量大、速度快、威力大。

1. 高远球

高远球飞行弧度高、速度慢，主要是迫使对方离开中心部位去击球；或者是当自己位置错乱时，击这种球来争取回位时间，所以比赛中在被动情况下常采用这种球进行过渡。

（1）正手击高远球

如图 9-7 所示，用后场退步法迅速向来球方向移动，调整好身体与来球间的位置，使球恰好在右肩稍前方上空。当球落到一定的高度时，右手肘上抬，手臂后倒引拍，以肩为轴做回环动作，同时身体左转，前臂充分向后下方摆动并外旋，手腕充分伸展。击球时，前臂迅速内旋带动手腕加速向前方挥动，手腕屈，收手指屈指发力，将球击出。

（2）反手击高远球

准备击球前，右脚在前（先不着地，与击球动作完成的瞬间同时着地），身体背向球网，持拍臂向上抬举，身体稍向左转，含胸收腹，左腿微屈，同时手臂回环内旋引拍，握拍手尽量放松，手腕稍向外展。当球下落至右肩前上方一定高度时，以上臂、前臂迅速外旋带动手腕加速，由左下方经胸前向右前上挥动。击球时手腕由伸展至屈收快速屈指发力，用反拍面将球击出。

2. 平高球

平高球与击高远球一样，也可分为正手、头顶和反手 3 种击球技术，是一种进攻性的击球技术。其技术动作与击高远球基本相同，所不同的是引拍、击球动作较高远球小而快，击球的瞬间运用前臂内旋带动手腕，向前快速发力击球。

图 9-7　正手击高远球

3. 扣杀球

扣杀球从动作结构上可分为重杀、点杀、劈杀；从击球点距身体的位置可分为正手扣杀、头顶扣杀和反手扣杀三种。而正手扣杀球是各种扣杀球的基础，初学者必须首先掌握好这一扣杀技术。

正手扣杀球如图 9-8 所示，准备姿势、击球动作与正手击高球大致相同，不同的是在击球瞬间需用全力，充分利用右腿的蹬力、腰腹力、手臂腕力及重心的转移，快速将球向前下方击出。球拍触球时拍面前倾向前下方用力，手握紧球拍，击球点在右肩稍前上方。

温馨提示　在实战中，扣杀球必须同其他各项进攻技术有机地结合起来，如盲目地进行单一的大力扣杀，往往不能争取主动，反而常常使自己陷入被动。

4. 吊球

吊球技术按球的飞行弧线和击球动作的不同分为劈吊、轻吊和拦截吊。其准备姿势与击高球、扣杀球相似，只是击球时用力不同。击球瞬间前臂突然减速，快速“闪”动手腕击球托的偏右侧（头顶吊球及反手吊球击球托的偏左侧）。打对角吊球时，当对方来球较高，手腕向下切削的角度要大些，力量稍大些；当对方来球较平时，手腕向前推的动作要大些，向下切削的力量要小一些。吊直线球时，拍面正对前方，向前下压。

图 9–8　正手扣杀球

不论劈吊还是轻吊，都要注意手腕灵活闪动，即注意爆发力的运用，同时还要注意掌握好击球点和控制好击球力量，将球吊准。拦截吊球和假动作配合运用便具有一定的威力。拦截对方击来的半场球或弧线较低的平高球能出其不意地达到进攻的效果。

9.2.5 前场击球

前场击球包括网前的放、搓、推、勾、扑、挑球等。因球飞行距离较短，落地快，常使对手措手不及而直接得分。即使不能直接得分，也能迫使对方被动回球，创造下一拍的机会。现介绍几种常用的前场击球技术。

1. 放网前球

（1）正手放网前球

如图 9-9 所示，准确判断来球路线和落点，跨速上网，最后一步右脚在前左脚在后成弓箭步，上体前倾重心在右脚，侧身对网。右手正手握拍向前下方伸臂，小臂外旋展腕，左臂自然后伸，起平衡作用，拍面几乎朝上迎击来球。击球瞬间，手腕稍内屈轻轻闪动，食指和大拇指控制拍面角度和用力大小，球拍向前上方轻轻一托，把球轻击送过球网。

（2）反手放网前球

快速向前左侧上网，右脚前跨成弓箭步，侧背对网，上体前倾重心在右脚。右手反手握拍向前下方伸臂，小臂内旋展腕，左臂自然后伸，起平衡作用，拍面几乎朝上迎击来球。击球瞬间，伸腕轻闪动，食指和拇指控制拍面角度和用力大小，球拍向前上方轻轻一托，把球轻击送过球网。

图 9-9　正手放网前球

2. 搓球

网前搓球是羽毛球技术中动作较细腻的一种，是网前技术中的高难击球动作。

（1）正手搓球

用正手上网步法迅速向来球方向移动，当右脚向前跨出时，持拍手向来球方向伸出，争取高的击球点。左手于身后拉举与右手对称，以保持身体的平衡。挥拍时，手腕动作由展腕至收腕发力，由右向左以斜拍面切击球托的右后侧部位，此时球呈下旋翻滚过网；或者手腕动作由收腕至展腕发力，由左向右以斜拍面切击球托的左后侧部位，球则呈上旋翻滚过网。

（2）反手搓球

如图 9-10 所示，用反手上网步法迅速向来球方向移动，其余动作与正手网前搓球相同。反手网前搓也有两种击球方式。一种是手腕动作由展腕至收腕发力，由左至右切击球托左后侧部位。另一种是手腕动作由收腕至展腕发力，由右向左切击球托的右后侧部位。

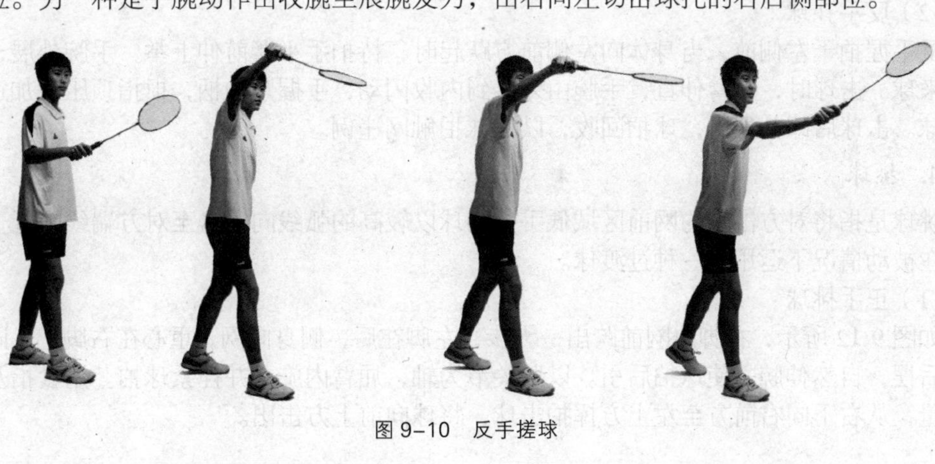

图 9-10　反手搓球

3. 扑球

扑球是在对方回球刚越过网顶上空时，运用跨步或蹬跳步迅速上前，利用前臂、手腕和手指的力量，快速地由高向下将球击回对方场区的击球方法。

（1）正手扑球

如图 9-11 所示，对方来球距网较高时，快速跨步上网，身体向右前倾，手臂充分伸展，同时迅速变换握拍手法，使拍面与球网平行正对来球。击球时，主要利用中指、无名指、小指突然紧握拍柄和手腕闪动，将球向前下方击出。击球后，随前动作甚微，右脚落地制动。

图 9-11　正手扑球

（2）反手扑球

反手握拍于左侧前，当身体向左侧前方跃起时，持拍手小臂前伸上举，手腕外展，拍面正对来球。击球时，手臂伸直，手腕由外展到内收闪动，手握紧拍柄，拇指顶压，加速挥拍扑击球。击球后即刻屈肘，球拍回收，以免球拍触网违例。

4. 挑球

挑球是指将对方击来的网前区域低手位的球以较高的弧线向上击至对方端线附近上空。它是在被动情况下运用的一种过渡球。

（1）正手挑球

如图 9-12 所示，右脚向网前跨出一大步，左脚在后，侧身向网，重心在右脚上。同时右臂向后摆，自然伸腕，使球拍后引。以肘关节为轴，屈臂内旋，并捏紧球拍。用食指及手腕的力量，从右下向右前方至左上方挥拍击球，将球向前上方击出。

图 9-12　正手挑球

（2）反手挑球

如图 9-13 所示，右脚跨步向前成弓箭步，重心在右脚，侧身背对网。反手握拍，手臂向左前方伸出，小臂内旋屈肘屈腕，左臂自然后伸起平衡作用。击球时，以肘关节为轴，小臂带动手腕、手指快速由左下方向前上方成半圆形挥拍击球。

图 9-13　反手挑球

9.2.6 中场击球

中场击球技术主要包括接杀球、平抽、平挡技术。它要求判断反应快，出手击球快，引拍预摆动作弧度小和由防转攻或由攻转防的意识要强。

1. 接杀球

把对方扣杀过来的球还击回去，称为接杀球。接杀球主要由挡网前、挑后场和平抽球 3 种技术组成。

接杀球的站位一般在中场，两脚屈膝平行站立。右侧来球用正手挡，身体重心移向右脚。右手向右侧伸出，放松握拍，拍面略后仰对准来球。左侧来球用反手挡，身体重心移向左脚，右脚向左前方跨出一步，换成反手握拍，拍面略向后仰对准来球回击。

2. 平抽

平抽球是指击球点在肩以下，以较平的弧度、较快的球速、接近球网的高度，还击到对方场区的一种进攻性技术。击球时，应借助腰部的转体带动前臂、手腕和手指的力量快速协调地发力。击球点尽可能地在身体的侧前方，这样有利于转动腰部和前臂旋内、旋外地发力。如果来球正对自己而又来不及闪让时，一般不要用正手击球。因为当来球靠近自己身体时，即使击球点在自己右侧腋下，反手也比正手容易发力还击。

3. 平挡

平挡和平抽的动作结构基本相同，其区别主要在于：发力较小，通常无需身体部位发力，当对方来球力量较大时，还应有所缓冲；由于发力较小，通常击球时不要握紧球拍，以免影响击球时对力量和出球方向的精确控制；羽毛球的飞行路线较短，一般落在对方前半场。

9.2.7 基本步法

羽毛球步法一般分为起动、移动、到位配合击球和回位 4 个环节。根据场上移动的方向和场区的位置，可以将羽毛球步法划分为：上网步法、后退步法和两侧移动步法。

1. 上网步法

从中心位置移动到网前击球的步法，称为上网步法。上网步法可根据各人习惯采用交叉步、并步、垫步或蹬跨步。不论正手或反手，根据来球远近，上网步法可采用三步、两步或一步上网击球。

（1）右边上网步法

如图 9-14 所示，可采用两步或三步交叉步加蹬跨步移动的方法；也可采用垫一步再跨一大步移动的方法上网。

（2）左边上网步法

如图 9-15 所示，同右边上网步法，只是移动方网是朝左边网前，如两步跨步上网。

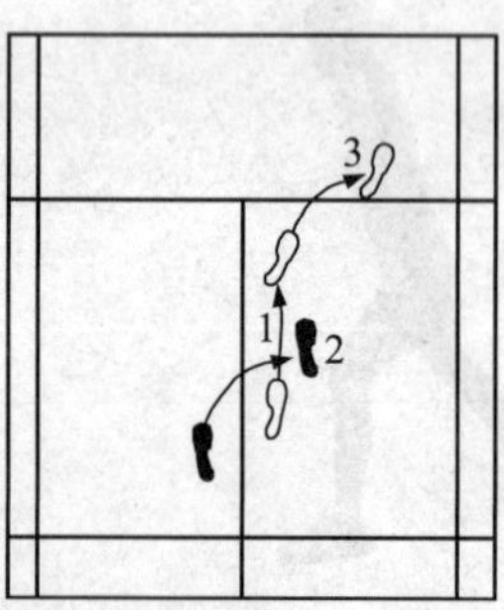

图 9-14　右边上网步法

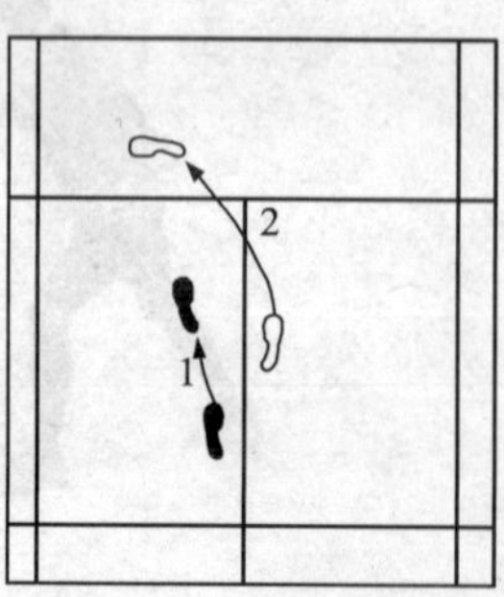

图 9-15　左边上网步法

2. 后退步法

从中心移动到后场各个击球点的位置上击球的步法，称为后退步法。

（1）正手击球后退步法

见图 9-16：（a）三步并步后退；（b）三步交叉步后退所示，分为侧身并步后退和交叉步后退两种。主要动作方法：在对方击球刹那间，判断来球，迅速调整重心至右脚。接着右脚蹬地快速向右后撤一小步，上体右转侧身对网，以交叉步或并步移动到接近击球点的位置。在移动的同时必须完成举拍准备动作，最后一步利用右脚（或双脚）蹬地起跳并在空中转体，击球后左脚后撤落地缓冲，右脚前跨以利于迅速回动。

（2）反手击球后退步法

见图 9-17：（a）三步后交叉后退；（b）两步后退所示，调整重心后，右脚后撤一步，接着上体左转，左脚随即向左后退一步，右脚再跨出一步，背对网，作底线反手击球。反手击球后退步法应根据来球距离的远近调整步法。如离来球较近，可采用两步后退步法，上体向左后转，左脚同时后撤一步，右脚再向左后跨一步，作底线反手击球。如距来球较远，则采用三步或五步后退步法：右脚先垫一步，而后左脚向后方跨一步，再按右、左、右向后退。但无论是几步，反手击球后退步法最后一步应右脚在后，重心在右脚上。

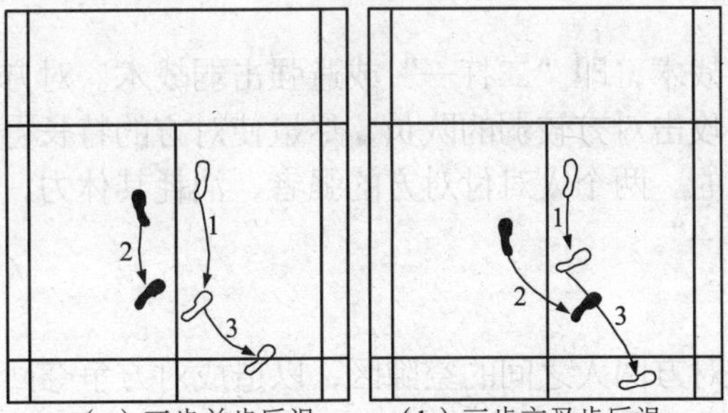

（a）三步并步后退　（b）三步交叉步后退

图 9–16　正手击球后退步法

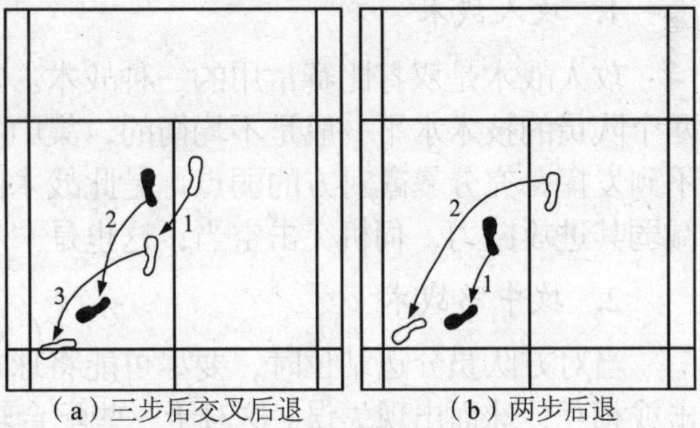

（a）三步后交叉后退　（b）两步后退

图 9–17　反手击球后退步法

3. 两侧移动步法

两侧移动步法多用于接对方的杀球和击来的半场低平球。其站位和准备姿势与上网步法基本相同。

（1）向右侧移动步法

两脚左右开立脚跟稍提起，根据来球，调整重心，上体稍倒向左侧，左脚掌内侧用力起蹬，右脚同时向右侧转跨大步。如距来球较远，左脚向右垫一小步再起蹬，右脚同时向右侧转跨大步。

（2）向左侧移动步法

根据来球，调整重心，上体稍倒向右侧，右脚掌内侧用力起蹬，左脚同时向左侧转跨大步。来球较远时，左脚先向左侧移半步，上体向左转身的同时右脚向左前交叉跨大步。

9.3　羽毛球运动的基本战术

本节将讲解羽毛球的单打战术和双打战术。

9.3.1　单打战术

1. 发球抢攻战术

运动员利用发球使对方被动，为自己创造进攻的一种战术。这种战术一般用发网前球结合平快球、平高球，争取第三拍的主动进攻。运动员使用这一战术，可以打乱对方的整个战略部署，造成对方措手不及。运用此战术时，要求运动员应具有高质量的发球，否则难以成功。

2. 攻前击后战术

这种战术是先以吊球、放网前球、搓球吸引对方到网前，然后用推球、平高球或杀球突击对方的后场底线。它一般用于对付上网步法较慢或网前球技术较差的对手。采用此战术，要求运动员首先具有较好的网前击球技术。

3. 打四方球战术

这种战术是以快速、准确的落点攻击对方场区的四个角落，逼迫对方前后奔跑、被动应付，并在其回球质量下降或露出破绽时乘虚而攻之。它用于对付体力差、反应和步法移动慢的对手。

4. 打对角线战术

这种战术无论是进攻还是防守均以打对角线为主。从而迫使对方在移动中多做转体，多走曲线。它用于对付身体灵活性差、转体较慢的对手。

9.3.2 双打战术

1. 攻人战术

攻人战术是双打比赛常用的一种战术。攻人战术，即“二打一”或避强击弱战术。对方两个队员的技术水平一般是不均衡的，集中力量攻击对方较弱的队员，尽量使对方的特长得不到发挥，充分暴露对方的弱点，是此战术的目的。两个人对付对方的强者，消耗其体力，减弱其进攻威力，伺机突击空当，这也是“二打一”。

2. 攻中路战术

当对方队员分边站位时，要尽可能将球攻到对方两人之间的空隙区，以造成对方争夺回击或相互让球而出现失误。这对于一些配合较差的对手，较行之有效。当对方成前后站位时，将球还击到两人之间靠边线的位置上。

3. 软硬兼施战术

软硬兼施战术先用吊网前球或推半场球迫使对方被动防守，而后大力扣杀进攻。若硬攻不下，则重吊网前球，待对方挑球欠佳时，再度强攻。此时，攻击对象最好是选择对方刚后退而立足未稳者。

4. 后压前封战术

当本方取得主动欲采取攻势时，站在后场者见高球则强攻杀球或吊网前球，迫使对方被动还击；站在前场者则应立即积极移位，准备封网扑杀。这种战术要求打法比较积极，前半场技术要好，步法移动要快，配合要默契。

9.4 羽毛球运动的主要规则

本节将介绍挑边、计分、站位、间歇、违例、重发球、交换场区等基本竞赛规则。

9.4.1 挑边

赛前，采用挑边的方法（抛硬币）来决定发球方和场区。挑边赢者将优先选择是发球或接发球，还是在一个半场区或另一个半场区比赛。输者在余下的一项中选择。

9.4.2　计分方法

羽毛球世界联合会于 2006 年 5 月在日本东京举行的年度代表大会上，正式决定实行 21 分的新赛制。2006 年 5 月在日本东京举行的汤姆斯杯和尤伯杯赛上率先试行三局 21 分的赛制。这一赛制将成为今后所有羽毛球国际大赛的通用赛制，第二十九届奥运会也将采用这一赛制。21 分的赛制对于提高运动员的积极性、减少运动员受伤以及电视转播等方面较 15 分制有更大的优势。

世界羽联 21 分制实行每球得分制，所有单项的每局获胜分皆为 21 分，最高不超过 30 分。每场比赛采取三局两胜制，先到 21 分的一方赢得当局比赛。如果双方比分为 20:20 时，获胜一方需超过对手 2 分才算取胜；直至双方比分打成 29:29 时，那么先到第 30 分的一方获胜。首局获胜一方在接下来的一局比赛中先发球。

9.4.3　站位方式

1. 单打

当发球方得分数为 0 或偶数时，双方运动员均在各自的右发球区发球或接发球；当发球方的分数为奇数时，双方运动员均在各自的左发球区发球或接发球。

2. 双打

比赛中，当比分为 0 或偶数时，球由右发球区对角发向对方场地的右接发球区；当比分为奇数时，球由左发球区对角发向对方场地的左接发球区。比赛中，只有当一方连续得分时，发球者必须在右或左发球区交替发球，而接发球方队员的位置不变。其他情况下，选手应站在上一回合的各自发球区不变，以此保证发球者的交替。

双打比赛无论是在开始还是在赛中，皆为单发球权，也就是说每次一方只有一次发球权。发球方失误不仅丢失发球权也将丢失 1 分，如果这时得发球权的一方得分为奇数时，则必须是位于左发球区的选手发球，如果此时得发球权的一方得分为偶数时，则必须是位于右发球区的选手发球。

双打比赛只有接发球队员才能接发球，若其同伴接发球或被球触及则“违例”，判发球方得分，当发球被回击后，球可由二人中任一人击回，不得连击，如此往返直至死球。双打比赛发球时，发球队员和接发球队员必须站在规定的发球区和接发球区内发球和接发球，他们的同伴站位可以不受限制，但不得妨碍对方。运动员发球和接发球顺序有误，已得比分有效，纠正方位或顺序。

9.4.4　赛中间歇方式

每场比赛均采用三局两胜制。当任一方在比赛中得到 11 分后，比赛将间歇 1 分钟；两局比赛之间的间歇时间为 2 分钟。

9.4.5　比赛中常见的违例

（1）过手违例——发球时，在击球的瞬间，发球员的拍杆应指向下方。否则，将判违例。

（2）过腰违例——发球时，在击球的瞬间，整个球应低于发球员的腰部。否则，将判违例。

（3）挥拍有停顿——发球开始后，挥拍动作不连贯，将判违例。

（4）脚移动、触线或不在发球区内——自发球开始至发球结束，发球员或接发球员的两脚都必须有一部分与球场地面接触，不得移动，且都必须站在斜对面的发球区内，脚不得触及发球区或接发球区的界线。否则，将判违例。

（5）最初击球点不在球托上或发球时未能击中球，将判违例。最初击球点不在球托上是指发球时，球拍先触及羽毛或同时击中羽毛和球托。

（6）发球时，球没有落在规定的接发球区内，将判违例。如发出的球没有落于对角的场区内或不过网，或挂在网上、停在网顶等。球从网下或网孔穿过或触及天花板或触及运动员的身体或衣服，将判违例。

（7）球触及球场或其他物体或人，将判违例。击球点超过网的向上延伸面，即在对方场区上空击球，将判违例。

（8）运动员的球拍从网上、网下侵入对方场区导致妨碍对方或分散对方注意力或妨碍对方、阻挡对方靠近球网的合法击球，将判违例。

（9）同一运动员连续两次挥拍击中球，或双打的同方两名队员连续各击中球一次，将判违例。

（10）球停在球拍上，紧接着被拖带抛出，将判违例。

（11）运动员严重违反或屡次违反比赛的连续性的规定或运动员行为不端，将判违例。如擅自离开比赛场地喝水、擦汗、换球拍、接受场外指导等，或故意改变球形或破坏羽毛球或举止无礼等。

9.4.6 重发球

（1）重发球时，原回合无效，由原发球员重新发球。

（2）除发球外，球过网后，挂在网上或停在网顶，判重发球。

（3）发球时，发球方和接发球方同时被判违例，将重发球。

（4）发球方在接发球方未做好准备时，将球发出，判重发球。

（5）球在飞行时，球托与球的其他部分完全分离，判重发球。

（6）裁判员对该回合不能做出判决时，将判重发球。

（7）出现意外情况，判重发球。

9.4.7 交换场区

（1）第一局比赛结束时，双方应交换场地。

（2）若局数为 1:1 时，在第三局比赛开始前，双方应交换场地。

（3）在第三局比赛中，领先一方比分达到 11 分时，双方应交换场地。

（4）若应交换场地而未交换时，一旦发现应立即交换，已得分数有效。

思考与练习

（1）羽毛球运动的基本技术有哪些？

（2）羽毛球运动的基本战术有哪些？

（3）羽毛球运动的竞赛规则有哪些？

活动与探索

若条件允许，可组织羽毛球比赛。

第10章 网球

本章将概述网球运动的起源、发展、场地、器材、规则等，并详细讲解了其基本动作、战术技巧等。

10.1 网球运动概述

本节将介绍网球运动的起源和发展。

网球（Tennis）运动历史悠久，其早在13～14世纪，便盛行于法国、英国的宫廷，被称为皇家网球。1873年，英国人温菲尔德改进了早期的网球打法，使之成为能在草坪上进行的一项运动，取名为“草地网球”，并出版了《草地网球》手册，制定了最早的网球运动规则。温菲尔德因此被人们称为近代网球运动的创始人。1877年7月，在英国的温布尔登举行了第1届草地网球比赛，这标志着近代网球运动的开始。

网球比赛分男子单打、女子单打、男子双打、女子双打、混合双打、男子团体和女子团体7个项目。影响较大、较著名的网球赛事包括温布尔顿网球锦标赛、美国网球公开赛、法国网球公开赛、澳大利亚网球公开赛。凡参加“四大赛”的选手，如有一名（单打）或两名（双打）运动员能在一个年度内赢得这四个锦标赛的单打或双打冠军，便被誉为“大满贯得主”。

10.2 网球运动的基本技术

本节将阐述握拍、基本步法、发球、接发球、底线正手击球、底线反手击球、截击球等网球运动的基本技术。

10.2.1 握拍

目前，网球基本的握拍法可分为三种：东方式握拍法、西方式握拍法、大陆式握拍法。

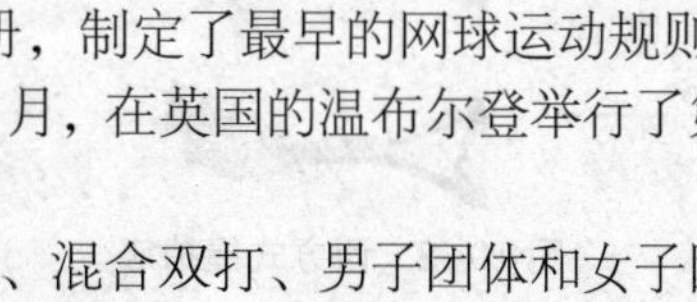

图10–1 东方式握拍法

1. 东方式握拍法

东方式握拍法分为正手握拍法和反手握拍法。

（1）正手握拍法

如图10-1所示，握拍手的虎口对正拍柄右上侧棱，手掌根与拍柄右上斜面紧贴，拇指垫握住拍柄的左垂直面，食指稍离中指，食指下关节压住拍柄右垂直面，五指紧握拍柄。拍面与地面垂直，手握拍柄好像与人握手一样。也称“握手式”握拍法。

（2）反手握拍法

在正手握拍法的基础上把手向左转动 1/4（即转动 90°）或拍柄向右转动 1/4（即转动 90°），虎口对正拍柄左侧棱面。即用手掌根压住拍柄的左上斜面，拇指直贴在拍柄的左垂直面上，食指下关节压住右上斜面。

2. 西方式握拍法

如图 10-2 所示，握拍时，球拍面与地面平行，拇指与食指几乎成直角，拇指直伸压住拍上平面，食指下关节握住右上斜面，与拍底平面对齐，手掌从上面握住拍柄。这是底线上旋攻击型打法的首选握拍方法。这种握拍法的优点在于能击出强有力的上旋球，且稳定性强。但是其技术难度相对较大，初学者在开始学习时较难掌握。

3. 大陆式握拍法

如图 10-3 所示，由于其形状像握着锤子的样子，所以又称为握锤式握拍法。由拇指与食指形成的“V”字形虎口放在拍柄的上平面与左上斜面的交界线上，手掌根部贴住上平面，与拍柄底部平齐，大拇指与食指不分开，食指与其余三个手指稍分开，食指下关节紧贴在右上斜面上。这种握拍法的优点在于无论是正、反手击球时都不需要转换握拍，简单灵活。但是底线击球时不容易发力，因此是底线的攻击性打法所不适宜采用的握拍方法。

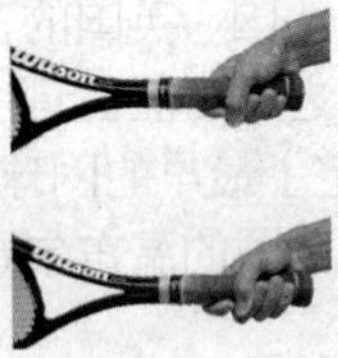

图 10-2　西方式握拍法

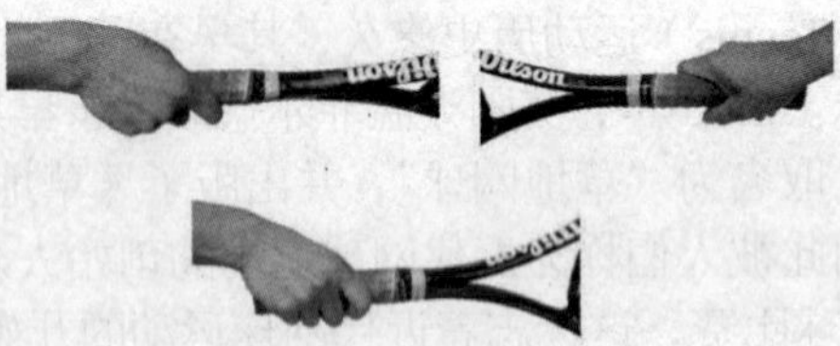

图 10-3　大陆式握拍法

10.2.2　基本步法

网球击球时，其脚步主要采用“开放式”和“关闭式”两种方法。

1.“关闭式”步法

如图 10-4 所示，左脚向来球的方向迈出一步，两脚的假想连线与来球的方向平行。这种步法在底线正反手击球和网前截击中大量运用。初学者应首先学习这种步法。

2.“开放式”步法

如图 10-5 所示，击球时，两脚平行站立，以前脚掌为轴，转胯转体形成击球步法。通常在有一定技术基础的前提下运用这种步法。

图 10-4 “关闭式”步法

图 10-5 “开放式”步法

10.2.3　发球

发球动作由准备姿势和站位、抛球与后摆动作、挥拍击球和随挥动作四个技术环节组成。下面介绍几种常见的发球方法。

1. 平击发球

如图 10-6 所示，平击发球的击球点应在身体的右前上方，击球的后上部，挥拍时“鞭击”动作发力要集中，充分向上伸展身体以获得最高的击球点来提高命中率。这种发球几乎没有旋转，球差不多笔直地下去，力量大，往往贴着网才能进入场内，在绝大多数场地上球反弹较低，一般用于第一发球，发球成功时有时能直接得分，但平击发球失误率较高。

图 10–6　平击发球

2. 切削发球

这种发球实用且易掌握，对初学者最适宜。它是一种以右侧旋转（稍带上旋）为主的发球法，球抛在右侧前上方，球拍击球部位在球的右侧偏上方，整个挥拍动作是从右侧上方至左下方，使球产生右侧旋转。球的飞行路线是一条从右向左的弧线，可以提高命中率并把对方拉出场外回击，尤其在右区发球。削击发球的准确率高，常用于第二发球。

3. 上旋发球

如图 10-7 所示，上旋发球时，抛出球的位置在头后偏左的头上方；拍面的触球点在球的中部偏下方；击球时身体成弓形，利用杠杆力量对球施加旋转，球拍快速从左向右上方挥动，并从下向上擦击球的背面，使球产生右侧上旋。球的过网点较高，落地急速，球落地后反弹很高，但这种发球难度较大。

图 10–7　上旋发球

10.2.4　接发球

接发球在态势上是被动的，受发球方的制约，并且发球在瞬间千变万化，多数发球都指向接球方软弱的地方，因此，接发球技术是最难掌握的技术之一。

温馨提示　接发球的指导思想：摆脱被动，力争主动，敢于迎接强有力的发球挑战。

接发球的站位，一般位于端线附近，力求在接发球时向前移动击球。同时，保持着两脚平行站位，比肩略宽，右手持拍者一般右脚稍前，两膝微屈，上体稍前倾，脚跟提起，将球拍置于体前。

在接发球的全过程中眼睛始终要注视来球，一直到完成还击动作。要观察对手的抛球，这样有利于判断发球的方向和旋转。对方第一次发球时多采用大力发球，站位应偏后一些；如果对方是第二次发球，站位可略向前移，这样有利于采取攻击性的还击。

接大力发球时不要做大幅度的后摆动作，主要是控制好拍面角度，并握紧球拍，以免拍面被震转动。还击来球之前要观察对方行动，对自己的回球路线和落点要有所考虑。选择好接发球落点，对控制对手发球后抢攻有重要意义。

10.2.5　底线正手击球

1. 正手平击球

如图 10-8 所示，后摆引拍时，手腕稍上翘使拍头高于手腕，并引拍至头部同高。挥拍时手腕相对固定握拍，以减少拍面挥动过程中的变化。击球时拍面与地面保持垂直并以同样拍面继续前挥。击球后，球拍向前挥动于左肩上方自然收拍。这种击球方法简单易学，适合初学者使用。

图 10-8　正手平击球

2. 正手上旋击球

如图 10-9 所示，正手上旋球是从网球的后下方向前上方挥拍，整个球体受摩擦，产生一种从后下方朝前上方的旋转。其特点是飞行弧线高，落地迅速，落地后弹起的反射角度较小，产生较大的前冲力。这种击球方法适合于有一定技术基础，能发力击球的人使用。

图 10-9　正手上旋击球

3. 正手削球

如图 10-10 所示，是指以底线正手切削方法击出下旋球的技术动作。后摆引拍时，直线将球拍引至身体后侧，动作较小。挥拍时手腕固定握拍，使拍面斜向地面稳定前挥。击球时用斜向地面的拍面以切削动作在身体侧前方击球。击球后球拍随球前送，并在身体前方以左手扶拍结束动作。

图 10-10 正手削球

10.2.6 底线反手击球

1. 反手平击球

特点是球速快，球的飞行路线比较平直，球落地后的前冲力量大。其动作方法：后摆引拍时右脚向左侧前方跨出并用力踏地，屈膝降低重心。击球时手腕绷紧，使球拍与地面垂直。挥拍击球的路线是从后向前上方比较平缓的挥击，同时左臂自然展开留在身后，保持身体的平衡。击球后，球拍应随着惯性挥至右肩上方，持拍手臂挥直。

2. 反手下旋球

如图 10-11 所示，反手下旋球又称为反手削球，一般是防御性的。削球时挥拍不要过于用力，击球后拍面向上做托盘状运动。击球后，不要急于把球拍提拉起来，应该让球拍平稳向前运动一段距离。下旋球的好处是击出的球向下旋转，飘向对方场区后回弹高度较低，落地后还可向前滑行。这种击球方法较为简单易学，且比较安全，适合于初学者使用。

图 10-11 反手下旋球

3. 双手反手击球

这种击球方法由于双手握拍，拍面容易稳定，初学者易于学习和掌握。如图 10-12 所示，双手反手击球的准备姿势与单手反手击球相同，左手在转肩引拍的同时，顺着拍柄下滑至双手相接成双手反手握拍，引拍尽量向后，转动上体，使右肩前探侧身对网，手腕固定球拍稍稍低于击球点，右脚向左前方跨一步，重心落在左脚上，球拍从低向高向前挥出，击球点同腰高，比单手反手击球点略靠后，重心前移，随上体移动将球拍充分挥向右前上方，拍头朝上。然后迅速回到准备姿势。

图 10–12　双手反手击球

10.2.7　截击球

截击球是指凌空击对方来球的技术动作，即当球在落地之前将来球击回对方场区，可以在网前截击，也可以在场内任何地方截击空中球。截击球以网前截击为主。截击球的特点是缩短击球距离，扩大击球的角度，加快回球速度，在网球比赛中成为一种主要打法和进攻手段。

1. 正手截击球

如图 10-13 所示，后摆引拍时，左脚立即向右前方跨出，同时转肩，带动球拍向后引，拍头要高于握拍手，绷紧手腕，握紧球拍。截击球的动作有点像挡击或撞击，在拍面短促向前撞击的同时微微向下做切削球的动作，击球时保持拍头上翘，拍面稍向后仰。击球后有一个小幅度向前的随挥动作，随挥过程仍紧握拍。

图 10–13　正手截击球

2. 反手截击球

对大多数人来说，反拍截击比正拍截击更容易，因为它更符合人体解剖学肌肉用力结构特点。其技术要点是：如图 10-14 所示，后摆引拍时，右脚立即向左前方跨出，左手扶拍手向后拉拍，同时转肩，做短距离后摆引拍动作，拍头高于握拍手，眼睛注视来球。挥拍击球时，左手松开稍后伸，右手握紧球拍前挥并在身体前方切削来球。向前挥拍时，两只手的动作好像在拉长一根橡皮筋，以保持身体平衡。

图 10–14 反手截击球

10.3 网球运动的基本战术

本节将讲解网球单打战术和双打战术。

10.3.1 单打战术

1. 变换发球的位置

一个聪明的队员要知道通过改变发球的位置来取得优势。因为这种战术迫使对手必须从不同角度来判断不同旋转的球，回球的难度会大很多。

2. 发球上网战术

发球上网是利用发球的力量进行主动进攻，先发制人，然后上网抢攻的一项主要战术。它是上网型选手在比赛中的主要得分手段。

3. 接发球破网战术

对付发球后直接冲到网前的对手，挑出有深度的高球是相当有效的破网方法。

4. 攻击对方反手

众所周知，绝大部分球员的反手是比较弱的，只要加大力量攻击对方反手，迫使对方逐步离开场区的位置，就可掌握主动权。

5. 不上网战术

发球或接发球之后，如果自己不上网，应该把对方也控制在端线后面，使对手也难以找到得分的机会。在一次较长的端线来回球中，谁耐不住性子，谁就有可能因失误而失分。

10.3.2 双打战术

1. 发球上网抢网战术

运用抢网战术首先是网前同伴可以在背后做手势，告诉发球员应发什么落点，抢与不抢；

采取此战术可以干扰对方接发球，为发上网前得分及抢网得分创造条件。其次要强调发球员的发球质量、成功率和落点的变化。

2. 澳大利亚网前战术

澳大利亚网前战术的特别之处是发球方的一名同伴以低姿势在网前的中央准备截击。这样能给接发方造成很大的压力，起到破坏对方接发球节奏，为发球上网截击和抢网创造有利条件。运用这一战术时，要求同伴告知发球落点和抢与不抢，另外第一发球成功率要高，这样才能有良好的战术效果。

10.4 网球运动的基本规则

本节将介绍选手数量、赛制等网球比赛的基本规则。

网球比赛参赛选手数量为：男、女单打各 64 名，男、女双打各 32 对。为了避免高水平球员的过早相遇，按照世界排名，单打前 16 位和双打前 8 位的球员及组合被列为种子选手，抽签时提前分开，同时来自同一国家或地区的选手也要分到不同的半区。

比赛采取单淘汰赛制，每轮只有获胜者才能进入下一轮比赛。除了在男子单打决赛中采用五盘三胜制外，其他所有的比赛将采用三盘两胜制；除了在男子单打的第五盘以及其他比赛的第三盘，即决胜盘的比赛中，只有净胜两局才能赢得该盘比赛（长盘制）外，其他每盘比赛都采用平局决胜制（抢七局）。

思考与练习

1. 网球运动的基本技术有哪些？
2. 网球运动的基本战术有哪些？
3. 网球运动的主要规则有哪些？

活动与探索

若条件允许，可组织网球比赛。

第11章 毽球

11.1 准备姿势与移动

在毽球比赛中任何技术和战术的应用，都是从准备姿势和移动开始的。

（一）准备姿势

准备姿势的作用就是准备动员身体最大的能力，抓时机，快速移动，及时发挥各种攻防技术。

毽球比赛的准备姿势有：两脚左右开立和前后开立两种。

1. 两脚左右开立的准备姿势

两脚左右开立，比髋略宽，脚跟稍提起，脚掌内侧着地，两膝稍弯曲内扣，重心稍降，上体放松前倾，两臂自然屈于体侧，目视来球，保持静中待动状态。

2. 两脚前后开立的准备姿势

两脚前后开立，支撑脚在前，左右脚间隔略宽于髋，前脚稍内扣，用脚掌内侧着力，后脚稍内扣，脚跟提起，用前脚掌内侧着地，两膝弯曲内扣，重心稍前移下降，两臂自然屈于体侧，目视来球，保持静中待动状态。

（二）步法移动

移动的目的就是调整好人与球的最佳位置，有利于更好地发挥传、接、攻、防等各种技术。因此，移动必须快速准确，在一般情况下，步伐移动有下列八种。

1. 前上步

前上步或者斜前上步时，踢球脚蹬地，支撑脚向前或向斜前方迈出一步，踢球脚跟上成踢球准备姿势（见图 11-1）。

2. 后撤步

后撤时，支撑脚前脚掌向后蹬地，使重心后移，同时踢球脚向后迈出一步，支撑脚跟上成踢球准备姿势（见图 11-2）。

3. 左右滑步

左右开立准备姿势，左（右）脚发力侧蹬地面，重心侧移，同时右（左）脚向侧迈出，左（右）脚迅速跟上，成准备姿势，也可连续滑步（见图 11-3）。

图 11–1 前上步

图 11–2 后撤步

4. 交叉步

向右（左）交叉移动时，左（右）脚向右（左）侧蹬地，把身体重心移到右（左）脚，左（右）脚从右（左）脚前往右（左）侧交叉迈出，同时右（左）脚向外侧蹬地，从左（右）脚后侧迈出，成踢球准备姿势。

5. 跨步

踢球脚蹬地，支撑脚用力向前或者斜前方跨出一大步，踢球脚跟进跨出成准备救球姿势（见图 11-4）。

图 11–3 左右滑步

图 11–4 跨步

6. 并步

（1）前并步时，右（左）脚向后蹬地，身体重心前移，左（右）脚向前迈一小步，同时右（左）脚并步跟上成准备接球或起动姿势（见图 11-5）。

（2）左（右）并步时，右（左）脚向左（右）侧蹬地，重心向左（右）移，左（右）脚向左（右）侧迈出一小步，（左）脚并步跟上成准备姿势。

7. 转体上步

右转体时，以右脚尖为中枢，左脚发力蹬地，重心下降稍向右后移，以髋带动向右转体 90°～180°，上步成踢球准备姿势；左转体时，以左脚为中枢，右脚蹬地，重心稍下降经左脚前侧向左后转体 90°～180° 迈出一步，左脚跟进上步成踢球准备姿势（见图 11-6）。

图 11–5 并步

图 11–6 转体上步

8. 跑动步

跑动的第一步基本同前上步的第一步，第二步开始进入逐渐降低重心的正常跑动，最后止步时应有制动动作（脚跟先着地）并重心稍下降成踢球准备姿势（见图 11-7）。

图 11-7　跑动步

11.2　踢传球技术（均以右脚踢球为例）

1. 踢球

一般踢球方法有：脚内侧踢球、脚外侧踢球、脚正背踢球三种（简称内、外、正踢球）。

（1）脚内侧踢球

动作要领：左脚支撑身体，右大腿带动小腿屈膝上摆，同时以髓关节为轴，膝关节向外张，小腿向上摆，击球的一刹那踝关节内屈端平，用脚弓内侧把球向上踢起（见图 11-8）。适用于接踢一般来球。

图 11-8　脚内侧踢球

（2）脚外侧踢球

动作要领：左腿微屈膝，右腿大腿带动小腿，以髋关节为轴，屈膝内收向体外侧上摆，小腿击球的一刹那勾脚尖，踝关节外屈端平，用脚背外侧足弓部位把球向上踢起。适用于接踢飞向体侧的来球。

（3）脚正背踢球

脚正背踢球方法有：屈膝提踢、绷脚铲踢、直腿挑踢三种，其共同点是单腿支撑，用脚趾跟部位踢球。适用于飞向体前近侧低点来球。

2. 触球

触球方法有：腿触球、腹触球、胸触球、肩触球和头触球五种。

（1）腿触球

动作要领：左腿支撑身体，右腿屈膝大腿带动小腿上摆，当球下落到略低于髋部时，用大腿的前半部分（靠膝盖部位）向前上提拉触球（见图 11-9）。适用于正对膝部来球。

教学重点：以髋关节为轴心，大腿长度为半径的弧形上提发力。

教学难点：小腿充分放松，以大腿带动小腿。

图 11-9　腿触球

（2）腹触球

动作要领：两腿自然开立稍下蹲，稍含胸收腹对准来球，当腹部触球的一刹那稍挺腹，如来球过猛，也可不挺腹，使球自动轻弹出。适用于近体迎面中下部来球。

教学重点：放松位移对准来球。

教学难点：被动击球，主动低点起球。

（3）胸触球

动作要领：两腿自然开立稍下蹲，当球传到胸前约 10 厘米处时，两臂自然微屈，两肩稍向后拉挺胸，同时两脚蹬地，身体挺起（也可不挺起）用胸部触球。适用于近体中上部快速来球。

教学重点：身体放松、积极移动对准来球。

教学难点：被动击球、主动低点起球。

（4）肩触球

动作要领：两脚自然开立对准来球，当球传到肩前约 10 厘米处时，肩稍后拉前摆，用肩部击球。适用于近体上部中速来球。

教学重点：身体放松、积极移动对准来球。

教学难点：被动击球、主动低点起球。

（5）头触球

动作要领：两脚自然开立，当球传到头前约 10 厘米处时，两脚微蹬地，同时颈部稍紧张向前迎送摆头，用前额触球。适用于近体顶部中速来球。

教学难点：移动用额头部位对准击球。

教学重点：缓冲摆动击球。

3. 传球

传球技术在接发球、一传和二传组织进攻及组织防守反击中，起着串联和纽带的作用，是组织各种进攻战术的基础。毽球的传球一般有三种（脚内侧传球）。

（1）正向传球：

击球点在前，选好击球点，

大腿带小腿，将球托送前。

（2）背向传球：

击球点在前，选好击球点，

上体稍反弓，翻踢送背后。

（3）侧向传球：

击球点在前，选好击球点，

身体向侧晃，转髋送两边。

4. 发球

发球是进攻的开始，既可直接得分，又能破坏对方一传，为防守和反击创造有利条件。一般常用的发球方法有以下四种（见图 11-10）。

（1）脚内侧发球：持球抛体前，抬腿加转髋，小腿向前上，内踝加力用内足弓部位推踢球。

（2）正脚背发球：持球抛体前，抬腿绷脚面，小腿向前上，抖动加力用正脚背部位击踢球。

（3）脚外侧发球：持球抛体前，抬腿踝内转，大腿带小腿，用正脚背外侧部位加力击踢球。

（4）高点扫发球：侧对球网站立，持球稍高抛体前，外展抬大腿、屈小腿、向前扫发并弹踢小腿，用正脚背前段击踢球。（击球点可在髋部至头顶之间的任意高度）。

（1）　（2）　（3）　（4）

图 11-10　发球

11.3 进攻技术

1. 头部攻球

动作要领：面对来球正向或侧向助跑，单脚或双脚在限制线外起跳，在空中身体反弓，当球离额头前约10厘米左右时，突然用力收腹甩头，用头发把球击出。（该攻球动作受规则限制已不正常使用）

2. 倒勾攻球

倒勾攻球队员一般采用脚的正面、内侧、外侧和凌空倒勾扣球。现分述如下。

（1）正倒勾攻球动作要领：背向球网两脚平行站立，右腿蹬地起跳、也可上步起跳，左腿屈膝上摆，上摆到空中最高点时，左腿自然下摆，同时右腿屈膝大腿带动小腿用力上摆，当球下落到头的右侧斜前上方30～50厘米时，小腿用力摆出，击球的一刹那，脚腕抖屈，以脚趾或脚趾跟部位击球，随后左、右脚顺势依次缓冲着地，保持身体平衡（见图11-11）。其特点是：线路多、力量大，能变线，是进攻的主要手段；但攻球时背对防守者，易被对方拦网堵防。

图11–11　正倒勾攻球

（2）内倒勾攻球动作要领：基本同正面倒勾，所不同点是踢球腿向内侧头斜前上方摆动，踢球脚击球一刹那稍向内翻（见图11-12）。用脚内侧或脚面内侧击球，能打出转体或不转体的大小斜线球、直线球，其变化多、角度好，但技术动作难度大。

图11–12　内倒勾攻球

（3）外倒勾攻球：其方法基本同正面倒勾，仅在击球前腿向外摆出，用脚外侧或正脚面外侧击球，此时应大腿带动小腿从内向外侧边摆腿边翻转（见图11-13）。

（4）凌空倒勾攻球动作要领：背向球网两脚左右站立右腿用力蹬地，左腿屈膝稍向外侧上摆起跳，起跳到空中最高点，当球下落到身体内侧斜前上方时，左腿迅速下摆，同时右腿向内上摆，在空中向内转体，击球的一刹那，小腿加速上摆，脚背绷直，用脚趾或脚趾根部位击球，然后左脚右脚依次缓冲着地（见图11-14）。这种攻球难度大，攻击力强，力度好，但失误率较高。

图11–13　外倒勾攻球

图11–14　凌空倒勾攻球

3. 脚踏攻球

动作要领：距网2～3米面向球网站立，左脚向前迈出一步支撑身体或跳起腾空，右腿大腿带动小腿迅速上摆，当摆到距球10～20厘米时，以展髋、展腹、伸腿、压扣脚，用脚掌的前半部抖甩击球过网。

4. 肩压攻球

肩压攻球是一项辅助性进攻手段，当来球在近网上空，而攻球队员的站位又无法采用上述进攻方法时，可看准来球，迅速起跳，在空中用肩部前侧压击球（见图 11-15）。如使用确当，往往也能获得意想不到的攻球效果。

图 11–15 肩压攻球

11.4 防守技术

防守是毽球比赛争取得分的关键技术，也是缓解对方进攻的最好方法，从而为反击得分创造有利条件。防守技术一般有拦网、踢防、触防和跑防。

1. 拦网

拦网是在防守反击系统中重要的技术环节，有效的拦网能直接得分，削弱对方进攻威力和士气，并能组织强有力的反攻。

动作要领：距网 20 厘米左右，面向球网双脚平行开立，与肩同宽，双膝微屈、重心下降、自然收腹，上体稍前倾（倒勾、蹬踏）当对方击球时，两腿用力蹬地起跳，两臂收拢自然下垂于体侧，提腰收腹用胸部或头部堵击球。堵击后身体自然下落，双脚前脚掌先着地并屈膝缓冲。通常个人拦网技术有两种。

（1）原地拦网：同上动作要领。

（2）移动拦网：网前盯准击球点，脚步移动选准位，适时起跳是关键，横跳栏住过网点。

2. 踢防（见图 11-16）

（1）内踢防：球的落点在体前，快速移动到位，在向内横向摆动小腿的同时，脚腕向内侧端平完成击球、起球动作。

（2）外踢防：大腿在腰和髋关节的带动下，向横外侧或后外侧摆动小腿用脚外侧踢球，完成击球起球动作。

（3）挑踢防：当来球离体前稍远且较低时，看准来球，在踢球的瞬间，依靠髋膝踝关节带动，抖动上挑脚尖，用正脚背部位击球，完成击球、起球动作。

（4）提踢防：当球直对踝关节飞来时，可稍前倾上体，屈膝勾脚尖，用正脚背部位击球并向上提拉小腿，完成击球、起球动作。

（1）（2）（3）（4）

图 11–16 踢防

3. 触防

触防是三名队员根据对方攻球的具体情况，也可配合拦网，在准确判断扣球线路时，用膝关节以上的身体部位堵防球，防起对方的来球。

4. 跑防

跑防就是在对方攻球落在守方较大的空档区域，而球速又不是太快的情况下使用的跑动防守。要求防守者首先要有必胜的信心，敢于去追任何一个有难度的球；其次就是根据来球的具体情况，采用确当的防守技术“起球”。要提高跑防效果，必须做到：判断准确，起动迅速，跑动积极，起球稳重（见图 11-17）。

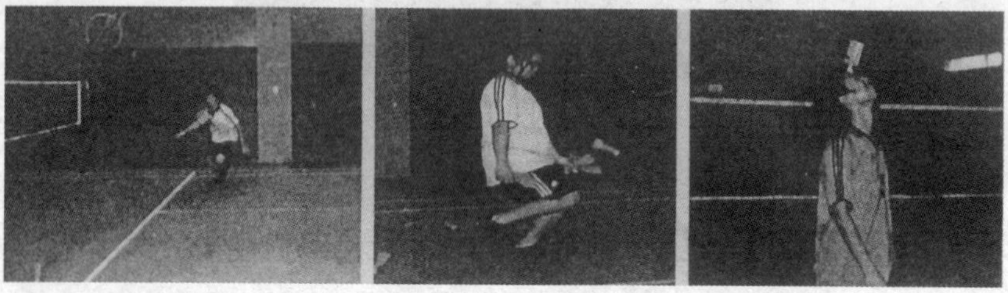

图 11–17 跑防

11.5 毽球基本战术

毽球战术就是毽球各项技术，在比赛实践中的组合运用。它是攻防双方根据各自具体情况，采取的有目的的集体配合下个人行动的综合体现。因此，当一支毽球队在掌握了一定基本技术后，就应该进行与该队相应技术相关的基本战术训练，并随着队员技术水平的逐步提高而不断加强其战术训练，以增强攻防抗衡能力，迅速提高整体实战水平。在通常情况下，毽球基本战术一般包括进攻战术和防守战术两部分。

（一）进攻战术

在拟定一个队的基本进攻战术时，首先要根据本方队员，特别是上场主力队员的具体情况，按照各自队员本身所特有的生理、心理、技术、意识等各自不同的个体差异，进行恰当的阵容搭配组合，再经过一定的训练实践检验，并结合对方的具体防守情况，进行有针对性的“微调”后，才能大致确定出本方一套或几套基本的进攻战术。可以说，在一定条件下，一个队基本战术运用得好坏，首先取决于该队出场阵容配备的针对性、合理性和临场指挥的科学性、灵活性。下面就毽球进攻战术的有关情况（不包括个人技术的战术运用）从三个不同阵容的配备上分述如下。

1. “一、二”阵容

“一、二”阵容就是在三个上场队员中，有一名主攻手和两名二传手的配备组合。这是一种最基本的阵容配备，它适用于球队在初级阶段时的战术需要。但是，如果随着训练水平的不断提高，该队有一名比较高大、且攻球力量凶狠、脚法细腻、头脑清醒的主攻手和两名脚下功夫较好的二传手，其战术打法虽变化不多，比较单一、简单，但由于分工明确，稳而不乱，往往也能打出较高的水平。

2. “二、一”阵容

“二、一”阵容就是在三名上场队员中，有一名主攻手、一名副攻手和一名二传手的配备组合。这种阵容配备，适用于有倒勾攻、脚踏攻各一名攻击力较强的攻球手和一名传球水平较高的二传手的队伍。其特点是：在一次进攻战术组织过程中，可同时组织两个攻击点，攻球变化多，并能互相掩护地攻

3. “三、三”阵容

“三、三”阵容就是在三个上场队员中，人人都是攻击手，又同时都是二传手。该阵容队员基本功扎实，各项技术，特别是攻球技术都比较全面，在任何一个轮次的任何一个位置上接发球，都随时可以组织起两个以上同时参与进攻的战术打法。其进攻战术组成率之高、战术变化之多以及适应能力之强，都是其他阵容所无法比拟的。目前只有少数水平较高的队采用这一阵容。

（二）防守战术

防守战术首先应根据对方进攻战术的不同特点，结合本方的具体情况，制订出一套或几套有利于防守反击的基本防守战术阵型，以适应防守不同进攻战术的需要。从某种意义上讲，队员在一定技术前提下，防守战术运用是否得当，是检验队员技战术水平和整体实力以及教练员指挥水平的标志。因此只有选好恰当的防守阵型、强化防守战术训练、以变应变地打好防守反击，才能变被动为主动，争取多得分，进而达到战胜对手的目的。

思考与练习

1. 简述毽球的基本技术。
2. 简述毽球的基本战术。

活动与探索

根据学生具体情况开展毽球对抗赛。

第 12 章

健美操

本章将概述健美操运动的起源与发展，详细讲解其基本动作、技巧等。

12.1 健美操运动概述

本节将概述健美操运动的渊源、分类等。

12.1.1 健美操运动的渊源

健美操（Aerobics）是一项以有氧练习为基础，融体操、舞蹈、音乐为一体的体育运动。其寓健身于娱乐之中，能有效地增进心肺功能，塑造优美的形体，陶冶艺术的情操。

自古以来，人类对自身的“美”，就有着执着的追求。孔子主张“尽善尽美”，讲究身体姿态端正。古希腊人采用跑跳、投掷、柔软体操和健美舞蹈等各种体育项目进行人体美的锻炼。而古印度的瑜伽术中，许多姿势与现代健美操的动作相一致。

1980 年，世界健美操冠军联合会（ANAC）成立。1983 年，国际健美操联会（IAF）成立。20 世纪 80 年代起，健美操运动在世界各地蓬勃发展。美国健身、影视明星简·方达编写了《简·方达健美术》，对健美操运动在世界范围的推广起到了积极作用。在法国，仅巴黎就有一千多个健美操中心。在前苏联、波兰、保加利亚等国，健美操已列入大、中、小学的体育教学大纲。在日本不仅有青年、妇女喜爱的健美操，还创编了孕妇健美操、婴儿健美操等。健美操以其鲜明的韵律感、全面的协调性、广泛的适用性、显著的实效性风靡全球。

12.1.2 健美操运动的分类

健美操的分类方法众多，根据练习的主要目的和任务，可分为竞技健美操和健身健美操；根据练习形式，可分为徒手健美操、器械健美操和特殊场地健美操；根据性别特征，可分为女子健美操和男子健美操；根据年龄特征，可分为幼儿健美操、儿童健美操、少年健美操、青年健美操、中年健美操和老年健美操；根据锻炼部位，可分为颈部健美操、肩部健美操、臂部健美操、胸部健美操、腹健美操、腰部健美操、髋部健美操、腿部健美操等。

12.2 健美操运动的基本动作

本节将具体介绍健美操的基本下肢动作、上肢动作和躯干动作。

12.2.1　下肢动作

健美操的基本步伐有 5 类：踏步类，迈步类，点地类，抬腿类和双腿类。

1. 踏步类

运动强度较低，两脚始终依次交替落地。

（1）路步

如图 12-1 所示，两腿原地依次抬起，依次落地，两臂自然前后摆动。落地时，由脚尖过渡到脚跟，踝、膝、髋关节依次有弹性地缓冲。

（2）走步

如图 12-2 所示，迈步向前走时，脚跟先落地，过渡到全脚掌；向后走时则相反。其技术要点基本与踏步相同。

图 12–1　路步

图 12–2　走步

（3）一字步

如图 12-3 所示，一脚向前一步，另一脚并于前脚，然后依次还原。前后均要有并脚过程；每一拍动作膝关节始终有弹性地缓冲。

（4）“V”字步

如图 12-4 所示，一脚向前侧方迈一步，另一脚随之向另一侧方迈一步，成两脚开立，屈膝，然后依次退回原位。两脚间距离略比肩宽，重心落于两腿之间。

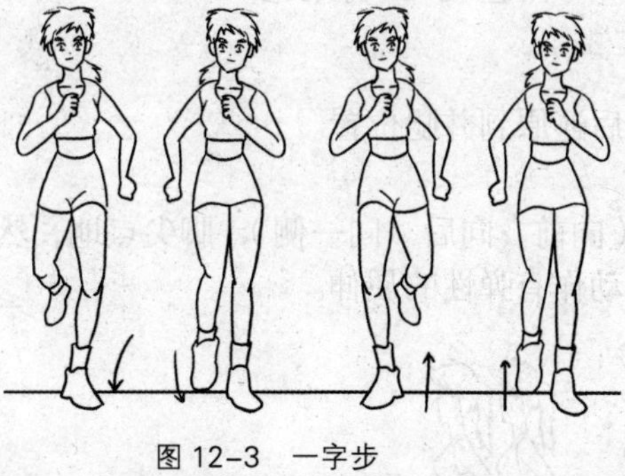

图 12–3　一字步

图 12–4　“V”字步

（5）漫步

如图 12-5 所示，一脚向前迈出，屈膝，重心随之前移，另一脚稍抬起，然后原地落下；或向后撤一步，重心后移，另一脚稍抬起，然后原地落下。动作富有弹性，身体重心随之前后移动。

（6）跑步

如图 12-6 所示，两腿经过腾空，依次屈膝落地缓冲，脚跟要着地，两臂屈肘摆臂。

图 12–5　漫步

图 12–6　跑步

2. 迈步类

一条腿先迈出一步，重心移至该腿，另一条腿用脚跟、脚尖点地或吸腿、屈腿、踢腿后向另一个方向迈步。

（1）并步

如图 12-7 所示，一脚迈出，另一脚随之并拢屈膝点地；再向反方向迈步。两膝保持弹动，重心随之移动，动作幅度和力度可随风格而定。

（2）侧交叉步

如图 12-8 所示，一脚向侧迈一步，另一脚在其后交叉，随之再向侧迈一步，另一脚并拢，屈膝点地。第一步脚跟先落地，屈膝缓冲，身体重心随脚步快速移动。

图 12–7　并步

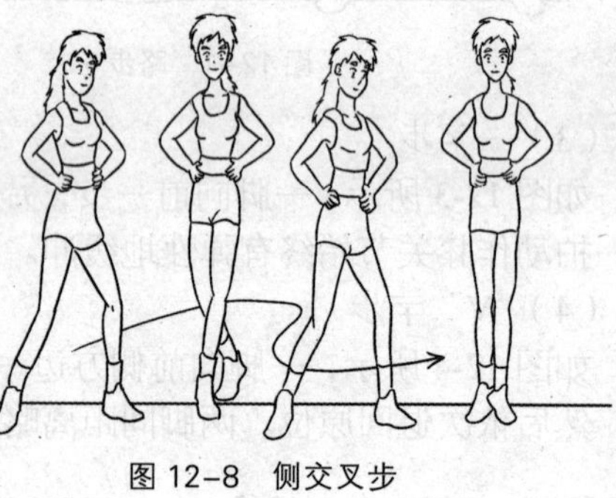

图 12–8　侧交叉步

3. 点地类

一腿屈膝站立，另一腿伸出，用脚尖或脚跟点地后还原到并腿位置。

（1）脚尖点地

如图 12-9 所示，一腿稍屈膝站立，另一腿伸出（向前、向后、向一侧），脚尖点地，然后还原到并腿姿势。支撑腿始终保持屈膝站立，并随动作有弹性的屈伸。

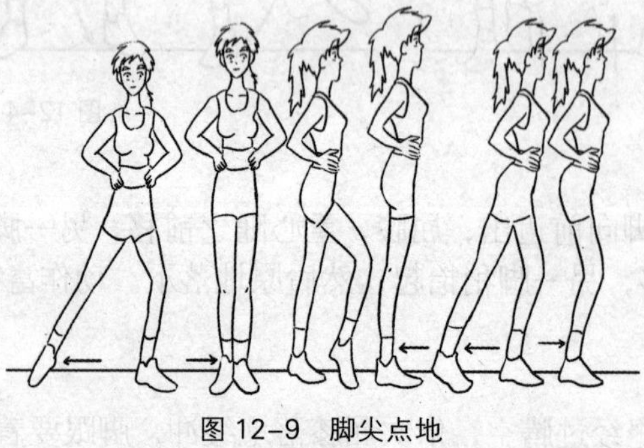

图 12–9　脚尖点地

（2）脚跟点地

如图 12-10 所示，一腿稍屈膝站立，另一腿伸出，脚跟点地，然后还原到并腿姿势。只可做向前和向侧的脚跟点地。

4. 抬腿类

一腿站立，另一腿抬起。

（1）吸腿

如图 12-11 所示，一腿屈膝抬起，落地还原。上体保持正直，大腿用力上提超过水平，小腿自然下垂。

图 12-10 脚跟点地

图 12-11 吸腿

（2）摆腿

如图 12-12 所示，一腿稍屈膝站立，另一腿做摆动。摆腿时，上体顺势前倾、后倾或侧倾。

（3）踢腿

如图 12-13 所示，一腿稍屈膝站立，另一腿抬起，然后还原。踢腿时，加速用力且有控制，上体保持正直。

图 12-12 摆腿

图 12-13 踢腿

（4）弹踢腿（跳）

如图 12-14 所示，一腿站立（蹬跳），另一腿先向后屈，再向前下方弹踢，还原。腿弹出时要有控制，无需太高，上体保持正直。

（5）后屈腿（跳）

如图 12-15 所示，一腿站立（蹬跳），另一腿向后屈膝折叠，放下腿还原。后屈腿脚跟靠近臀部，支撑腿有弹性地缓冲落地，两膝并拢。

5. 双腿类

双腿站立或跳跃，身体重心在两腿之间。

（1）并腿跳

如图 12-16 所示，两腿并拢跳起。落地缓冲且有控制。

图 12-14　弹踢腿（跳）

图 12-15　后屈腿（跳）

图 12-16　并腿跳

（2）分腿跳

如图 12-17 所示，分腿分立，屈膝半蹲（大、小腿夹角不小于 90°），向上跳起，分腿落地屈膝缓冲。

（3）开合跳

由并腿跳起，分腿落地，再由分腿跳起，并腿落地。分腿屈膝蹲时，两脚自然外开，膝关节沿脚尖方向弯屈。落地时，屈膝缓冲，脚跟着地。

（4）半蹲

分为并腿半蹲和分腿半蹲，两腿有控制地同时屈和伸。如图 12-18 所示，分腿半蹲时，两腿左右分开稍大于肩，脚尖稍外展，膝关节角度不小于 90°，与脚尖方向一致，上体保持直立。

（5）弓步

两脚前后分开，平行站立，一腿屈膝，脚尖与膝垂直，另一腿伸直，重心落于两脚之间。也可两膝皆屈，后腿的大腿垂直于地面（见图 12-19）。

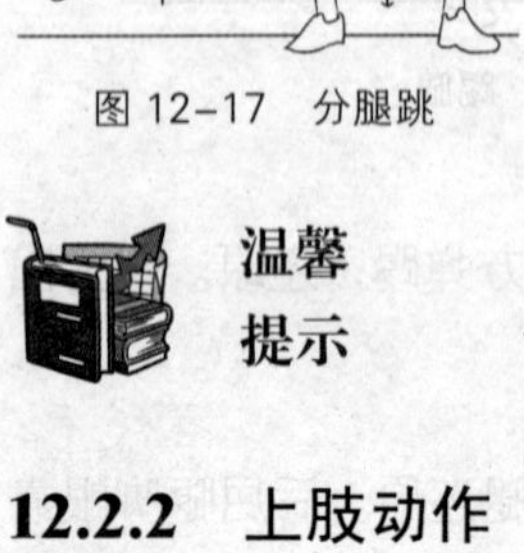

图 12-17　分腿跳

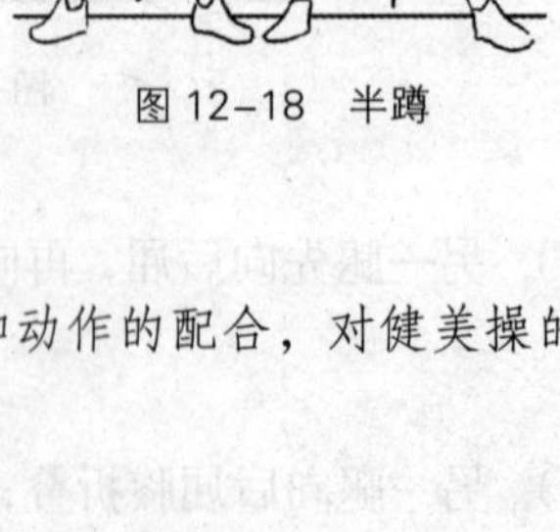

图 12-18　半蹲

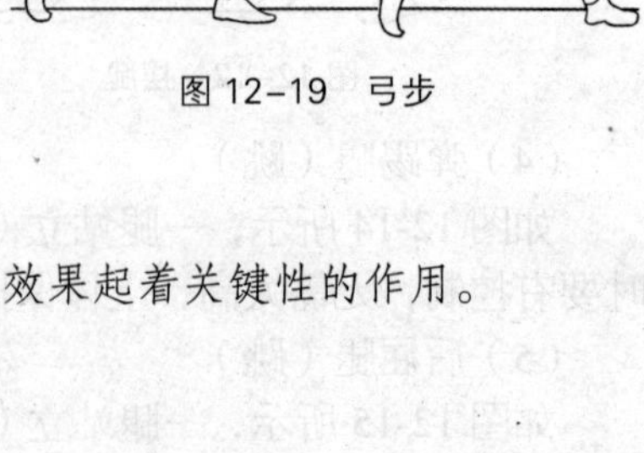

图 12-19　弓步

温馨提示　音乐和动作的配合，对健美操的艺术效果起着关键性的作用。

12.2.2　上肢动作

1. 手形

健美操中，手掌随臂的姿态而灵活变化，一般而言，手臂伸展时，手指和手腕随之伸展，手背呈反弓形；手臂弯曲时，手指、手腕放松，从肩至手指成一柔和弧线。恰当地运用各种手形，能使手臂动作更加丰富多彩、生动活泼。健美操常见手形如下所述。

（1）并拢式——五指伸直并拢，大拇指微屈，指关节贴于食指旁。

（2）分开式——五指用力伸直，充分张开，手腕保持一定的紧张程度。

（3）一指式——握拳，食指或拇指伸直。

（4）芭蕾手式——五指微屈，后三指并拢、稍内收，拇指内扣。

（5）拳式——握拳，拇指在外，指关节弯曲，紧贴于食指和中指。

（6）立掌式——五指伸直，手掌用力上翘。

（7）西班牙舞手式——五指用力，小指、无名指、中指自掌指关节处依次屈，拇指稍内扣。

（8）花式——在分开式的基础上小指伸直向掌心回弯到最大限度，无名指会随小指回弯。

（9）剑指——拇指与无名指、小指相叠，中指、食指并拢伸直。

2. 臂部动作

健美操的手臂动作包括举、屈、伸、摆、绕、绕环等（见表 12-1）。

表 12-1　健美操手臂基本动作

动作分类	动作界定	动作变化
举（摆/提/拉）	以肩为轴，臂伸直向某方向抬起并停止在某一部位，活动范围不超过 180°	单或双臂的前、后、侧举。其中双臂既可以做相同的动作，也可以做不同的动作；既可同时，又可依次，还可交叉
屈	肘关节产生一定的弯曲角度	包括胸前平屈、肩侧屈、肩上侧屈、肩下侧屈、肩上前屈、腰间屈、头后屈。既可以一臂做动作，又可以两臂同时做相同动作，也可以两臂依次做相同动作
绕（绕环）	以肩关节为轴，手臂在 180°～360°的运动为绕；大于 360°以上的圆周运动为绕环	单或双臂的前、后、内、外绕（环绕），小绕、中绕、大绕。两臂动作既可以同时，又可以依次

3. 肩部动作

单肩或双肩提肩、沉肩、收肩、展肩、绕肩、振肩等。

4. 躯干动作

躯干的波浪动作可向前、后、左、右依靠身体各部位依次完成，动作要协调、连贯。例如，前波浪是从下而上，后波浪从上而下等。

12.3　健美操竞赛的规则要点

本节将简要介绍健美操的评分方法、评分要点、不安全动作、处罚等。

12.3.1　总则

1. 定义

健身健美操：在音乐伴奏下，以身体练习为基本手段、以有氧运动为基础，达到增进健康、塑造形体、改善气质、达到娱乐休闲目的的一项运动。

2. 目的

制定本规则的目标是保证全国大众健美操比赛评分的客观性、规范性和公正性。

3. 比赛内容

规定动作比赛（全国健美操大众锻炼标准）、自选动作比赛。

4. 年龄与分组

儿童组（小学生），12 岁以下；少年组（中学生），13～17 岁；青年组，18～34 岁；中年组，35～49 岁；老年组，50 岁以上。

5. 参赛人数

规定动作：每队 5 人，性别不限，或按比赛规程执行。自选动作：可分为个人、双人和集体项目等，性别按规程执行。

6. 出场顺序

比赛的出场顺序在赛前由组委会竞赛部指定中间人抽签确定。

7. 比赛场地与设备

（1）赛台高 80～100 厘米，比赛场地为 12 米×12 米的地板或地毯，有背景挡。

（2）有专业的放音设备和舞台灯光。

（3）裁判席设在比赛场地的正前方。

8. 成套动作时间

（1）规定动作：成套动作时间按《全国健美操大众锻炼标准》规定时间执行。

（2）自选动作：成套动作时间为 2 分～2 分 15 秒，计时从动作开始到动作结束。

9. 音乐伴奏

（1）规定动作音乐由主办单位提供《全国健美操大众锻炼标准》规定动作音乐并统一播放。

（2）自选动作音乐由参赛队自备，音乐必须录在磁带 A 面或光盘的开头，须备 2 份，其中 1 份报到后交大会放音组。

（3）自选动作音乐允许有 2×8 拍的前奏，音乐速度不限，比赛音乐必须是高质量的。

10. 比赛服装

（1）着健身服或运动式休闲服和运动鞋（旅游鞋式，不可穿球鞋、体操鞋等）。

（2）服装上可有亮片等装饰物，女选手可化淡妆；比赛时选手不得佩戴首饰。

11. 裁判组组成

裁判组由 1 名裁判长、5～7 名裁判员、1 名总记录长、2～3 名记录员、1 名计时员（自选动作比赛）、1～2 名放音员、2～3 名检录员、1 名宣告员组成，也可根据比赛规模大小适当增减裁判人员。

12. 评分方法

（1）采取公开示分的方法，成套动作满分为 10 分制，裁判员的评分精确到 0.1 分。

（2）裁判员的评分去掉 1～2 个最高分和最低分，中间 3 个分数的平均分即为得分，再减去裁判长减分即为最后得分。

（3）对比赛成绩和结果不接受申诉。

13. 比赛成绩与奖励

（1）比赛成绩按比赛规程执行。

（2）奖项设置与奖励办法按比赛规程执行。

12.3.2 成套动作评分

1. 规定动作评分（10 分制）

评分因素与分值：表演和团队精神 4 分，动作的完成 6 分，如表 12-2 所示。

表 12-2 规定动作评分表

扣分表				
评分因素	内容	一般	较差	不可接受
表演和团队精神4分	表现力与热情	0.1～0.2	0.3～0.4	0.5或更多
	队形	0.1～0.2	0.3～0.4	0.5或更多
	一致性（每次）	0.1	0.2	0.3
动作完成6分	动作的正确性	0.1～0.2	0.3～0.4	0.5或更多
	动作不熟练、漏做动作	0.1～0.2	0.3～0.4	0.5或更多
	身体的协调性	0.1～0.2	0.3～0.4	0.5或更多
	动作连接	0.1～0.2	0.3～0.4	0.5或更多
	改变动作或附加动作	0.1～0.2	0.3～0.4	0.5或更多
	动作充分表现音乐的情绪	0.1～0.2	0.3～0.4	0.5或更多
	动作和音乐节奏配合准确	0.1～0.2	0.3～0.4	0.5或更多

2. 自选动作评分（10分制）

评分因素与分值：集体/个人动作设计3分/4分，动作完成4分/4分，表演和团队精神3分/2分，如表12-3所示。

表 12-3 自选动作评分表

扣分表					
评分因素		内容	一般	较差	不可接受
动作设计集体3分/个人4分		主题健康、充满活力	0.1～0.2	0.3～0.4	0.5或更多
		风格突出、富有创意	0.1～0.2	0.3～0.4	0.5或更多
		动作类型丰富，动作的转换自然流畅	0.1～0.2	0.3～0.4	0.5或更多
		服饰选择美观协调	0.1～0.2	0.3～0.4	0.5或更多
		音乐的选择与动作风格相一致并配合协调，录音质量高、清晰	0.1～0.2	0.3～0.4	0.5或更多
		充分利用场地和空间	0.1～0.2	0.3～0.4	0.5或更多
		安全性	0.1～0.2	0.3～0.4	0.5或更多
		每出现一个不安全动作	扣0.2		
动作完成集体4分/个人4分		动作完成轻松、准确、流畅	0.1～0.2	0.3～0.4	0.5或更多
		动作完成能体现所选择主题的风格和特点	0.1～0.2	0.3～0.4	0.5或更多
		动作与音乐须协调一致	0.1～0.2	0.3～0.4	0.5或更多
		基本姿态和技术正确，动作优美	0.1～0.2	0.3～0.4	0.5或更多
集体	表演和团队精神3分	表现力与热情	0.1～0.2	0.3～0.4	0.5或更多
		队形	0.1～0.2	0.3～0.4	0.5或更多
		一致性（每次）	0.1	0.2	0.3
		表现力与热情	扣至0.3	0.4～0.5	0.6或更多
个人/表演2分		表现力与热情	扣至0.3	0.4～0.5	0.6或更多

3. 裁判长减分

裁判长对比赛的过程进行组织和监控，并对下列情况进行减分，每项均减0.2分：被叫到后20秒内未出场；参赛人数不符合规定；成套时间不足或超过；着装不符合规定；比赛时掉物或装束散落。

12.3.3 不安全动作

1. 不安全动作

各种竞技体操和技巧运动的翻转和抛接动作；过度背弓；无支撑体前屈；仰卧翻臀；头绕环和过度头后仰；膝转；足尖起；仰卧直腿起坐、仰卧直腿举腿、仰卧两头起；臀部低于膝关节的深蹲；高难度的托举动作。

2. 关于难度动作

在成套动作中不鼓励出现竞技健美操中的难度动作，如出现类似的动作，将不予加分，并对出现的错误动作进行减分。

12.3.4 纪律与处罚

1. 裁判员纪律与处罚

严格按照国家体育总局关于全国体育竞赛裁判纪律有关规定执行。

2. 赛者纪律与处罚

（1）裁判示意后 1 分钟未出场者，取消比赛资格。

（2）拒绝领奖者取消所有成绩与名次。

（3）检录三次未到者取消该项比赛资格。

（4）对不遵守大会其他纪律、不尊重裁判员和大会工作人员、有意干扰比赛者将视情况给予以下处罚：警告；取消比赛资格；取消健美操等级指导员资格；终身取消比赛资格。

12.3.5 特殊情况处理

运动员在遇到以下特殊情况时，应立即停止做动作并向裁判长反映，在问题解决后重做，在成套动作结束后提出的要求将不被接受：播放错音乐；由于音响设备而出现的音乐问题；由于设备问题而出现的干扰——灯光、舞台、会场。

思考与练习

健美操的基本动作有哪些？

活动与探索

若条件允许，可举办小型的健美操比赛。

第 13 章

啦啦操

啦啦操是美国的一项时尚运动，托举、人塔、空翻、抛接等动作缤纷闪亮，充满青春气息。不仅多元化的表演让人目不暇接，啦啦操更集团队协作、奋发向上、自信热情于一身，代表着张扬热烈、朝气蓬勃的精神力量。啦啦操也是健美操的一种，但是相对于健美操又比较容易，一直以来是作为球赛或其他一些比赛中场休息时候作为啦啦队的表演，后来就开始形成一种项目进行比赛。我们了解啦啦操的基本知识和文化、掌握啦啦操的基本技能和训练方法，有利于啦啦操运动的普及和推广。

13.1 啦啦操运动的基本知识

啦啦操是一项深受广大群众喜爱的、普及性极强，集体操、舞蹈、音乐、健身、娱乐于一体的体育项目。以多人的集体项目。学习了解啦啦操运动的起源与发展，啦啦操运动的意义、特征等基本知识，有利于提高对啦啦操的认知水平和参加啦啦操运动的积极性自觉性。

13.1.1 啦啦操运动及其特征

（一）啦啦操运动的定义和分类

1. 啦啦操的定义

啦啦操：英文 cheerleading，起源于美国。是指在音乐伴奏下，通过运动员集体完成复杂、高难的项目特有的难度、过渡配合、基本手位与舞蹈动作，充分展示团队高超的运动技能技巧，体现青春活力、积极向上的团队精神，并努力追求最高团队荣誉感的一项体育运动。

啦啦操是一项深受广大群众喜爱的、普及性极强，集体操、舞蹈、音乐、健身、娱乐于一体的体育项目。“世界啦啦操锦标赛”，是全球啦啦队界的一项重要赛事。2010 年 4 月 21 日～26 日，在美国奥兰多迪斯尼乐园赛场里，迎来全球 60 多个组织、20 多个国家的上万名顶尖高手参加，其中包括了代表中国首次出征的 8 支队伍。

2. 啦啦操运动的分类

啦啦操是以团体操的形式出现的，分为技巧啦啦操和舞蹈啦啦操。

（1）技巧啦啦操是指以翻腾、托举、抛接、金字塔组合、舞蹈动作、过渡连接及口号等形式为基本内容的团队竞赛项目，包括集体技巧啦啦操、五人配合技巧啦啦操、混双配合技巧啦啦操。其中技巧啦啦操包括 Mixed（男女混合组）、All Female（全女子组）和 Partner stunts（舞伴特技）。

（2）舞蹈啦啦操是指以舞蹈动作为主，通过展示各种舞蹈技巧和元素并结合道具为基本内容的团队竞赛项目，包括花球、街舞舞蹈啦啦操（Hip Hop）、爵士舞蹈啦啦操（Jazz）和自由舞蹈啦啦操。

目前，我国啦啦操比赛有规定套路、舞蹈自编套路和技巧自编套路。规定套路是指中国大学生健美操艺术体操协会啦啦操专项委员会审定的运动员等级规定动作，成套动作时间为 1 分 30 秒，前后有 10 秒的宽容度。舞蹈自编套路自编成套时间为 2 分 30 秒，前后有 10 秒的宽容度。从第一个声音响起开始计时，到最后一个声音结束完成计时。比赛人数 6～30 人（性别不限）。

（二）啦啦操运动的特征

啦啦操运动满足了社会、学校背景下多种角色的需求，多样化地适应于校园的竞赛以及职业体育的娱乐功能。从啦啦操运动的诞生到如今发展为具有国际影响力的竞技赛事，校园啦啦操运动得到了社会的普遍认可，针对校园啦啦操队员的积极评价占据了主导地位。

1. 啦啦操运动的外显性特征

（1）啦啦操表演形象的动感活力性。啦啦操运动充分体现着一种朝气蓬勃、健康向上的精神，因此，啦啦操队员必须拥有一个青春的形象、健康的体魄和健美的体形。男运动员要有明显的肌肉线条，体形匀称成倒三角，女运动员要具有明快的肌肉曲线美，上下肢比例匀称，皮肤色泽光亮健康。所有的啦啦操队员要求五官端正、仪态端庄、青春靓丽，具有当代青少年的青春美和健康美。

（2）啦啦操表演技术的风格突出性。技术特点是指啦啦操运动所特有的技术风格。啦啦操运动的技术特点不同于健美操和舞蹈，它更加体现所有肢体类动作在过程中通过短暂加速和定位制动来实现其特有的力度感，适当的慢板动作是允许的，但只作为过渡动作出现。要求运用啦啦操基本手位、步伐、跳跃并结合多种舞蹈元素、口号等，通过多种空间、方向、队形、节奏的变化展示出啦啦操运动的项目特征。

（3）啦啦操表演组织的团结协作性。啦啦操运动是以集体形式展开活动的。国际全明星啦啦操协会规定：参赛人员性别不限，参赛人数为 6～30 人。只有在人数上达到一定要求时，才能编排更多的具有创造性、复杂技巧的动作及更多层次的动作，完成更多的空间转换及队形变换，才能真正体现啦啦操运动的无限魅力。啦啦操运动在技能上，需要队员间的技术、经验交流以达到技能的实施和配合的默契。啦啦操运动在拖举、抛接、金子塔组合中彰显队员的团结协作，为了队伍的整体机能得到最大限度的发挥，强调成员之间的相互激励、相互配合，以争取团队目标的实现。

2. 啦啦操运动的内隐性特征

（1）集中体现健康快乐、积极向上的精神。啦啦操运动从最初体育赛事的附属品逐渐发展为一项竞技赛事。作为一个独立的运动项目，有世界杯、锦标赛等。在啦啦操队员身上蕴含着无限的热情和魅力。无论啦啦操队员的外部形象还是他们的表演都会折射出一种青春美丽、蓬勃向上的气息。这种健康和快乐是由内而外，发自内心的。比赛时啦啦操队员都会按照规定身穿专业服装，适当着妆，仪表整洁、大方、健康、美丽。生活中，啦啦操队员都会展现出清新、时尚的仪表，体现健康、阳光的时代感，展现良好的风貌，引领健康活力的新风尚。啦啦操运动代表着健康快乐、积极向上的精神，向社会昭示着青春一代的风采。

（2）强调通力合作、集体至上的团队精神。协作精神、服务精神和大局意识三者集中体现着“团队精神”。团队精神的核心是协同合作，基础是尊重个人的兴趣和成就，最高境界是全体成员的凝聚力、向心力。在啦啦操运动中，抛接等一系列动作时没有队员之间的密切配合就没有可能完成。啦啦操运动最重要的因素是“安全”，“安全”意识贯穿于啦啦操运动的始终。

（3）凸显奋斗进取、顽强拼搏的竞争精神。在啦啦操运动中，很多不同的手势分别代表着团结、力量、胜利、自信张扬、勇往直前等含义。奋斗与进取的精神也体现在各种不同风格的标语和口号中，这些代表着奋斗、进取精神的元素鼓励队员顽强拼搏，越战越勇。啦啦操运动能够培养啦啦操队员自身奋斗拼搏、积极进取的精神，同时他们的这种精神也会激励体育比赛中的每一个队员不畏困难、勇往直前，最终取得比赛的胜利。

（4）培养个人综合能力、提升领导能力。啦啦操队员的英文名称为 cheerleader，直译为“欢呼的领导者”，他们在观众面前欢呼雀跃，激起观众的热情，赢得观众的尊敬并领导他们，成为团队的领导者和指挥者。可以说，啦啦操队员是天然的领导者和指挥家，美国学校里的啦啦操队员有 83%在学校的组织中保持领导地位，成为学校主要的学生干部。在啦啦操运动发展早期，啦啦操队员的职责是在赛场外带领人群呐喊。能够成为一名勇敢的“啦啦操队员”，是学生在大学生活中最有价值的经历之一。作为职业或者是公众生活的头衔，它仅次于橄榄球四分卫的角色。此荣誉等同于高校体育运动中的英雄以及其他学生中的领导者。欢呼引领者具有超凡魅力，是高大的领导者，他们由于良好的声望与品性、有目共睹的领导能力被选中。橄榄球四分卫和啦啦操队员都是大学生活中领导阶层的象征，这也将有助于转换为日后的职业成功。美国许多企业都乐意雇佣有啦啦操运动经历的员工，因为他们懂得顾客心理、善于运用肢体语言，有坚守目标和迎接挑战的勇气。当今美国社会的许多名流，都有过参加啦啦操运动的经历。

13.1.2　啦啦操运动的起源与发展

啦啦操是体育运动中的一个新兴项目，起源于美国，遍布美国的 NBA、橄榄球、棒球、游泳、田径、摔跤等比赛现场，至今已经有 100 多年的历史，最初是作为美式足球呐喊助威的活动发展，到现在已发展成为世界范围内的一项体育运动，受到全世界人民的喜爱。

啦啦操的历史可以追溯到原始部落时代，啦啦操原名 cheerleading，其中 cheer 有振奋精神、提振士气的意思，在早期的部落社会里，为激励外出打仗或者打猎的战士们，通常会举行仪式，仪式中有族人的欢呼、手舞足蹈的表演来鼓励战士，希望能凯旋而归。现代啦啦操运动的历史可以追溯到 19 世纪 80 年代，当时美国正风行着美式足球，在普林斯顿大学的校园里的一场美式足球赛场上，为了帮他们加油、呐喊助威、烘托赛场气氛，第一次出现了自发的、有组织的团队表演形式，这就是现代啦啦操的雏形。1884 年，普林斯顿大学的一个毕业生 Thomas Peebles 把这种有组织的呐喊、欢呼连同足球运动一起带到了明尼苏达大学，从此有组织的啦啦操欢呼在明尼苏达产生。我们今天所熟知的啦啦操创始于 1898 年。明尼苏达大学的学生 Johnny Cambell 在一次足球比赛时非常激动，从人群中跳出来站在观众前面带领他们一起为比赛呐喊助威，这次对啦啦操发展有着重要转折意义的呐喊被记载在明尼苏达大学由学生发行的“Ariel”的刊物上。因为那是最后一场比赛，他们要把明尼苏达大学的热情展现给人们，提名六位男生带领人群呐喊助威。因此，1898 年 11 月 12 日才是啦啦操正式诞生的时间。

1998 年国际全明星啦啦操联盟（Internationol All-Star Federation，IASF）成立，是啦啦操发展史上的一个重要转折点。它是一个以推动啦啦操向世界范围发展、通过传播啦啦操知识提高世界青少年的健康水平，以及促进国家、地区之间啦啦操协会之间的友谊和世界和平为目的的非盈利组织，总部设在美国。

在我国啦啦操运动开展得越来越火热，在各个高校迅速传播，成为各个高校体育文化的一部分，部分学校已经成为中国啦啦操推广示范基地，广泛推动着啦啦操运动，一批又一批的啦啦操团队不断创造着新的精彩。

13.1.3 啦啦操运动的功能

（一）健身、塑造形体

啦啦操与其他运动项目一样，它最基本的功能就是健身。啦啦操练习的动作要求和身体姿态要求与我们日常生活中的状态要求基本一致，通过长期的啦啦操练习，可改善不良的身体状态，形成优美的体态，从而在日常生活中表现出一种良好的气质与修养，给人以朝气蓬勃、健康向上的感觉。因此啦啦操运动在塑造练习者自身形体的同时还能让练习者自身的形象气质得到大幅度的提高。

（二）缓解压力、娱乐身心

随着时代的发展和社会的进步，人们在享受科学技术所带来的舒适生活和各种便利的同时，也受到了来自方方面面的精神压力。研究证明，长期的精神压力不仅会引起各种心理疾患，而且许多躯体疾病也与精神压力有关，如高血压、心脏病、癌症等。体育运动可缓解精神压力，预防各种疾病的产生，这是科学研究已证实的事实。而啦啦操作为一项体育运动，以其动作优美、协调，同时有节奏强烈的音乐伴奏，是缓解精神压力的一剂良方。在轻松优美的健美操锻炼中，练习者的注意力从烦恼的事情上转移开，忘掉失意与压抑，尽情享受健美操运动所带来的欢乐，得到内心的安宁，从而缓解精神压力，使人具有更强的活力和最佳的心态。

（三）增强团队意识

啦啦操跟大多数运动一样可以增强团队意识，但它之于其他运动却有其特别之处，更能体现团队意识。啦啦操是一个团队项目，在啦啦操运动中有很多配合完成的动作，它需要队员共同去完成，例如技巧啦啦操里面的抛接动作，必须配合非常完美才能顺利完成，因此啦啦操可培养学生们的团队意识，增强大家相互协作的能力，提高学生之间的责任心和责任感，增进队员之间的信任感，以及队员们的服从能力和克服一切困难、完成任务的坚强的毅力等。

13.2 啦啦操运动的基本技能与训练方法

啦啦操运动有 32 个基本手位，最能体现啦啦操的风格特点。我们学习啦啦操运动的基本技术，掌握主要的训练方法，才能更好地展示啦啦操的魅力，体现啦啦操的锻炼价值。

13.2.1 啦啦操的 32 个基本手位

啦啦操手位由 32 个基本手位动作组成（见表 13-1）。手位动作都要求在肩位之前完成，走最短路线，瞬间制动。在所有啦啦操比赛的成套动作中必须出现 4×8 拍啦啦操基本手位组合，并且提倡 32 位基本手位运用的多样性、方向的多样性、节奏变化的多样性，提倡在不改变 32 位基本手位的前提下，多运用身体其他部位的配合。

表 13-1 啦啦操的 32 个基本手位

类别	1	2	3	4
对称类	上 M  up M	下 M  hands on hip	平举 W  muscle man	高举 V 字  high V
	5	6	7	8
	下举 V 字  low V	T  T	斜举 T  diagonal	小 T  half T

类别	9	10	11	12	13
对称类	直臂平举 X  front X	高举 X  high X	下举 X  low X	屈臂 X  bend X	X  X
	14	15	16	17	18
	上举 A  up A	下举 A  down A	屈臂 A  applauding	上举 H  touch down	下举 H  low touch down

续表

类别	19	20	21	22	23	24	25
不对称类	小 H  little H	L  L	倒 L  low L	K  K	Side K  Side K	R  R	大弓箭  bow and arrow
	26	27	28	29	30	31	32
	小弓箭  bow	旗兵 1  high punch	旗兵 2  low side punch	旗兵 3  low cross punch	旗兵 4  up cross punch	旗兵 5  half dagger	旗兵 6  high side punch

13.2.2 舞蹈啦啦操的难度动作及其训练方法

（一）舞蹈啦啦队一级难度动作及其训练方法

1. 舞蹈啦啦队一级难度动作（见表 13-2）

表 13-2 舞蹈啦啦队一级难度动作

类别/分值	此级别每个难度动作分值均为 0.5 分				
平衡转体类	DB001 前屈腿抬腿平衡 2 秒  符号：	DB002 侧屈腿抬腿平衡 2 秒  符号：	DB003 前屈腿搬腿平衡 2 秒  符号：	DB004 侧屈腿搬腿平衡 2 秒  符号：	DB005 后屈腿搬腿平衡 2 秒  符号：
跳跃类	DJ001 分腿小跳  符号：	DJ002 团身跳 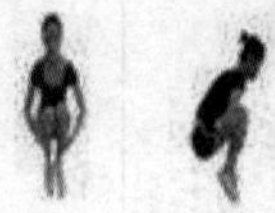 符号：	DJ003 C 跳  符号：C	DJ004 纵跨跳  符号：	DJ005 横跨跳  符号：

注：此难度表是按 2006 年～2009 年版规则制定的，在 2009 年世锦赛的选拔赛中以及之后的比赛中均有新的难度动作出现，因此，还有待完善。

2. 训练方法

（1）柔韧练习：踢腿，即一种腿功柔韧性训练的动作，其特点是上体保持直立，发力要快，落地要稳。

（2）平衡练习。

（3）跳步练习：跳跃不包括空翻的跳跃，包括分腿跳、团身跳、屈体跳、跨跳等。其特点是发力速度快、腾空高、空中姿态美、落地稳。

（4）转体练习：平衡转体，即在空中的时候身体绕人体垂直轴的转体或身体平行与地面的转体。其特点是转体过程中，脚尖支撑转体轴应垂直，结束时稳定。

（二）舞蹈啦啦操的特殊规定内容

（1）2×8 拍的对比组合。

（2）每个 8 拍出现一次方向变化。

（3）每 4×8 拍出现一次空间变化。

（4）成套中队形变化不得少于 8 次，其中流动队形不得少于 3 次。

13.2.3 技巧啦啦操的难度动作

（一）托举和抛接的基本手法

（1）髋位双腿托举（见图 13-1）。双底座弓步站立，屈膝腿大腿面要平。上面的人双脚站在底座的筋位，底座人一手抓住上面人的脚掌，另一手从内侧挽住上面人的膝关节。

（2）肩位双脚托举（见图 13-2～图 13-5）。两底座面对面，双脚分开同肩宽，屈双膝站立；上面的人站在两底座之间，双手撑在两底座的肩上；后点保护人站在上面人的后面，双手卡住上面人的腰。上面的人在后点保护人的帮助下跳上，在底座的肩上形成支撑，底座主动托上面人的脚。底座腰部挺直，用腿部的力量把上面的人托起至肩位；后点保护人紧握上面人的小腿或脚跟；上面的人直立，含胸收腹紧腰，双肩略上提。底座将上面人抛起后四臂交错上举，五指并拢伸直，主动接上面的人下来。上面的人并腿紧腰，落下后屈腰缓冲，两臂用力扣住底座的双肩。

（3）高臂双手单腿吸腿托举（见图 13-6、图 13-7）。两底座弓步或屈双膝开立，一手抓上面人的脚底，一手抓跟关节；后方保护人下蹲，一手抓上面人的踝关节，一手抓小腿；上面的人双手扶底座的肩吸腹站立。将上面的人托起后，底座托上面人脚的手要给上面人的脚一个平面；上面人站立腿肌肉上提，紧腰提肩。

图 13–1 髂位双腿挺举

图 13–2 肩位双脚托举（1）

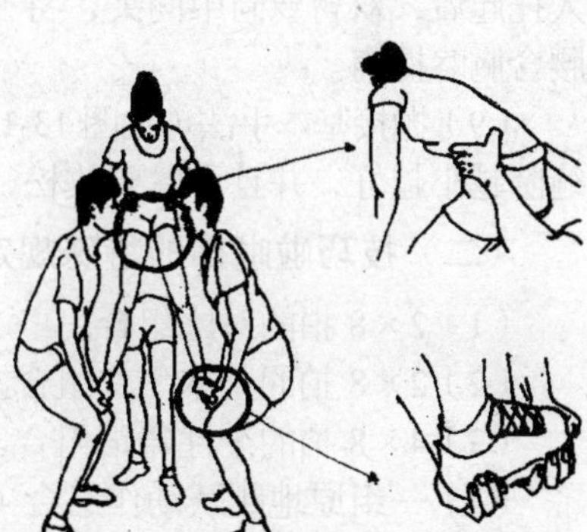
图 13–3 肩位双脚托举（2）

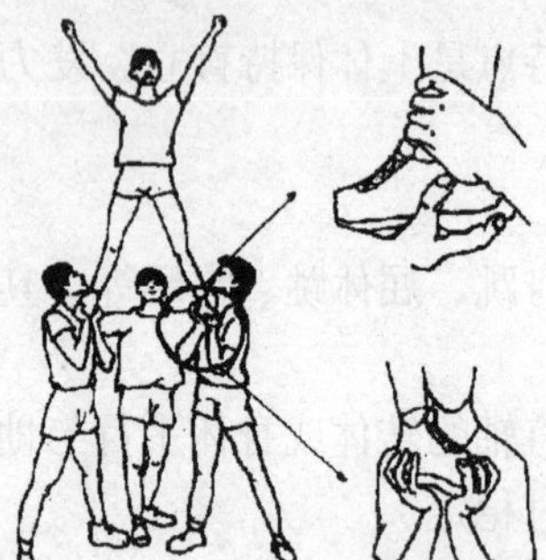

图 13-4　肩位双脚托举（3）

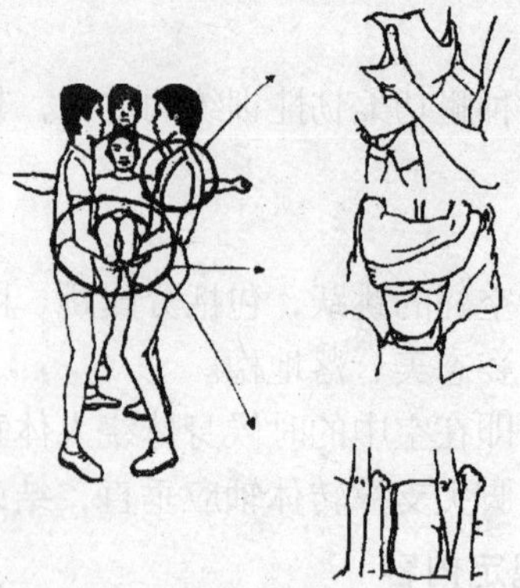

图 13-5　肩位双脚托举（4）

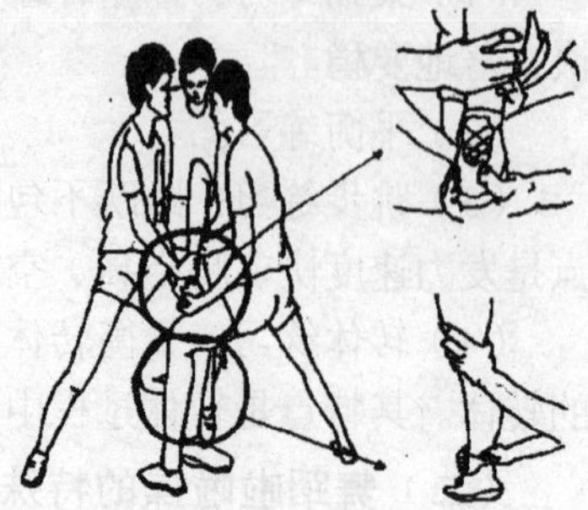

图 13-6　高臂双手单腿吸腿托举（1）

（4）肩位站肩双脚托举（见图 13-8、图 13-9）。

底座梗头，紧靠上面人的小腿，双手紧握上面人的小腿向前扣；上面的人全脚掌站肩向前靠，紧贴底座的头部。

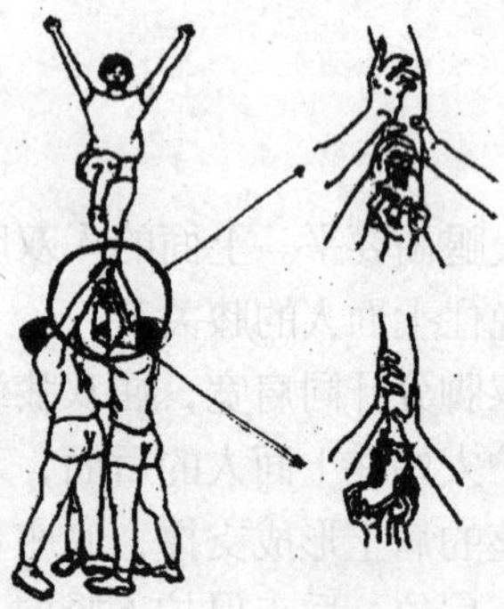

图 13-7　高臂双手单腿吸腿托举（2）

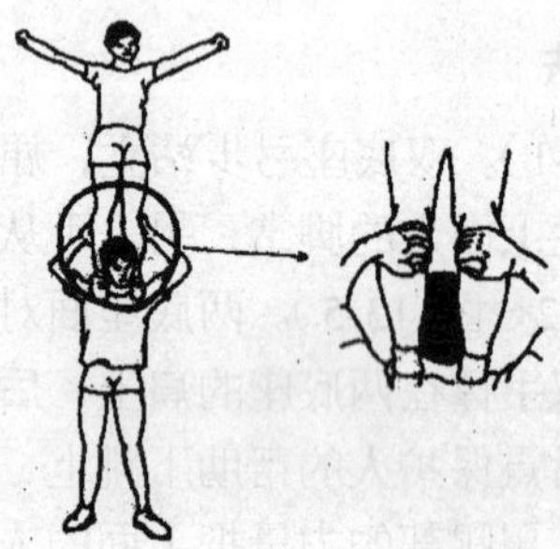

图 13-8　肩位站肩双脚托举（1）

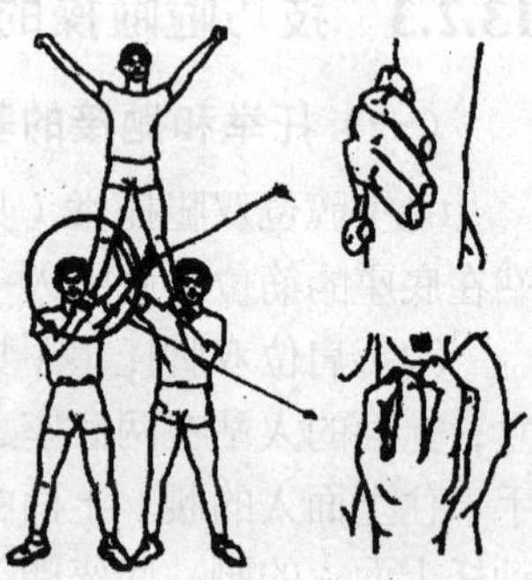

图 13-9　肩位站肩双脚托举（2）

（5）肩位双手双脚托举（见图 13-10）。底座双脚开立同肩宽，紧腰合阴，双肘内收，托举手尽量给出平面。

（6）肩位双手单脚吸腮托举（见图 13-11）。底座双手可同向抓上面人的双脚，也可以一前一后抓握。

（7）双人高臂双手双脚托举（见图 13-12）。

（8）单人高臂双手双脚托举（见图 13-13）。底座将上面的人托起后，双臂要向中间夹，将力量向中间集中。上面的人紧腰含胸略提肩。

（9）抛接基本手法（见图 13-14）。底座四手相握后，中间的缝隙越小越好，并且手臂要放松，但是腰背必须挺直。

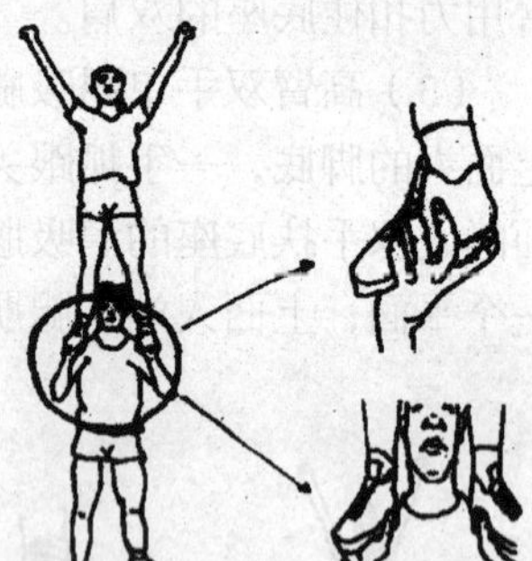

图 13-10　肩位双手双脚托举

（二）技巧啦啦操的特殊规定内容

（1）2×8 拍的对比组合。

（2）2×8 拍的基本手位组合。

（3）4×8 拍的个性舞蹈组合。

（4）一组原地跳跃动作组合（莲花跳、跨栏跳、屈体跳、屈体分腿跳）。

（5）不同的队形变化不得少于 5 次。

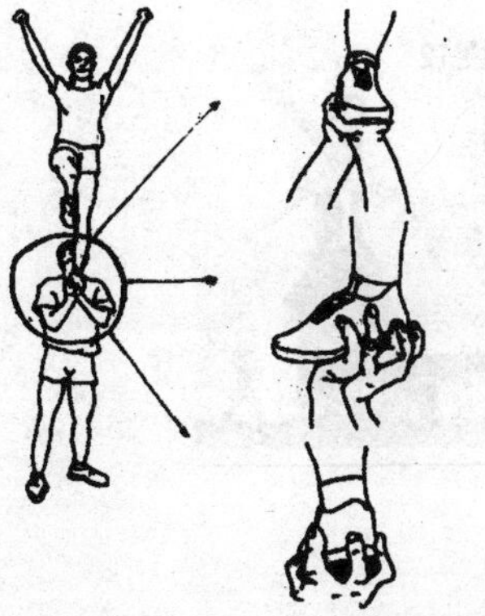

图 13-11 肩位双手单脚吸腿托举

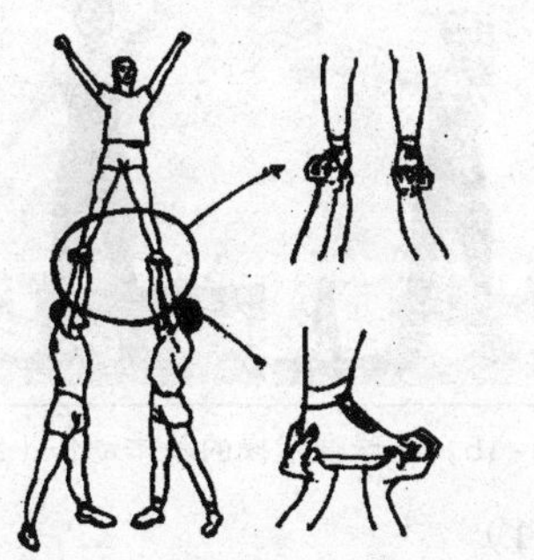

图 13-12 双人高臂双手双脚托举

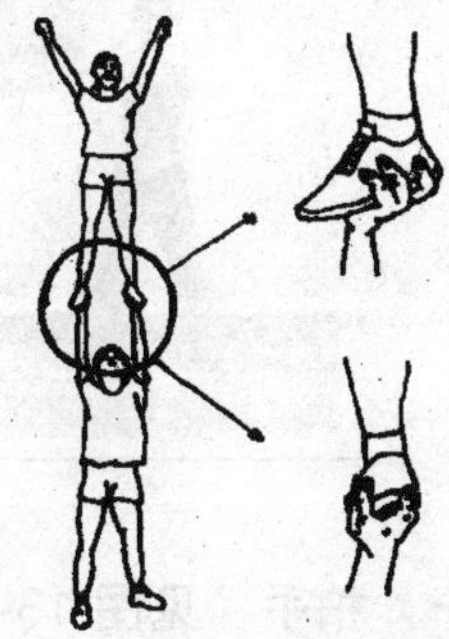

图 13-13 单人高臂双手双脚托举

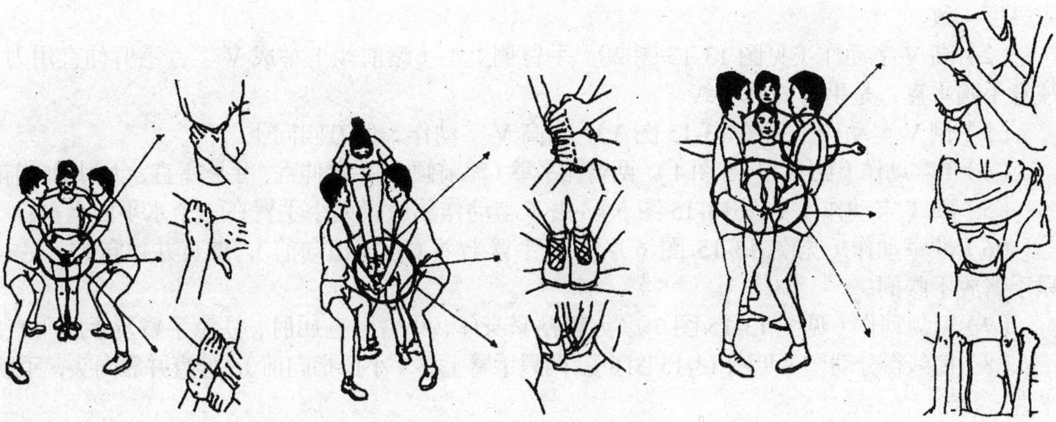

图 13-14 抛接基本手法

13.2.4 花球啦啦操的基本动作

花球啦啦操的基本动作，有统一的动作规格，要求动作的速度及力度，如图 13-15 所示。

图 13-15 花球啦啦操的基本动作

图 13–15　花球啦啦操的基本动作（续）

（一）拍手（见图 13-15 图 1）

（1）两手臂胸前击掌，双手位置略低于脸。拍手时应注意稳、准、狠，集体练习时节奏应高度一致。

（2）高 V 字动作（见图 13-15 图 2）。手臂侧上举（略前倾）举成 V 字，手臂伸直用力，注意手腕平直，是手臂的延长线。

（3）倒 V 字动作（见图 13-15 图 3）。同高 V 字动作，但方向向下。

（4）T 字动作（见图 13-15 图 4）。两臂侧平举（略前倾），手臂伸直、手腕平直，大拇指向前。

（5）断 T 字动作（见图 13-15 图 5）。由 T 字动作屈肘，大小手臂在一个水平面上。

（6）冲举动作（见图 13-15 图 6）。一只手臂上举（小拇指向前），伸直并靠向头，另一只手臂放于腰间。

（7）短剑动作（见图 13-15 图 7）。大臂贴紧身体，小臂竖直屈肘，注意手臂及手腕平直。

（8）底线得分动作（见图 13-15 图 8）。两只手臂上举（小拇指向前），伸直并靠向头，手腕平直。

（9）烛台动作（见图 13-15 图 9）。两手臂前举，保持手腕的平直，拳心向里，拳面向前。注意两手臂应朝正前方不能有夹角。

（10）正 L 动作、反 L 动作（见图 13-15 图 10）。一个冲举动作，半 T 字动作，开口朝左为正 L 动作，反之则为反 L 动作。

（11）左斜线动作、右斜线动作（见图 13-15 图 11）。一只手臂是高 V 字动作的一部分，另一只手臂是倒 V 字动作的一部分。举起右臂、放下左臂为右斜线动作，反之则为左斜线动作。

（12）K 字动作（见图 13-15 图 12）。腿为侧弓步，弓腿一侧手臂做高 V 字动作，另一侧手臂朝屈腿方向做斜下冲拳，与身体组成 K 字图形，注意脸朝向前方。

（二）花球啦啦操组合动作

花球啦啦操组合动作如图 13-16 所示。

1. 花球啦啦操组合动作 1（见图 13-16）

图 13–16　花球啦啦操组合动作 1

准备姿势：两脚并拢，双手握拳，手臂自然下垂。

1——右脚向右迈一步，同时左臂做 T 字动作，右臂做断 T 字动作。

2——右脚并拢左脚，手臂动作同 1 但方向相反。

3——左脚向左迈一步，同时左臂做高 V 字动作，右臂断 T 字动作。

4——左脚并拢右脚，手臂动作同 3 但方向相反。

5、6——右脚向后迈步，左腿前弓步，两臂后举，拳心相对。

7、8——右脚并拢左脚，两臂胸前击掌 2 次。

2. 花球啦啦操组合动作 2（见图 13-17）

图 13–17　花球啦啦操组合动作 2

1——踢左腿同时右臂胸前平屈，左臂垂直于右臂竖直屈肘。

2——同 1，方向相反。

3——右脚向左迈一步，双臂伸直由下经上做大绕环。

4——短剑动作。

5——T 字动作。

6——右腿侧弓步，左臂做 K 字动作，右臂放于腰间。

7——提左膝，同时两手臂上举，两手掌重叠。

8——两脚开立，两手臂放于腰间。

3. 花球啦啦操组合动作 3（见图 13-18）

图 13–18　花球啦啦操组合动作 3

1——右脚并拢左脚，两手臂大臂做 T 字动作，左臂前臂向上竖直屈肘，右臂前臂向下屈肘，立即做。

2——同 1 方向相反，立即还原成 1 的动作。

3——右脚向右脚尖点地、微屈，身体稍向左转，同时右臂侧平举。

4——烛台动作。

5——保持烛台动作，同时依次耸左、右肩。

6——提右膝，两臂自然下垂。

7——右腿前弓步，断 T 动作。

8——左腿向前一步前弓步，做高 V 字动作。

4. 花球啦啦操组合动作 4（见图 13-19）

1——踢右腿，两臂平直交叉于腹前。

2——向左转体 90°，同时提右膝，两手臂做断 T 动作，随后右脚向左脚并拢，左腿向前弓步，两手臂自然下垂。

图 13-19　花球啦啦操组合动作 4

3、4——K 字动作。

5——两脚开立，右臂做断 T 字动作，左臂自然下垂。

6——高 V 字动作。

7——右腿前弓步，两手臂竖直屈肘于胸前，两小臂交叉晃动两次，五指分开，掌心向内。

8——还原成准备姿势。

（三）花球啦啦操教学提示

1. 热身

因为啦啦操的项目特点，在进行学习或者练习之前一定要作 5～10 分钟的热身练习。首先是慢跑和原地的慢跑以及各种配合着伸展（回转）手臂的跑跳运动。接下来的伸展运动也是极其重要的环节，身体各部位的伸展，注意幅度不要超过自身能力的极限，以防止损伤的发生。

2. 基本动作练习

基本动作练习，应采用不同的练习形式。

（1）单个动作练习：主要掌握基本动作的具体要求，培养良好的本体感觉。

（2）基本动作的组合练习：主要熟悉各基本动作之间的转换，了解正确的动作路线，采用递进的方式加入各个动作。

（3）基本动作的复合练习：在动作组合的基础上，可以加入如屈膝、转体、侧身、步法、口号、表情等元素，使练习内容更加适合啦啦操的实际功能，同时集体练习时动作的一致性也是要花功夫重点练习的。

3. 啦啦操的套路练习

连续快节奏的徒手动作或跑跳动作构成了啦啦操套路的主体部分，整套动作速度快、幅度大、节奏强、活动强度大，所以教师要根据练习者的掌握情况，酌情选择练习形式。若是掌握不熟练，节奏把握不准确，教师就应放慢速度采用带做或者语言提示。随着学习环节的不断深入，教师则应选择适宜的啦啦操音乐来组织练习，并且强调集体练习时的动作统一、激情投入，力求从“形一致”到“神一致”，更好地体现啦啦操积极向上、勇于拼搏的精神。

13.3　啦啦操运动的文化传承

啦啦操的文化主要从三方面来体现，一是精神文化，表现为团队精神、拉拉队的口号、现场鼓励等方面；二是物态文化，表现为拉拉队的吉祥物、啦啦队队旗、徽标等方面；三是制度文化，主要表现为竞赛规则。

13.3.1　啦啦操运动精神文化

（一）团队精神

团队精神是啦啦操运动有别于其他运动项目最显著的特征，它是通过口号、各种动作的配合，各种难度的展现，以及不同队形的转换，运动员之间的相互协调配合来共同完成团队目标，营造相互信任的组织氛围，激励运动员的高昂斗志，提高团队整体的凝聚力；在啦啦操运动中，既强调团队完成动作的高度一致性，又要重视运动员个体不同能力的展示，使每个队员在参与团队的配合中均能在不同位置扮演不同的重要角色，形成一种风险共担、利益共享的集体意识。它包括团队整体的运动能力、表演的激情、自信心、感染力、号召力、表演能力、默契配合等因素。

（二）拉拉队的口号

啦啦队的口号是技巧啦啦操项目的一种文化，是指成套动作开始前，参赛队伍全体队员集体上场，在规定的时间内通过口号、道具，配合手位等动作内容来展现自己的热情，鼓舞赛场上同伴们的斗志，带动观众，为比赛的运动员加油呐喊，渲染赛场气氛。

（三）现场鼓励

通过鼓励性语言、口号、歌声、简单的肢体动作与标志牌、队旗、吉祥物等道具来影响观众，调动观众情绪，烘托赛场气氛。现场鼓励要求：

（1）口号要使用有激励性和互动性的语言，内容必须健康、文明，积极向上；

（2）全队人员共同参与，与赛场观众互动，形成场上、场下呼应的效果；

（3）口号与动作相结合，配合队旗、吉祥物、标志牌等道具与赛场观众互动。

13.3.2　物态文化

（一）拉拉队的吉祥物

吉祥物是每一支啦啦操参赛队必须拥有的卡通人物。吉祥物一般是各支参赛队伍对能代表本队特点的动物或者当地的稀有动物进行包装设计的产物。它以其富有活力的独特形象，体现参赛队伍的运动精神和特点，传达参赛队伍的文化和人文精神，能给本队带来好运，能够调动比赛现场气氛，娱乐观众。吉祥物是构成啦啦操运动项目队伍形象特征的主要成分，是啦啦操文化传播的重要载体。

（二）啦啦队队旗、徽标

拉拉队的队旗、徽标是拉拉队文化的最好体现，是识别一支啦啦队的主要途径。每一支啦啦队都应有属于自己的队旗、徽标，能够体现出本队传承、积淀的精神、内涵和文化。

1. 队旗

啦啦队的队旗代表了一个队伍的精神、主义和信仰，它是通过一定的图案、色彩和式样反应一个队伍的特色和文化传统。各队队旗的的图案、颜色都有一定含义。队旗是啦啦队的核心，是啦啦队的自豪和骄傲，也是这只队伍精神的象征。

2. 徽标

啦啦队的徽标象征着啦啦队的团队精神，是用来佩戴在身上或箱包、物品上，用来表示背对身份、特征、荣誉的一种标志，也是团队特色文化内涵的象征。通过参赛队伍之间队徽的交换与保存，可加强啦啦队之间的文化交流，加强队员之间的情感沟通，也是建立各队友谊的桥梁与纽带。

13.3.3　中国啦啦操竞赛规则

（一）中国啦啦操竞赛性质及种类

1. 竞赛性质

本规则适用于由国家体育总局体操运动管理中心组织的正式赛事活动。

2. 竞赛种类

全国锦标赛、冠军赛、全国系列、系列赛、大奖赛、全国体育大会啦啦操比赛等各种赛事活动。

（二）竞赛项目

1. 技巧啦啦操

（1）集体技巧啦啦操自选套路。

（2）双人配合技巧啦啦操自选套路。

（3）五人配合技巧啦啦操自选套路。

2. 舞蹈啦啦操

（1）花球舞蹈啦啦操自选套路。

（2）爵士舞蹈啦啦操自选套路。

（3）街舞舞蹈啦啦操自选套路。

（4）自由舞蹈啦啦操自选。

（三）啦啦操竞赛分组及其要求

啦啦操竞赛分组及其要求如表 13-3 所示。

表 13-3 啦啦操竞赛分组及其要求

组别	竞赛项目	性别	参赛人数	参赛组别
幼儿组（3～5 岁）	技巧啦啦操	不限	8～24 人	无级别（舞蹈）、1.2 级
	花球舞蹈啦啦操			
小学组（6～12 岁）	混合组技巧啦啦操	男、女	8～24 人	无级别（舞蹈）、1.2.3 级
	全女生组技巧啦啦操	女	8～24 人	
	花球舞蹈啦啦操	不限	8～24 人	
	爵士舞蹈啦啦操		8～24 人	
	街舞舞蹈啦啦操		8～24 人	
初中组（13～15 岁）	混合组技巧啦啦操	男、女	8～24 人	无级别（舞蹈）、1.2.3.4.5 级
	全女生组技巧啦啦操	女	8～24 人	
	混合五人配合技巧啦啦操	男、女	5 人	
	全女生五人配合技巧啦啦操	女	5 人	
	花球舞蹈啦啦操		8～24 人	
高中组（16～18 岁）	混合组技巧啦啦操	不限男、女	8～24 人	无级别（舞蹈）、1.2.3.4.5 级
	全女生组技巧啦啦操	女	8～24 人	
	混合五人配合技巧啦啦操	男、女	5 人	
	全女生五人配合技巧啦啦操	女	5 人	
	花球舞蹈啦啦操	不限	8～24 人	
	爵士舞蹈啦啦操		8～24 人	
	街舞舞蹈啦啦操		8～24 人	
	自由舞蹈啦啦操		8～24 人	

续表

组　别	竞赛项目	性　别	参赛人数	参赛组别
大学组（16 岁以上）	混合组技巧啦啦操	男、女	8～24 人	无级别（舞蹈）、1.2.3.4.5.6.7.8.9.10 级
	全女生组技巧啦啦操	女	8～24 人	
	混合五人配合技巧啦啦操	男、女	5 人	
	全女生五人配合技巧啦啦操	女	5 人	
	双人配合技巧啦啦操	男、女	2 人	
	花球舞蹈啦啦操	不限	8～24 人	
	爵士舞蹈啦啦操		8～24 人	
	街舞舞蹈啦啦操		8～24 人	
	自由舞蹈啦啦操		8～24 人	
俱乐部组（年龄不限）	混合组技巧啦啦操	男、女	8～24 人	无级别（舞蹈）、1.2.3.4.5.6.7.8.9.10 级
	全女生组技巧啦啦操	女	8～24 人	
	混合五人配合技巧啦啦操	男、女	5 人	
	全女生五人配合技巧啦啦操	女	5 人	
	双人配合技巧啦啦操	男、女	2 人	
	花球舞蹈啦啦操	不限	8～24 人	
	爵士舞蹈啦啦操		8～24 人	
	街舞舞蹈啦啦操		8～24 人	
	自由舞蹈啦啦操		8～24 人	

备注：双人、五人配合技巧不受难度级别限制

（四）报名要求

（1）参赛运动员报名时必须持有医院出具的健康证明。

（2）参赛运动员须提前办理比赛期间“人身意外伤害”保险并在报名时提交保险单。

（3）各参赛队在报名时可报替补运动员最多四名（两女两男）。

（4）只有报名单上的参赛队员及替补队员才有资格参加比赛。

（5）赛队可在赛前 24 小时向组委会申请更换运动员，被更换的运动员禁止在该赛事活动中参赛任何比赛。

（五）竞赛程序

1. 预赛出场顺序

赛前由大会竞赛部门负责抽签决定。

2. 决赛出场顺序

由预赛成绩决定，预赛成绩排名前者后出场，排名后者先出场。

（六）竞赛场地

1. 赛台

舞蹈啦啦操比赛可使用赛台，赛台高 80～100 厘米，后面有背景遮挡，赛台不得小于 16 米 × 16 米；技巧啦啦操比赛禁止使用赛台。

2. 比赛场地

比赛场地选用专业比赛板，也可用体操板或地毯代替，并清楚地标识 14 米 × 14 米的比赛区域。标志带为 5 厘米宽的红色或白色带，标志带是场地的一部分。

3. 裁判座位区

裁判员坐在赛台正前方，高级裁判组坐在两组裁判员的后排。

（七）成套动作时间

1. 技巧啦啦操动作时间规定

（1）30 秒口号组合时间为 30～35 秒；

（2）集体技巧啦啦操成套路时间为 2 分 15 秒～2 分 30 秒；

（3）双人、五人配合技巧成套动作时间为 60～65 秒。

2. 舞蹈啦啦操

成套时间为 2 分 15 秒～2 分 30 秒。

（八）比赛的开始和结束

（1）所有参赛队员比赛开始时必须在比赛区域内，同时身体的某一部分必须接触比赛场地；

（2）计时开始从音乐第一个音符或队员的第一个动作开始；计时结束为音乐的最后一个音符或队员的最后一个动作结束；

（3）附加任何有组织的退场或在成套结束后附加的多余动作，都视为成套的一部分并将计算其时间。

（九）比赛中断

（1）在发生运动损伤或任何其他意外的情况下，高级裁判组有权停止比赛；

（2）由于音响设备或比赛设施等原因导致比赛不能继续，受影响的队伍将被允许重新开始；

（3）由于队伍自身动作的失败或道具等原因导致比赛不能继续，该参赛队将不允许继续比赛；

（4）由于队员受伤导致比赛中止，该参赛队可以继续完成成套动作或退出比赛，同时高级裁判组也有权根据受伤程度决定是否停止比赛。

（十）比赛音乐

1. 成套动作音乐

可以使用一首或多首乐曲混合的音乐，可以加入特殊音效；音乐必须录制在 CD 上（一盘只能录有一首音乐）并填写“CD 登记卡”；自备两盘比赛 CD，一盘比赛，一盘备用，并且清楚地标明参赛单位、项目及参赛顺序。

2. 音乐音质

音乐的质量应达到专业化水准，确保清晰、稳定。

3. 音乐节奏

音乐节奏清晰明快、热情、奔放、动感、兴奋，具有震撼力。

（十一）竞赛服装、发饰与化妆

1. 竞赛服装

（1）技巧啦啦操：服装以弹性面料为主，式样见规定图例。运动员必须着合适衣服，服装上禁止描绘战争、暴力、宗教信仰或性爱主题的元素。不可穿透明材质衣服及裤袜。

（2）服装可适当修饰，但不得出现悬垂物、水钻和亮片。

（3）领奖时必须穿比赛服。

（4）舞蹈啦啦操：服装以弹性面料为主，款式不限，与舞蹈啦啦操成套动作风格相吻合，允许使用部分透明材质的面料。

（5）运动员必须着合适内衣，不得过于暴露。服装上禁止描绘战争、暴力、宗教信仰或性爱主题的元素。

（6）领奖时必须穿比赛装。

2. 比赛鞋袜

（1）技巧啦啦操：比赛用鞋要求着全白色且有牢固软胶底的运动鞋及白色运动袜。禁止穿丝袜、舞蹈鞋、靴子、体操鞋（或类似）等。

（2）舞蹈啦啦操：可穿啦啦操鞋、舞蹈鞋，颜色不限，不可赤脚。

3. 饰物

（1）技巧啦啦操：不得佩戴任何首饰，包括耳环、手链、脚链、戒指、项链、手表等，但可以使用平板夹、医用绷带；

（2）舞蹈啦啦操：可根据成套编排以及表演效果的要求，适当佩戴饰物，但饰物必须是服装的一部分。

4. 发型

（1）技巧啦啦操所有参赛运动员（除短发者）头发必须扎起，不可遮挡面部。

（2）舞蹈啦啦操为了配合成套主题可适当放宽，但不得造型怪异。

5. 化妆

运动员的外表要求整洁、适宜，妆饰不得过于夸张和浓艳；运动员身体禁止涂抹油彩，不可留长指甲。舞蹈啦啦操可根据舞蹈内容、风格需要适当夸张化妆或佩戴饰物。

6. 医学用品

严禁在表演中佩戴眼镜（隐行眼镜除外）等其他医学用品。特殊情况要求参赛者以书面形式向高级裁判组提出申请，得到批准后方可使用。

7. 道具

（1）技巧啦啦操。

① 所有道具都必须安全。允许使用的道具包括：旗、横幅、标志牌、花球、扩音器。禁止使用伞、接力棒、金属、玻璃、塑料等硬质材料制成的道具，禁止使用多棱角的道具。

② 禁止使用带有杆或类似能起支撑翻腾或托举作用的道具；禁止将坚硬的标志牌从一组托举运动员手中扔到远处的地面上。

③ 任何可以从比赛服上卸下来产生视觉效果的东西都会被认为是道具。

④ 使用的标志牌等道具可以由站在场中的运动员摆放在场外，但不可抛出场外，同时运动员必须保持始终停留在场地内。

（2）舞蹈啦啦操。

舞蹈啦啦操除花球外不允许使用其他道具，但自由舞蹈啦啦操道具使用不受限制。

（十二）裁判长减分

1. 道具减分

（1）不正确运用道具	减 5 分
（2）道具掉地后迅速捡起继续做动作	减 0.5 分/人次
（3）道具掉地后不捡起而继续做动作判为失去道具	减 2 分/人次
（4）将道具抛出场外	减 1 分/人次

2. 时间减分

（1）时间偏差：少于或超出规定时间 10 秒	减 2 分

（2）时间错误：少于或超出规定时间 20 秒　　减 5 分
（3）运动队被叫 20 秒内未上场　　减 2 分
（4）运动队被叫超过 60 秒未上场　　取消比赛资格

3. 服饰减分

（1）不正确着装　　减 2.0 分
第一，违反竞赛服装规定要求；
第二，身体涂闪光物或油彩、技巧啦啦操服装上有亮片或水钻（闪光材料除外）等；
第三，女运动员没有身着内衣或露出内衣；
第四，运动中发型散落，医用绷带散开，服装散开，鞋及装饰物脱落；
第五，运动员出现怪异发型及身体化妆。
（2）错误着装　　减 5.0 分
第一，服装过于暴露或露出隐私部位；
第二，服装违反规则规定款式要求。

4. 警告：开幕式或领奖时没有穿比赛装

5. 其他减分

（1）人数偏差：多于或少于规定人数　　减 2 分/人
（2）非高质量音乐　　减 2 分

思考与练习

1. 简述啦啦操运动的功能。
2. 总结啦啦操运动的团队精神。
3. 中国啦啦操的规则有哪些?

活动与探索

可根据学生具体情况展开小组级别的啦啦操比赛。

第14章

体育舞蹈

本章将概述体育舞蹈的起源与发展，详细讲解其基本动作、技巧等。

14.1 体育舞蹈概述

体育舞蹈也称“国际标准交谊舞”（以下简称国标舞），集娱乐、运动、艺术于一体，是以男女为伴的一种步行式双人舞。

体育舞蹈的发展经历了原始舞、公众舞、民间舞、宫延舞、交际舞、新旧国际标准交谊舞等演变过程。早在殷商乐舞“韶”中，便有“相与连臂踏歌行”的集体舞之说。18 世纪 20 年代后，英国皇家舞蹈教师协会对原舞种、舞步、舞姿等进行了规范整理，制定了比赛方法，形成了国际标准交谊舞。1847 年，在德国柏林举行了第一届世界标准交谊舞锦标赛。1992 年，国标舞曾被列为奥运会表演项目。

14.2 体育舞蹈的基本技术

本节将介绍舞种、舞程线、方位、角度等体育舞蹈的基本知识，讲解了标准握持、舞姿、舞步等体育舞蹈的基本技术。

14.2.1 体育舞蹈的基本知识

1. 舞种

国标舞按舞蹈的风格和技术结构，分为摩登舞（现代舞）和拉丁舞两大类。摩登舞包括华尔兹、维也纳华尔兹、探戈、狐步和快步舞 5 种，拉丁舞包括伦巴、恰恰、桑巴、牛仔和斗牛舞 5 种。每个舞种均有各自的舞曲、舞步及风格，根据各舞种的乐曲和动作要求，编排成各自的成套动作。

（1）摩登舞

① 华尔兹。华尔兹（Waltz）也称圆舞，是体育舞蹈中历史最悠久，生命力最强的舞蹈形式，有“舞中之后”的美誉。其动作风格庄重典雅、舒展大方、华丽多姿、飘逸优美。音乐 3/4 拍，每分钟 30～32 小节，舞步为一拍一步，每音乐小节跳三步。但前进并合步（追步）、前进锁步、后退锁步等步伐中每小节跳 4 步。

② 探戈。探戈（Tango）起源于非洲中西部的民间舞蹈“探戈诺”舞，据传为情人之间的秘密舞蹈，有“舞中之王”的美誉。其动作风格刚劲挺拔、热烈狂放且变化无穷，沉稳中见激越，奔放中显顿挫，在“情绪抑制”的内向中具有丰富的“引诱性”。其伴奏音乐为4/4拍，每分钟28～34小节。

③ 狐步舞。狐步舞（Slow Foxtrot）起源于美国舞蹈，20世纪初从美国逐渐流行于世界。其动作风格流动感强，轻盈恬适，舒展流畅，平稳大方，悠闲从容。其伴奏音乐为4/4拍，每分钟28～36小节。

④ 快步舞。快步舞（Quick Step）是一种快速四拍子舞蹈，由美国民间舞演变而来，早期吸收了狐步舞动作，后又引入了芭蕾舞的小动作。其动作风格轻快活泼，圆滑流利，富于激情、洒脱自由，奔放灵活，快速多变，饱含动力感和表现力。其伴奏音乐为4/4拍，每分钟50～52小节，基本节奏是慢慢快快（SSQQ），慢快快慢（SQQS）。

⑤ 维也纳华尔兹。维也纳华尔兹（Viennese Waltz）俗称快三步，起源于奥地利地区的农民舞蹈，又称“快乐尔兹”。其动作风格流畅华丽，轻松明快，翩跹回旋，活泼奔放。其伴奏音乐称为圆舞曲，3/4拍，每分钟56～60小节，第1拍为重拍，第4拍为次重拍。基本步伐是6拍走6步，2小节为1循环，第1小节为1次起伏。

（2）拉丁舞

① 伦巴。伦巴（Ruba）起源于古巴，最初是表现男女爱情的哑剧舞蹈。其动作风格浪漫奔放，性感热情，曼妙婀娜，被称为拉丁美洲音乐和舞蹈的精神与灵魂。其伴奏音乐是4/4拍，每分钟27～29小节。舞步从第4拍起跳，由一个慢步和两个快步组成。四拍走三步，慢步占二拍（第4拍和下一小节的第一拍），快步各占一拍（第二拍和第三拍）。胯部摆动三次。

② 桑巴。桑巴（Samba）被称为巴西的“国舞”，是一种集体性的交谊舞蹈，源自非洲的黑人舞蹈，原指一种激昂的肚皮舞。男舞者钟情于脚下各种灵巧的动作，两脚飞速移动或旋转。女舞者则以上身的抖动及腹部与臀部扭动为主。其动作风格狂放不羁，动作幅度很大，节奏强烈，给人激情似火的感觉。桑巴舞沿舞程线方向绕场移动，是一种行进性舞蹈，伴奏音乐是2/4拍或4/4拍，每分钟48～56小节。

③ 恰恰恰。恰恰恰（Cha-Cha-Cha）是模仿企鹅的动作创编而成的舞蹈，借以表达青年男女之间追逐嫁戏的情景。其起源于非洲，传入拉丁美洲后，在古巴获得了很大发展。其动作风格风趣诙谐，热烈俏美，步法利落，花哨紧凑。伴奏音乐是14/4拍，每拍跳5步，每分钟29～32小节。

④ 斗牛舞。斗牛舞（Psao Doble）即帕索多布累，也称西班牙一步舞，起源于西班牙，是模仿西班牙斗牛士的动作创编而成的舞蹈，主要表现斗牛士的强壮和豪迈气概。其动作风格澎湃激昂，雄壮强悍，动静鲜明，敏捷顿挫。伴奏音乐是2/4拍，每分钟60～62小节，一拍一步，八拍一循环。

⑤ 牛仔舞。牛仔舞（Jive）又称为捷舞、摆舞，吉特巴、水兵舞，源于美国西部，原是美国西部牛仔跳的踢踏舞。其动作风格快速粗犷，自由奔放，热情欢快。伴奏音乐是4/4拍，每分钟40～44小节，每小节有2拍或4拍，六拍为一个舞步。

2. 舞程线

如图14-1所示，跳舞中为避免互相碰撞，规定跳舞者必须按逆时针方向前进，这个行进线路被称为舞程线。其中，长的两条为A线，短的两条为B线。

3. 方位

如图14-2所示，以舞场正前方（多为乐队演奏台）为基点，定为“1点”，每顺时针移动45°则变动一个方位，依此类推，分别称为2～8号位。

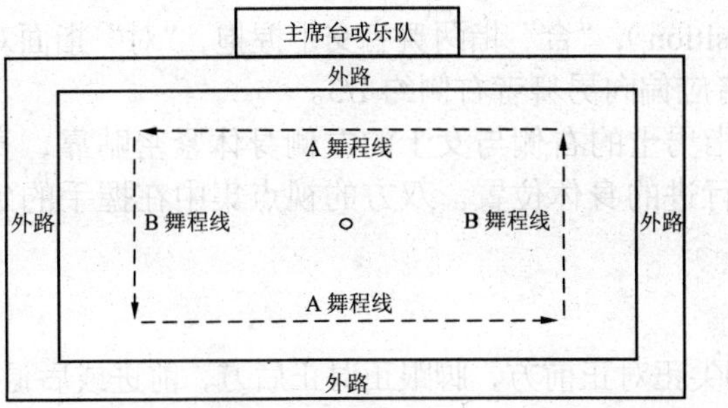

图 14-1　舞程线

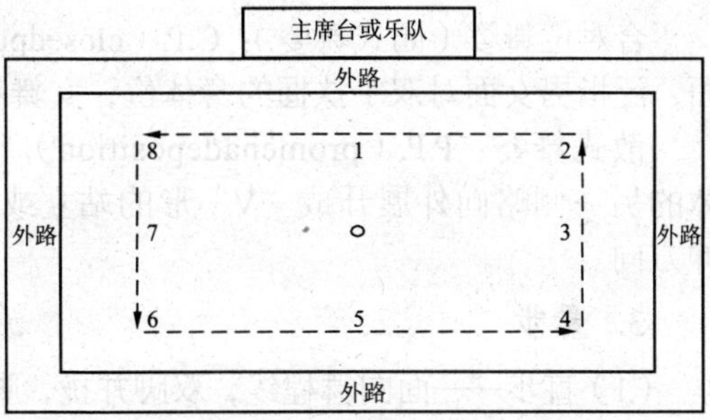

图 14-2　方位

4. 角度

如图 14-3 所示，交谊舞中，舞者旋转的方向有左转和右转，旋转的角度一般分为 45°、90°、135°、180°、225°、270°、315°、360°。

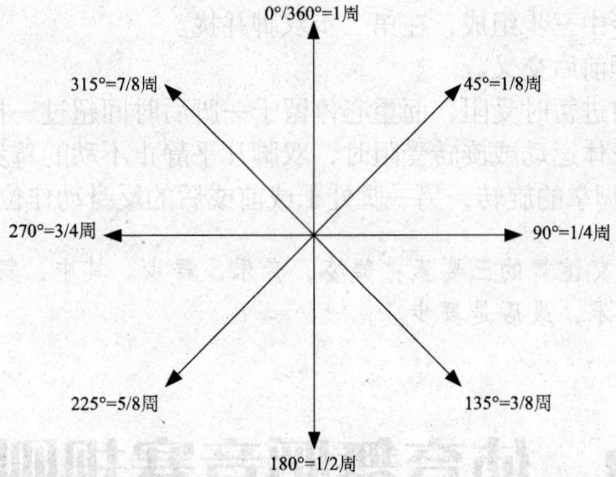

图 14-3　角度

14.2.2　体育舞蹈的基本技术

1. 标准握持

标准握持，应当使共舞双方形成整体性结构，融为一体。它不仅关系到造型的优美，而且影响着信息的传递、重心的稳定、用力方法的正确与统一，以及特殊技巧的运用等一系列问题。在现代交谊舞蹈中，除探戈之外，所有舞种的标准握持都是一样的。其要点如下：

（1）脚

双脚平行并拢，切忌不可"八"字形张开；右脚尖对准舞伴的两脚之间；重心集中于前脚掌且不能抬起脚跟。

（2）手

男舞者的右手掌心向里，扶在女舞者左侧腰部的上方，五指并拢，肘与指尖形成一条直线，大臂与肩膀呈椭圆形展开；女舞者左手轻放在男舞者右大臂三角肌处，四指并拢，用虎口定位；男舞者左手和女舞者右手相握。

（3）躯干

在保持双方肩横线平行的前提下，各自的头部向左侧转动 45°，双眼平视前方。女舞者上体后展约 15°，成挺拔式弯曲，表现出女性特有的曲线美。

2. 舞姿

舞姿泛指舞者跳舞的姿态，是舞步变化的基础。

合对位舞姿（闭式舞姿）：C.P.（closedposition），“合”指两舞者交手握抱，“对”指面对面，泛指男女面对双手扶握的身体位，女舞者应偏向男舞者右侧约 1/3。

散式舞姿：P.P.（promenadeposition），指男士的右侧与女士的左侧身体紧密贴靠，身体的另一侧略向外展开成“V”形的站立或行进的身体位置。双方的视点集中在握手的延伸方向。

3. 舞步

（1）直步——面向舞程线，双脚并拢，脚尖正对正前方，脚跟正对正后方，前进或后退。

（2）横步——以直步为参考点，向脚外侧方向平移。

（3）切步——以直步为参考点，运步时，动作脚内侧朝向前进方向。

（4）扣步——以直步为参考点，运步时，动作脚外侧朝向前进方向。

（5）擦步——当动力脚从一个开位向另一个开位移动时，必须先与主力脚靠拢，且重心不变。

（6）滑步——舞步由三步组成，在第二步双脚并拢。

（7）锁步——两脚前后交叉。

（8）踌躇步——前进暂时受阻，而重心停留于一脚后时间超过一拍的舞步。

（9）逗留步——身体运动或旋转受阻时，双脚几乎静止不动的舞步。

（10）轴转——脚脚掌的旋转，另一脚处于或前或后的反身动作位置。

温馨提示 交谊舞的三要素：舞姿，音乐，舞步。其中，舞姿是最重要的，其次是音乐，最后是舞步。

14.3 体育舞蹈竞赛规则要点

体育舞蹈竞赛规则要点有以下几点。

（1）团体舞锦标赛可有以下两种形式：标准舞和拉丁舞。

（2）比赛着装。

标准舞部分：男子服装必须为黑色或藏蓝色。

拉丁舞部分：允许男子穿彩色的服装，但每队的所有男队员必须服装颜色统一，不允许使用道具。

（3）标准舞比赛队的动作编排必须是基于华尔兹、探戈、维也纳华尔兹、慢狐步舞和快步舞，并最多可选 16 小节任何其他舞包括拉丁舞。

（4）拉丁舞比赛队的动作编排必须是基于桑巴、恰恰恰、伦巴、斗牛舞、牛仔舞和任何其他拉丁节奏，并最多可选 16 小节其他任何舞包括标准舞。

（5）标准舞的每段独舞将严格限制在 8 小节以内，在整个舞蹈编排中最多 24 小节。此规则不适用于拉丁舞，在拉丁舞中独舞通常作为一部分。

两种舞中都不允许有托举动作。

注：托举动作是指一名舞者在舞伴的协助或支持下双脚同时离地的动作。

（6）在所有比赛中，参赛队应由 6 或 8 对选手组成。在同一比赛中，任何人不得参加超过一队的比赛。

（7）在比赛中的任何阶段，各队队员最多可以有 4 名替补。

（8）包括入场和出场每队的表演不得超过 6 分钟。在此 6 分钟内，将评判不超过 4 分半钟的表演，表演的开始和结束应有明确的指示。未遵守这些要求的队可由主席决定取消比赛资格。

（9）比赛必须安排来自不同国家的不少于 7 名有团体舞经验的裁判。

（10）应使用磁带或其他音响设备。

（11）必须为各队的彩排做充足的安排，为各队在舞厅安排充足的时间带音乐排练。

（12）必须任命一名主席。他必须参加彩排并警告违反规则的队。如有参赛队在比赛中违反规则，他有权和裁判们协商后取消该队的比赛资格。

在比赛时只允许使用彩排时的动作编排和音乐，比赛时不允许更换服装。

（13）当比赛参赛队超过 5 支时，必须举行第二轮比赛。

思考与练习

1. 国标舞如何分类？
2. 体育舞蹈的基本技术有哪些？

活动与探索

若条件允许，可举办小型的体育舞蹈比赛。

第15章

武术

本章将介绍武术的起源和分类；概述武术的基本功和基本动作；讲解二十四式太极拳的动作要领；阐述散打的渊源、基本技术和竞赛规则；探讨女子防身术的基本原则和基本技术。

15.1 武术简介

15.1.1 武术的渊源

武术（Martial Arts）是以技击动作为主要内容，以套路和格斗为运动形式，注重内外兼修，增强体质、培养意志的中华传统体育项目。

武术萌芽于祖先与野兽的搏斗。随着部落战争的此消彼长，攻防格斗技术不断积累。自卫本能的升华、猎取食物的需求和实战技术的积累为武术发展奠定了基础。青铜兵器的使用，战车、机弩的发明，刀、剑、钩、钺、戟的出现，武器向多样化发展，使得武术的技击性进一步突出。从单纯的军事技术到带有健身色彩的民间体育运动，从相击形式的搏斗到舞练形式的演练，从单练、对练到套路，武术的内容不断充实。

狭义的武术特指中华武术，它是中华民族的宝贵遗产，以中国传统文化为基础。在其源远流长的发展过程中，摄养生之精髓，集技击之大成，攻防自卫，养身健体，具有“内外合一”“神形兼备”“尚武崇德”的特点。中国武术历史悠久，受到了古代道家、儒家、释家等诸家思想的影响，得到了传统医学、杰出兵法、哲学思辩等理论的熏陶，以阴阳五行学说为基础，形成了独特的武学文化，既包括讲礼守信、尊师重道、行侠仗义的道德标准，又富含博大精深、攻防兼备的动作套路。

我国武术代表团曾多次出访，以精湛的技艺和表演在众多国家和地区引起强烈反响，“武术热”风靡全球。1990年国际武术联合会（简称国际武联）在北京成立，1994年该组织被国际单项体育联合会接纳为会员，2002 年其在国际奥委会第 113 次全会上被正式承认。1990年第十一届亚运会，武术便被列为正式比赛项目，2008年第二十九届奥运会将武术作为特别竞赛项目。原国际奥委会主席萨马兰奇先生指出：作为中国传统体育项目之一的武术现已超越国界，许多国家成千上万的爱好者聚集一起，他们相互交流，探讨武术的体育价值及道德观念，以教育年轻人。现任国际奥委会主席罗格先生曾明确表示：欢迎武术进入奥林匹克大家庭。

15.1.2 武术的分类

我国武术运动根深叶茂，流派众多。战国时代的《司马法》中记有“长兵”“短兵”的分法。戚继光在《纪效新书》中介绍拳技时则使用了打、踢、跌、拿 4 种技法的概念。清初黄宗宪又提出了内家拳、外家拳的分类概念。此外，民间还流传着“南拳”、“北腿”的说法。

1. 按运动形式分类

（1）功法运动

功法运动是以单个武术动作作为主体进行练习，以达到增强专项体能或健体目的的运动。其包括内功（内养功）、外功（外壮功）、轻功（弹跳）、硬功（击打和抗击打）等，既是套路运动和搏斗运动的基础，又是极好的锻炼方法。例如，习浑元桩可以调心、调身、调息，站马步桩可以增强腿力等。

（2）套路运动

套路运动是指以踢、打、摔、拿、击、刺等技击动作为主要内容，以攻守进退、动静疾徐、刚柔虚实等矛盾运动的变化规律编成的整套练习形式。按其练习形式可分为单练、对练、集体表演 3 种类型。

单练是指单人练习的套路运动，包括徒手拳术与器械。徒手拳术种类众多，有长拳、南拳、太极拳、形意拳、八卦拳、通背拳、劈挂拳等。器械又可分为短器械、长器械、双器械和软器械 4 种。短器械主要有刀、剑等；长器械主要有棍、枪等；双器械主要有双刀、双剑、双钩、双枪、双鞭等；软器械主要有三节棍、九节鞭、流星锤等。

对练是由两人或两人以上，在预定条件下进行的假设性攻防练习套路，其包括徒手对练，器械对练，徒手与器械对练等。

集体演练指 6 人或 6 人以上徒手或持器械同时进行练习的演练形式，有一定的集体造型和队形变化，可有音乐伴奏。

（3）搏斗运动

搏斗运动，是两人在一定条件下，按照一定的规则，运用相应的攻防技法，斗智、斗勇、较技、较力的对抗性练习形式，如散打、推手、短兵等。

2. 按依附地域分类

传统的武术流派往往是依托不同的山川名胜而自然形成的，并传承至今，如少林派（嵩山）、武当派、峨眉派、青城派、华山派、崆峒派、天山派等。

3. 按二分法来分类

按技术、技击风格的不同，兴盛地域的差异等，民间多以二分法，通过比较对武术进行分类，如南拳与北腿、长拳与短打、内家拳与外家拳等。

15.2 武术基础

15.2.1 武术的基本功

武术的基本功是发展某项专门素质的基础功法。它能有效地提高关节的伸展性和灵活性，增强韧带的柔韧性和肌肉的力量，既是武术入门必不可缺的基础功夫，又是提高体能和武术技能的必要手段。

按人体的身体部位可划分为：肩臂功、腿功、腰功和桩功。

1. 肩臂功

肩臂功，主要是加大肩关节的活动范围并增进其韧带的柔韧性，发展肩臂部肌肉力量，提高上肢运动的伸展、敏捷、松长、转环等能力。

练习方法主要有压肩、吊肩、转肩、绕肩等。

（1）压肩

如图 15-1 所示，开步（两脚平行，左右站立）站立，与肩同宽或稍宽，上体前俯，手握肋木，下振压肩。也可两人面对面站立，互相扶按肩部，做体前屈振动压肩动作。要点：挺胸、塌腰、收髋，两臂、两腿伸直；振幅逐步加大，压点集中于肩部。

（2）吊肩

如图 15-2 所示，并步（两脚内侧相靠）站立，背对肋木，两手反臂抓握，然后下蹲，两臂拉直或悬空吊起。要点：两臂伸直，肩部放松。

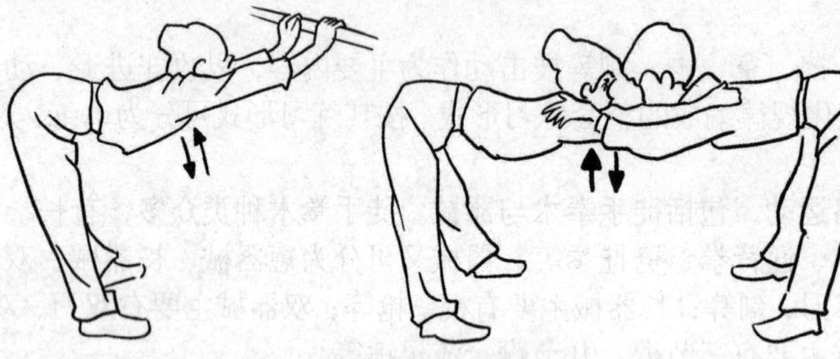

图 15-1　压肩

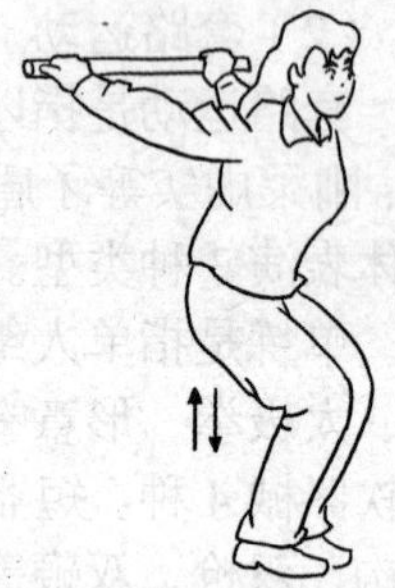

图 15-2　吊肩

（3）转肩

如图 15-3 所示，开步站立，两手正握棍于体前。以肩关节为轴，两臂伸直上举经头顶绕至体后，再从体后向上绕至体前。要点：两臂始终伸直；两手握棍距离应由宽到窄，一般与肩同宽。

（4）绕肩

单臂绕环，成左弓步姿势，左手按于左膝上（也可两脚开立，左手叉腰），右臂上举，由上向后、向下、向前环绕，为后绕环（见图 15-4）；右臂由上向前、向下、向后环绕，为前绕环。左右臂交替练习。要点：臂要伸直，肩应放松，贴身划立圆，逐渐加速。

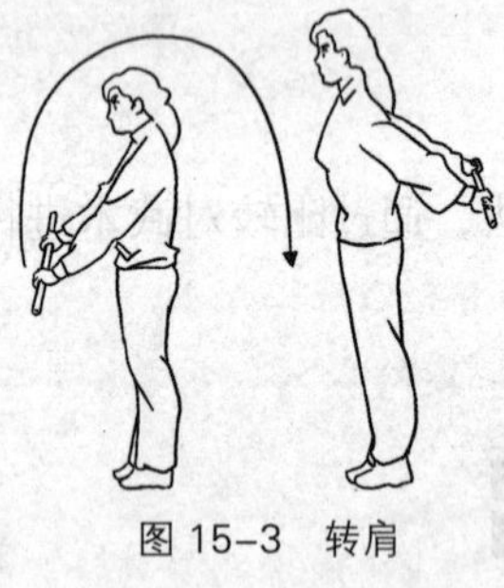

图 15-3　转肩

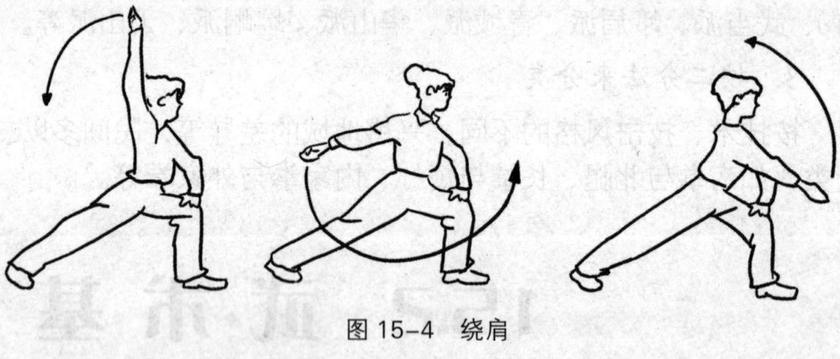

图 15-4　绕肩

双臂绕环有 3 种，3 种都要两脚开立，与肩同宽。① 前后绕环，如图 15-5 所示，两臂垂于体侧，依次由下向前、向上、向后做绕环。数次后，再做反方向的绕环。② 左右绕环，如图 15-6 所示，左右两臂同时向右、向上、向左、向下绕环。数次后，再做反方向绕环。③ 交叉绕环，如图 15-7 所示，两臂直臂上举，左臂前绕环，同时右臂后绕环。数次后，再做反方向绕环。要点：松肩、探臂，划立圆绕环。

2. 腿功

腿功主要是拉长腿部的肌肉和韧带，加大髋关节和膝关节的活动范围，发展腿部的柔韧性、灵活性、协调性和力量等素质。练习方法主要有压腿、搬腿、劈腿等。

图 15–5 前后绕环

图 15–6 左右绕环

（1）压腿

① 正压腿。如图 15-8 所示，右腿直立支撑，将左脚跟放在与髋同高或稍高的肋木上，脚尖勾紧，两手扶按在膝关节上（或双手抱脚），立腰、收髋、挺膝，上体前屈，向前、向下做压振动作。左右腿交替练习。要点：逐渐加大振幅，先以前额、鼻尖触及脚尖，然后过渡到下颏触及脚尖，以提高腿的柔韧性。

② 侧压腿。如图 15-9 所示，身体侧对肋木，右腿伸直支撑，脚尖外展。左脚跟放在肋木上，脚尖勾紧，右臂上举，左掌附于右胸前，立腰、展髋，上体向左侧压振。左右腿交替练习。要点：逐步加大振幅，直到右手握左脚掌、上体侧卧在左腿上。

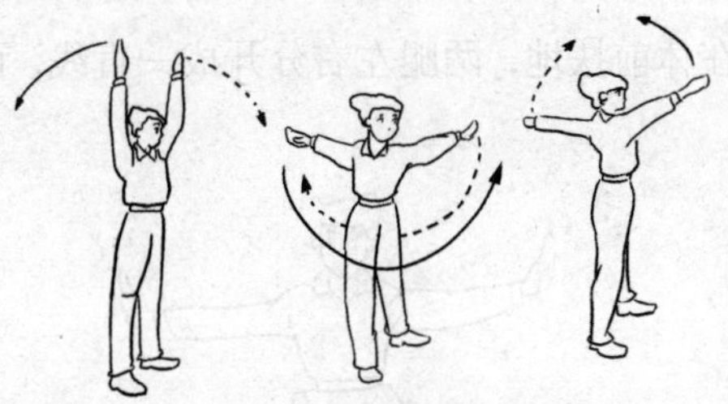
图 15–7 交叉绕环

图 15–8 正压腿

③ 后压腿。如图 15-10 所示，背对肋木，右腿支撑，左脚背放在肋木上，脚面绷直，上体后仰做压振动作。左右腿交替练习。要点：挺胸、展髋、腰后屈。

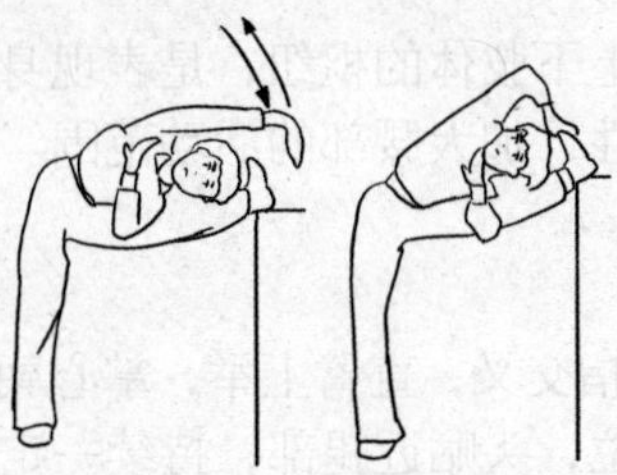
图 15–9 侧压腿

图 15–10 后压腿

④ 仆步压腿。如图 15-11 所示，右腿屈膝全蹲，左腿挺膝伸直，脚尖里扣。两脚全脚掌着地，两手分别抓握两脚外侧，成仆步向下压振。左右腿交替练习。要点：挺胸、塌腰、沉髋，左右移动不宜过快，臀部尽量贴近地面。

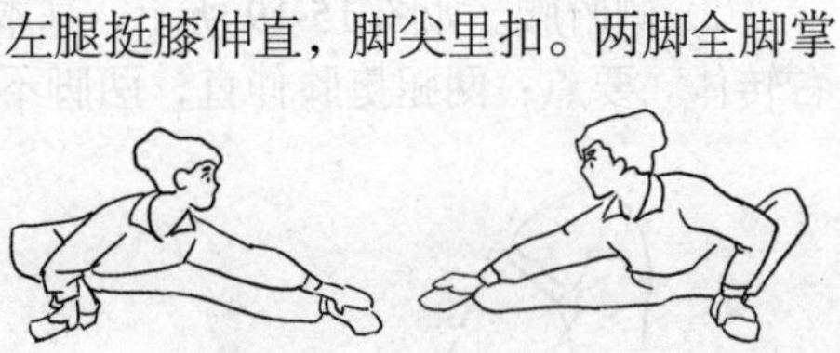
图 15–11 仆步压腿

（2）搬腿

① 正搬腿。如图 15-12 所示，右腿直立与上体保持正直，左腿屈膝提起，右手托握左脚外侧，左手抱膝。然后，左腿挺膝向前上方举起，脚尖勾紧。也可由同伴托住脚跟上搬。左右腿交替练习。要点：挺胸、立腰、收髋；上搬高度应由低到高。

② 侧搬腿。如图 15-13 所示，左腿直立与上体保持正直，右腿屈膝提起，右手经小腿内

侧托住脚跟，然后将右腿向右上方搬起，左臂上举亮掌。也可由同伴托住脚跟向侧上搬腿。左右腿交替练习。要点：挺胸、立腰，髋关节放松。

③ 后搬腿。如图 15-14 所示，手扶一定高度的物体或肋木，左腿支撑，由同伴托起右腿从身后向上搬举，挺膝，脚尖绷直，上体后屈。左右腿交替练习。要点：挺胸、塌腰、髋放正、腰后屈。

（3）劈腿

① 竖叉。如图 15-15 所示，两臂侧平举或扶地，两腿前后分开成一直线。左腿后侧着地，脚尖勾起，右腿内侧或前侧着地。要点：挺胸、立腰、沉髋、挺膝。

图 15-12　正搬腿

图 15-13　侧搬腿

图 15-14　后搬腿

② 横叉。如图 15-16 所示，两臂侧平举或在体前扶地，两腿左右分开成一直线，两腿内侧着地。要点：挺胸、立腰、展髋、挺膝。

图 15-15　竖叉

图 15-16　横叉

3. 腰功

俗语曰："练拳不练腰，终究艺不高"。腰是贯通上下肢体的枢纽，是表现身法技巧的关键。腰功主要发展脊椎和腰部各肌肉群的柔韧性和弹性，加大腰部的活动范围。练习方法主要有俯腰、甩腰、涮腰、下腰等。

（1）俯腰

① 前俯腰。如图 15-17 所示，并步站立，两手手指交叉，直臂上举，掌心朝上。上体前俯，两掌心尽量贴地。也可两手分别抱住两脚跟腱部位，头贴近腿部，持续一定时间后再站立，如图 15-18 所示。要点：两腿挺膝伸直，挺胸、塌腰、收髋，尽力向前折体。

② 侧俯腰。如图 15-19 所示，基本同前俯腰，但两手手指交叉在脚外侧触地，向左或向右转体。要点：两腿挺膝伸直，两脚不可移动，上体尽量下屈。

图 15-17　前俯腰 1

图 15-18　前俯腰 2

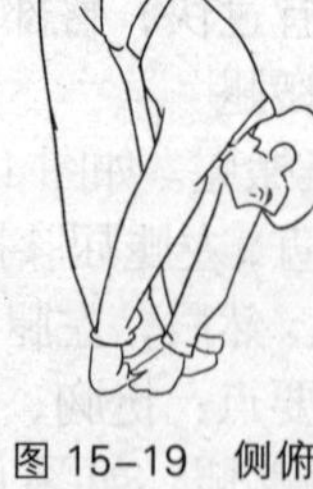

图 15-19　侧俯腰

（2）甩腰

如图 15-20 所示，开步站立，两腿挺膝伸直，两臂上举。以腰、髋关节为轴，上体做前后屈的甩动动作，两臂也随之摆动。要点：快速、紧凑而有弹性。

（3）涮腰

如图 15-21 所示，两脚开立，略宽于肩，上体前俯，两臂向左前下方伸出。然后以髋关节为轴，向前、向右、向后、向左翻转绕环一周。左右交替练习。要点：尽量增大绕环幅度。

（4）下腰

如图 15-22 所示，两脚开立，与肩同宽，两臂伸直上举。腰向后屈，抬头、挺胸、顶腰，两手撑地成桥形。要点：挺膝、挺髋、挺胸、腰向上顶，桥弓要大；脚跟不可离地。

图 15-20　甩腰

图 15-21　涮腰

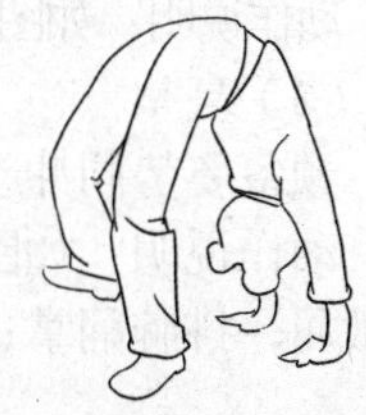

图 15-22　下腰

4. 桩功

桩功是以静站的方式锻炼气息、修养意念、增强力量并形成动作动力定型的锻炼方法。通过桩功练习能增加并稳固下肢力量，使内劲饱满，气血畅活，达到壮内强外的效果。练习方法主要有马步桩、虚步桩、浑元桩（升降桩和开合桩）等。

15.2.2　武术的基本动作

武术运动讲究心、神、意、气和手、眼、身、步的配合与统一，利关节、强筋骨、壮体魄、理脏腑、通经脉、调精神，使身心得到全面发展。武术的基本动作是指武术各项目中基础的、简单的、典型的、不可缺少的动作。主要包括手型、步型、手法、步法、腿法、平衡和跳跃动作等。

1. 手型

（1）拳

如图 15-23 所示，四指并拢卷握，拇指紧扣食指和中指的第二指节。拳眼朝上为立拳，拳心朝下为平拳。要点：拳握紧，拳面平，直腕。

（2）掌

如图 15-24 所示，四指并拢伸直，拇指弯曲紧扣于虎口处。手腕伸直为直掌，掌指朝上为立掌。要点：竖指并拢，掌心展开。

（3）勾

如图 15-25 所示，五指第一指节捏拢在一起，腕屈紧。要点：五指指尖齐平，腕屈紧。

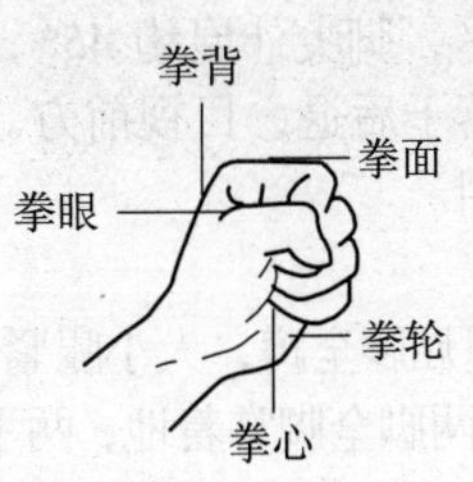

图 15-23　拳

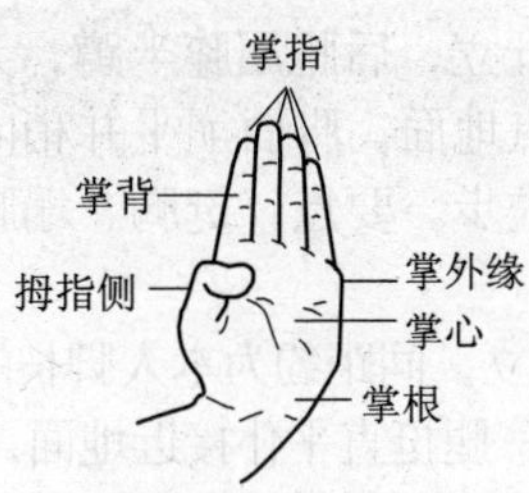

图 15-24　掌

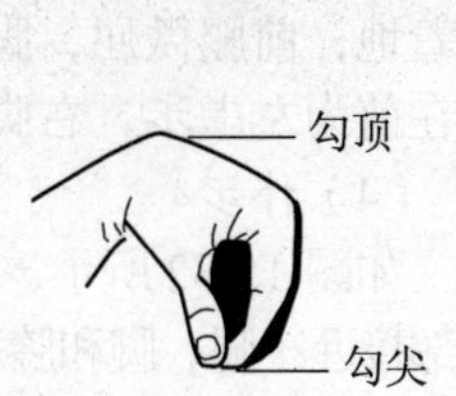

图 15-25　勾

2. 手法

(1) 冲拳

预备姿势：如图 15-26（a）所示，开步站立，与肩同宽；两手握拳分别抱于腰侧，拳心向上，肘尖向后，目视前方。

动作说明：如图 15-26（b）所示，右拳从腰间猛力向前冲出，肘关节过腰后，前臂内旋，力达拳面，臂伸直高与肩平，同时左肘向后牵拉，目视右拳。左右臂交替练习。

要点：挺胸、收腹、拧腰、顺肩，出拳应快速有力且有寸劲（即爆发力）。

(2) 推掌

预备姿势和要点同冲拳。

动作说明：如图 15-27 所示，拳变掌，以掌根为力点立掌（翘掌、沉腕）推出，力达掌外沿。

(3) 亮掌

预备姿势同冲拳。

动作说明：如图 15-28 所示，右拳变掌，由腰间经体侧向右、向上划弧至头部右上方，肘微屈，抖腕翻掌；同时头向左转，目视左方。

（a）　（b）
图 15-26　冲拳

图 15-27　推掌

图 15-28　亮掌

要点：挺胸、收腹、立腰，抖腕翻掌与转头要同时完成。

3. 步型

步型与步法的练习主要是增进腿部的速度和力量，提高两腿移动的灵活性和稳固性。

(1) 弓步

如图 15-29 所示，前腿屈膝半蹲，大腿接近水平，脚尖微内扣，与膝垂直；后腿挺膝伸直，脚尖内扣斜向前（约 45°）；两脚全脚掌着地，间距约为本人脚长的 4～5 倍；上体正对前方，两手抱拳于腰间，平视前方。弓左腿为左弓步，弓右腿为右弓步。要点：前腿弓，后腿绷；挺胸、塌腰、沉髋。

(2) 马步

如图 15-30 所示，开步站立，两脚间距约为本人脚长 3 倍，脚尖正对前方；屈膝半蹲，大腿接近水平，膝关节不超过脚尖；两手抱拳于腰间，目视前方。要点：挺胸、塌腰、直背，膝微内扣，脚跟外蹬。

(3) 虚步

如图 15-31 所示，两脚前后开立，后腿屈膝半蹲，大腿接近水平，脚尖外展约 45°，全脚着地；前腿微屈，脚尖前伸虚点地面，脚面崩平并稍内扣；重心落于后退，目视前方。左脚在前为左虚步，右脚在前为右虚步。要点：挺胸、塌腰、虚实分明。

(4) 仆步

如图 15-32 所示，两脚左右开立，间距约为本人脚长的 4 倍；一腿屈膝全蹲，大小腿紧靠，臀部接近小腿，脚和膝稍外展；另一腿挺直平仆接近地面，脚尖内扣；两脚全脚掌着地，两手抱拳于腰间，眼向仆出腿一方平视。仆左腿为左仆步，仆右腿为右仆步。要点：挺胸、塌腰、沉髋。

图 15-29　弓步

图 15-30　马步

图 15-31　虚步

（5）歇步

如图 15-33 所示，两腿交叉靠拢，屈膝全蹲，前脚全脚掌着地，脚尖外展；后脚脚跟离地，膝部贴近前腿外侧，臀部坐于后小腿接近脚跟处；两手抱拳于腰间，眼向前腿一方平视。左脚在前是左歇步，右脚在前为右歇步。要点：挺胸、塌腰、两腿靠拢并贴紧。

（6）丁步

如图 15-34 所示，两腿并拢半蹲，一脚全脚掌着地支撑（重心落于此腿）；另一脚脚面绷直，脚尖内扣并虚点地面，靠于支撑脚脚弓处；两手抱拳于腰间，目视前方。左脚尖点地为左丁步，右脚尖点地为右丁步。要点：挺胸、塌腰、虚实分明。

图 15-32　仆步

图 15-33　歇步

图 15-34　丁步

4. 步法

（1）击步

预备姿势：两脚前后开立，同肩宽，两手叉腰。

动作说明：如图 15-35 所示，上体略前倾，前脚蹬地前纵，后脚提起在空中向前碰击前脚跟；两脚依次落地，后脚先落，前脚后落；目视前方。要点：腾空时，上体保持正直并侧对前方。

（2）弧形步

预备姿势同击步的预备姿势相同。

动作说明：如图 15-36 所示，两腿略屈半蹲，沿弧形路线迅速连续行步，脚跟先着地并迅速过渡到全脚掌，步幅略比肩宽，目视前方。向左跨为左弧形步（或左环绕步），向右跨步为右弧形步（右环绕步）。要点：挺胸、塌腰；身体重心要平稳；注意转腰。

图 15-35　击步

图 15-36　弧形步

5. 腿法

（1）正踢腿

预备姿势：并步站立，臂侧平举，立掌，目视前方。

动作说明：如图 15-37 所示，左脚向前上半步，左腿伸直支撑，右腿挺膝，脚尖勾起向前额处快速踢起；上体正直，目视前方。左右腿交替练习。要点：收腹、挺胸、立腰；踢腿过腰后加速；踢腿时脚尖勾起绷落或勾起勾落。

（2）斜踢腿

预备姿势和要点同正踢腿。

动作说明：如图 15-38 所示，一腿向异侧耳际踢起。

（3）侧踢腿

预备姿势同正踢腿。

动作说明：如图 15-39 所示，右脚向前上半步，脚尖外展；左脚跟稍提起，身体略右转，左臂前伸，右臂后举。随即左腿挺膝，勾脚向左耳侧踢起；同时右臂上举亮掌，左臂屈肘立掌于右肩前。踢左腿为左侧踢，踢右腿为右侧踢。

图 15–37　正踢腿

图 15–38　斜踢腿

要点：挺胸、立腰、开髋、侧身、猛收腹。

（4）外摆腿

预备姿势同正踢腿。

动作说明：如图 15-40 所示，右脚上步支撑，左脚脚尖勾紧向右侧上方踢起，经面前向左侧上方摆动，而后直腿下落，还原成预备姿势。左掌可在左侧上方迎击左脚脚面。左右腿交替练习。

图 15–39　侧踢腿

图 15–40　外摆腿

要点：挺胸、立腰、收腹、展髋，摆腿成扇形，幅度要大。

（5）里合腿

预备姿势同正踢腿。

动作说明：如图 15-41 所示，左脚向左上方踢起，经面前向右侧上方直腿摆动。

要点：挺胸、立腰、合髋，腿成扇形里合，幅度要大。

（6）弹腿

预备姿势：并步站立，两手抱拳于腰间，目视前方。

动作说明：如图 15-42 所示，左腿支撑，右腿屈膝提起，右脚绷直，大腿与腰平，迅速挺膝，小腿猛力向前弹击，力达脚尖。大腿与小腿成一直线，高与腰平。左右腿交替练习。

要点：挺胸、直腰、收髋，脚面绷平，弹踢有力。

图 15-41 里合腿

图 15-42 弹腿

（7）后扫腿

如图 15-43 所示，成左弓步，同时两掌从腰侧向前推出，掌指朝上。然后，左腿屈膝全蹲，脚尖内扣，成右仆步，同时上体右转并前俯，两掌在右腿内侧撑地，随上体向右后拧转的惯性力量，以左前掌为轴，右脚贴地向后扫转一周。

要点：转体、俯身、撑地，扫转要连贯协调，一气呵成。

6. 平衡

平衡练习的主要作用是增加腰、髋的柔韧性和肌肉的控制力量。

（1）提膝平衡

如图 15-44 所示，右腿伸直支撑，左腿屈膝高提过腰，脚面绷直，垂扣于右腿前侧。右臂上举于头上亮掌，左手反臂后举成勾手。两眼向左平视。

要点：挺胸、立腰、收腹；平衡站稳，提膝近胸，脚内扣。

（2）燕式平衡

如图 15-45 所示，左腿支撑站稳，右腿屈膝提起，两掌在身前交叉，掌心向内。然后，两掌向两侧直臂分开平举，上体前俯，略高于水平，脚面绷平向后上蹬伸，至高于头顶水平部位。

要点：两腿伸直；挺胸、抬头、腰后屈。

7. 跳跃

跳跃是指蹬地跳起，身体腾空时完成各种手法、腿法等动作。它能增强腿部力量，并提高弹跳能力。

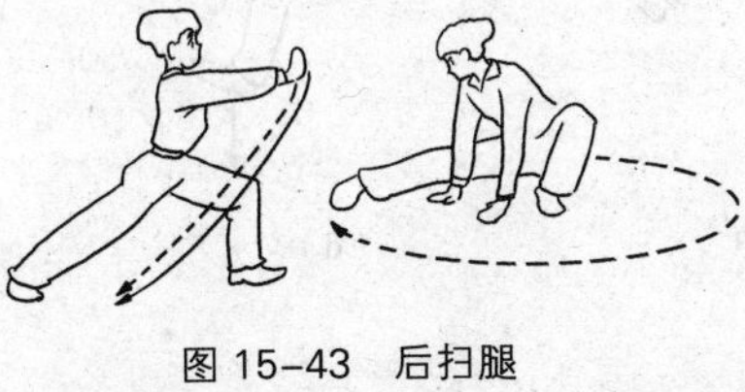

图 15-43 后扫腿

图 15-44 提膝平衡

图 15-45 燕式平衡

（1）腾空飞脚

预备姿势：并步站立，两臂垂于体侧，目视前方。

动作说明：上体稍后仰；右脚向前迈步，以脚跟着地，蹬地跃起；左腿随之向前、向上踢摆；同时，两臂向头上摆起，右掌背碰击左掌心；双眼平视前方（见图 15-46（a）、图 15-46（b））。身体向上腾起；右腿挺膝向前上方弹踢，脚面绷平过腰，右掌迎击右脚面；同时左腿屈膝收控于右腿侧，脚面绷直，脚尖向下，左掌直臂摆至头部左上方，变勾手，勾尖向下，略高于肩；上体微前倾，目视右脚（见图 15-46（c））。左右脚依次落地，以前脚掌先着地，然后过渡到全脚，随之屈膝加以缓冲。

（2）旋风脚

预备姿势：高虚步亮掌站立。

开步站立，两臂垂于体侧，目视前方。右臂向前上方弧形摆掌，掌心向斜上方；同时左臂屈肘，左掌收于左腰侧，掌心向下；上体微左转，目随右掌（见图 15-47（a）、图 15-47（b））。右掌经体前向左、向下、向右、向头上抖腕亮掌，掌心向上，掌指朝左；同时左掌从右臂内穿出，经胸前向上，向左摆至左侧，掌指朝上，高于肩平。在右臂抖腕亮掌的同时，头部左转，两眼转视左侧，左脚收于体前，脚尖虚点地面，成高虚步（见图 15-47（c））。

(a)　(b)　(c)
图 15-46　腾空飞脚

(a)　(b)　(c)
图 15-47　高虚步亮掌站立

动作说明：左脚左上步，同时左掌向前、向上摆起，右臂伸直向后、向下摆动（见图 15-48（a））。右脚随即上步，脚尖内扣，左臂随之向下摆动并屈肘收至右胸前。左臂向上、向前抡摆，上体向左旋转前俯（见图 15-48（b））。重心右移，右腿屈膝蹬地跳起，左腿提起向左上方摆动。上体向左上方翻转，同时两臂向下、向左上方抡摆。身体旋转一周（不少于 270°），右腿挺膝里合，左手在面前迎击右脚掌，左腿舒展外摆自然下垂，并在击响的刹那间离地（见图 15-48（c）、图 15-48（d））。当腾空动作较熟练后，左腿应逐步高摆，屈膝或直腿收控于身体左侧。

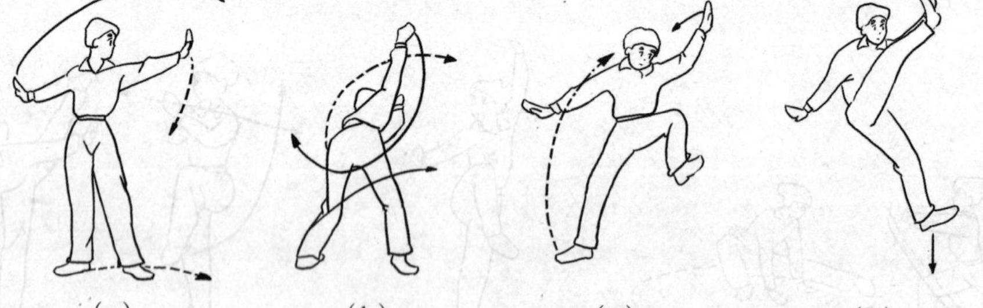
(a)　(b)　(c)　(d)
图 15-48　旋风脚关键动作

（3）腾空摆莲

预备姿势：高虚步挑掌站立。

如图 15-49 所示，并步站立，右脚后撤一大步，同时右臂向前、向上挑掌，左臂后摆至体后。重心后移，左脚回收至身前虚点地面，成高虚步；同时右臂向上、向后、向下、向前环绕一周于身前挑掌，左臂向前、向上、向后绕环抡摆至身后，两臂与肩齐平，两掌掌指朝上；挺胸、直腰、顺肩，目视前方。

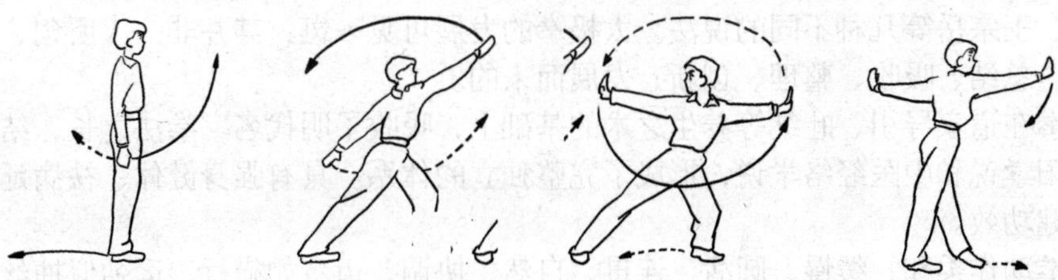

图 15-49 高虚步挑掌站立

动作说明：

弧形步上跳。左脚向前进半步（见图 15-50（a）），右脚随之向前进一大步，脚尖外展，屈膝微蹲。同时右掌弧形回收至腰间，左臂由后经上摆至头前上方（见图 15-50（b））。右腿蹬伸上跳，左脚屈膝提起收扣于身前，身体腾空。同时右臂经左臂内侧向上弧形斜上举，左臂顺势摆向身后，头部左转，右肩前顺（见图 15-50（c））。右脚落地，左脚随之在身前落步，右脚再进一步，脚尖外展；身体右转，同时右臂顺势下落，左臂前摆（见图 15-50（d）、图 15-50（e））。

（a） （b） （c） （d） （e）

图 15-50 腾空摆莲关键动作 1

重心前移右腿，右脚蹬地跳起，同时左腿向右上方里合踢摆，两手上摆于头上击响，上体向右旋转，身体腾空（见图 15-51（a））。右腿上踢外摆呈扇形，两手先左后右依次拍击右脚面，左腿屈膝收控于右腿侧。上体微前倾，两眼随视两手（见图 15-51（b））。空中击响时，左腿充分伸直分开摆动控于体侧（见图 15-51（c））。

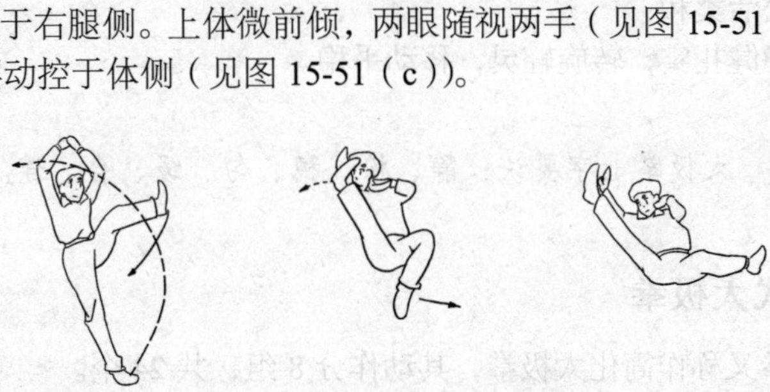

（a） （b） （c）

图 15-51 腾空摆莲关键动作 2

15.3 太 极 拳

15.3.1 太极拳概述

“太极”一词源出《周易·系辞》：“易有太极，是生两仪，两仪生四象，四象生八卦，八卦定吉凶，吉凶成大业。”意即“太极”是产生万物的本源，含有“至高”“至极”“绝对”“唯一”之意。太极拳亦是取义于此。

太极拳的起源，众说纷纭，大致有唐朝许宣平、李道子，明朝张三丰、陈卜，清朝陈王廷、蒋发、王宗岳等几种不同的说法。太极拳的发展可见一斑：其并非一人所创，而是前人不断开发、总结、吸收、整理、创新、发展而来的。

太极拳在道家导引、吐纳等养生之术的基础上，吸收了明代名家拳法之长，结合了中国古代的阴阳学说和中医经络学说，形成了完整独立的体系。具有强身健体、祛病延年、陶冶性情之保健功效。

太极拳动作柔和、缓慢、圆活、连贯、自然、协调，迈步如猫行，运劲似抽丝。讲求体松心静，精持贯注，以意导形，上下相随，中正安舒，虚实分明。整套动作行云流水，连绵不断，既自然又高雅，既有音乐的韵律、哲学的内涵，又有美的造型、诗的意境。其特点是以柔克刚，以静待动，以圆化直，以小胜大，以弱胜强。

太极拳（hexagram boxing）主要身型身法：

头——虚领顶劲，头正、顶平、项直、颏收，有上悬意念；

肩——沉肩，平正松沉；

肘——坠肘，自然弯曲垂坠；

臂——掤劲，上肢充满膨胀的内力；

腋——虚腋，腋下保持一定空隙；

腕——塌腕，劲力贯注；

手——展指舒掌，五指自然分开，掌心微含；

胸——含胸，舒松微含；

背——拔背，舒展伸拔；

脊——正脊，中正竖直；

腰——松腰，松活沉直；

臀——敛臀，向内微敛；

胯——松胯，松正含缩，使劲力贯注下肢；

膝——活膝，松活柔和；

足——扣足，稳健扎实，转旋轻灵，移动平稳。

温馨提示　太极拳七字要诀：静、松、稳、匀、缓、合、连。

15.3.2　二十四式太极拳

二十四式太极拳又称作简化太极拳，其动作分 8 组，共 24 个。

第一组：① 起势，② 左右野马分鬃，③ 白鹤亮翅；第二组：④ 左右搂膝拗步，⑤ 手挥琵琶，⑥ 左右倒卷肱；第三组：⑦ 左揽雀尾，⑧ 右揽雀尾；第四组：⑨ 单鞭，⑩ 左云手，⑪ 单鞭；第五组：⑫ 高探马，⑬ 右蹬脚，⑭ 双峰贯耳，⑮ 转身左蹬脚；第六组：⑯ 左下势独立，⑰ 右下势独立；第七组：⑱ 左右穿梭，⑲ 海底针，⑳ 闪通臂；第八组：㉑ 转身搬拦捶，㉒ 如封似闭，㉓ 十字手，㉔ 收势。

如图 15-52 所示，身体自然直立，两脚并拢；头正颈直，下颌微收，眼平视，口轻闭，舌抵上颚；两臂自然垂于体侧，手指微屈；全身放松，呼吸自然，精神集中。

1. 起势

（1）两脚开立

如图 15-53（a）所示，左脚缓缓提起（不超过右踝的高度）向左横跨半步，与肩同宽，脚尖、脚跟依次落地，成开立步。

图 15-52　站立姿势

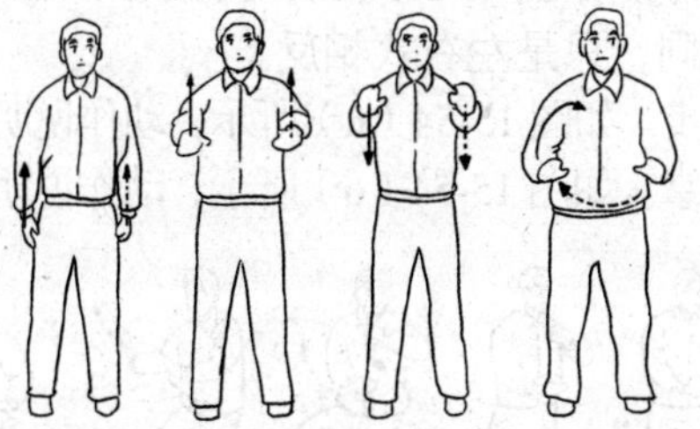

（a）（b）（c）（d）

图 15-53　起势

（2）两臂前举

如图 15-53（b）、图 15-53（c）所示，两臂缓缓向前平举，至高、宽同肩。手心向下，指尖向前。

（3）屈膝按掌

如图 15-53（d）所示，上体保持正直，两腿缓缓屈膝半蹲；同时两掌轻轻下按，落于腹前；掌膝相对。

要点：眼向前平视；两肩下沉，两肘松垂，手指自然微屈；屈膝、松腰、敛臀，身体重心落于两腿中间；落臂按掌与屈膝下蹲的动作要协调一致；两臂前举时吸气，向下按落时呼气。

2. 左右野马分鬃

（1）左野马分鬃

① 收脚抱球。如图 15-54（a）、图 15-54（b）所示，上体微右转，身体重心移至右腿上；同时右手向右、向上、向左划弧，右臂平屈于右胸前，掌心向下，手指微屈，左手向下、向右划弧，逐渐翻转至右腹前，掌心向上，两掌心上下相对成抱球状；左脚随即收到右脚内侧，脚尖点地（即脚前掌着地，下同），成左丁步；目视右手。

② 转体迈步。如图 15-54（c）、图 15-54（d）所示，上体缓缓左转，左脚向左前侧迈出一步，左腿自然伸直，脚跟着地；同时左、右手分别向左上、右下分开；视线随左手移动。

③ 弓步分掌。如图 15-54（e）所示，随转体左脚全掌逐渐踏实，左腿屈膝前弓，身体重心逐渐前移至左腿，右腿自然伸直，右脚跟后蹬稍外碾，成左弓步；同时两手继续分开，左手高与眼平，掌心斜向上，右手落于右胯旁，掌心向下，指尖朝前；两肘微屈，保持弧形；目视左手。

（2）右野马分鬃

① 后坐翘脚。如图 15-54（f）所示，上体慢慢后坐，右腿屈膝，身体重心后移至右腿；左腿自然伸直，膝微屈，脚尖翘起；目视左手。

② 收脚抱球。如图 15-54（g）、图 15-54（h）所示，身体左转，左脚尖随之外摆（40°～60°），左脚全掌踏实，屈膝弓腿，身体重心移至左腿，右脚跟进收至左脚内侧，脚尖点地；同时左手翻转划弧至左臂胸前平屈，右手向左上前摆至左手下，两掌心相对在胸前左侧成抱球状；目视左手。

③ 转体迈步。如图 15-54（i）所示，动作说明与“（1）左野马分鬃”中“转体迈步”相同，只是左右式相反，且转体幅度稍小。

弓步分掌。如图 15-54（j）所示，动作说明与“（1）左野马分鬃”中“弓步分掌”相同，只是左右式相反。

（3）左野马分鬃

① 后坐翘脚。如图 15-54（k）所示，动作说明与“（2）右野马分鬃”中“后坐翘脚”相同，只是左右式相反。

② 收脚抱球。如图 15-54（l）、图 15-54（m）所示，动作说明与“（2）右野马分鬃”中“收脚抱球”相同，只是左右式相反。

③ 转体迈步。如图 15-54（n）所示，动作说明与“（1）左野马分鬃”中“转体迈步”相同。

④ 弓步分掌。如图 15-54（o）所示，动作说明与“（1）左野马分鬃”中“弓步分掌”相同。

图 15-54 左右野马分鬃

要点：上体舒松正直，松腰松胯；身体转动时要以腰为轴；做弓步时，迈出脚先脚跟着地，然后过渡至全脚掌，脚尖向前，膝不可超过脚尖，后腿自然伸直，前后脚尖约成 45°～60° 夹角（下同）；野马分鬃式弓步时，前后脚的脚跟应分在中轴线的两侧，两脚横向距离（身体的正前方为纵轴，其两侧为横向）10～30 厘米；转体、弓腿和分手要协调一致；进步时先进胯，使两腿虚实分明；抱球时为吸气，转体迈步、弓步分掌时为呼气。

3. 白鹤亮翅

（1）跟步抱球

如图 15-55（a）所示，上体微左转，右脚脚跟先离地，向前跟进半步，前脚掌着地，落于左脚后（约 20 厘米），身体重心仍在左腿；同时左手翻掌向下，左臂平屈于左胸前，右手翻掌向上，向左上划弧至左腹前，与左手成抱球状；目视左手。

（2）后坐转体

如图 15-55（b）所示，上动不停（表示动作与动作之间的连贯性），上体稍右转，右脚全脚掌踏实，右腿屈蹲，重心移至右腿；同时两手向右上，左下分开；视线随右手移动。

（3）虚步分掌

如图 15-55（c）所示，上动不停，上体稍向左转，面向前方（前进方向），左脚稍向前移，脚尖点地，膝微屈，成左虚步；同时右手继续向右上划弧至右额前，掌心斜向左后方，指尖稍高于头，左手下按至左胯前，掌心向下，指尖朝前；目视前方。

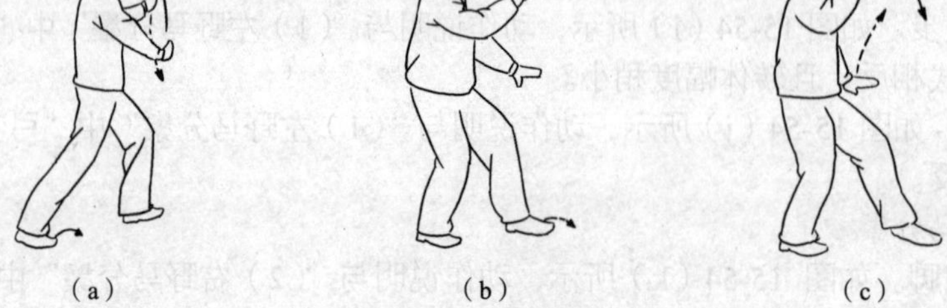

图 15-55 白鹤亮翅

要点：上体舒松正直；转体、分掌和步型的调整要协调一致，同时完成；转动动作要以腰带臂，虚步动作要收腹敛臀；抱球过程吸气，转体分掌过程呼气。

4. *左右搂膝拗步*

（1）左搂膝拗步

① 转体摆臂。如图 15-56（a）、图 15-56（b）、图 15-56（c）所示，上体微左转再右转；左脚收至右脚内侧，脚尖点地；同时右手体前下落，由下经右胯侧向右肩外侧划弧，至与耳同高，掌心斜向上，肘微屈，左手由左下向上，经面前再向右下划弧至右肩前，肘部略低于腕部，掌心斜向下；目视右手。

② 弓步搂推。如图 15-56（d）、图 15-56（e）所示，上动不停，上体左转，左脚向左前方迈出，成左弓步，身体重心移至左腿；同时右手内旋回收，经右耳侧向前推出于右肩前方，高与鼻平，掌心向前，指尖朝上，左手向下经左膝前搂过（即向左划弧搂膝），按于左胯侧稍前，掌心向下，指尖朝前；目视右手。

（2）右搂膝拗步

① 后坐翘脚。如图 15-56（f）所示，右腿屈膝，上体后坐，身体重心移至右腿，左腿自然伸直，脚尖翘起，略向外撇（约 40°）；同时右臂微收，掌心旋向左前方，左手开始划弧外展；目视右手。

② 摆臂跟脚。如图 15-56（g）、图 15-56（h）所示，上体左转，左脚掌逐渐踏实，左腿屈膝前弓，身体重心移至左腿，右脚跟至左脚内侧，脚尖点地；同时两手继续翻掌划弧，左手向左上摆举至左肩外侧，与耳同高，掌心斜向上，右手随转体向上经面前，向左下摆至左肩前，肘部略低于腕部，掌心斜向下，目视左手。

③ 弓步搂推。如图 15-56（i）、图 15-56（j）所示，动作说明与“（1）左搂膝拗步”中“弓步搂推”相同，只是左右式相反。

图 15-56 左右搂膝拗步

（3）左搂膝拗步

① 转体摆臂。如图 15-56（k）所示，与“（2）右搂膝拗步”中“后坐翘脚”相同，唯左右相反。

② 摆臂跟脚。如图 15-56（l）、图 15-56（m）所示，与“（2）右搂膝拗步”中“摆臂跟脚”相同，唯左右相反。

③ 弓步搂推。如图 15-56（n）、图 15-56（o）所示，动作说明与“（1）左搂膝拗步”中“弓步搂推”相同。

要点：推掌时，上体舒松正直，松腰松胯，沉肩垂肘，坐腕舒掌；搂膝拗步成弓步时，两脚跟的横向距离约 30 厘米（同肩宽）；两手推搂和转体弓腿必须协调一致，同时完成；转体摆臂、后坐翘脚、摆臂跟脚动作过程中吸气，弓步搂推动作过程中呼气。

5. *手挥琵琶*

（1）跟步展臂

如图 15-57（a）所示，右脚跟进半步，以前脚掌着地，落于左脚内后约 20 厘米处；同时右臂稍向前伸展，腕关节放松；目视右手。

（2）后坐引手

如图 15-57（b）所示，上体后坐，右脚全脚掌踏实，身体重心移至右腿；上体稍向右转，左脚跟离地；随转体左手由左下向前上弧形挑举，高与鼻平，肘微屈，掌心斜向下，右手屈臂后引，收于左肘里侧，掌心斜向下；目视左手。

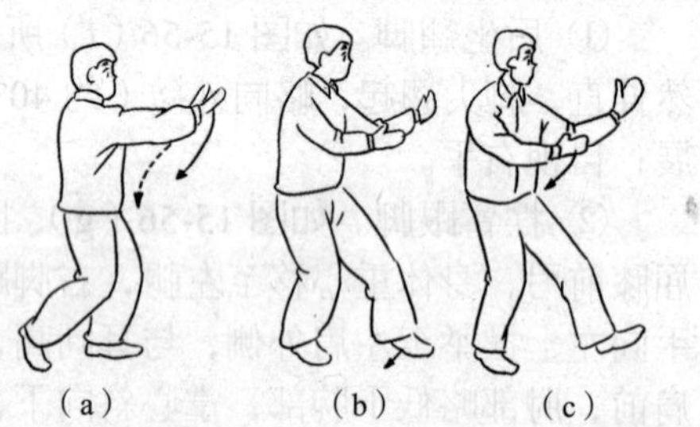

图 15–57　手挥琵琶

（3）虚步合臂

如图 15-57（c）所示，上体微向左回转，但仍保持稍向右侧身状；左脚稍向前移，脚跟着地，膝微屈，成左虚步；同时，两臂外旋，屈肘合抱，左手与鼻相对，掌心向右，右手与左肘相对，掌心向左，犹如怀抱琵琶；目视左手。

要点：身体姿势平稳自然，胸部放松，沉肩垂肘；上肢与下肢动作应协调一致；在做图 15-57（a）到图 15-57（b）所示动作时吸气，做图 15-57（b）到图 15-57（c）所示动作时呼气。

6. *左右倒卷肱*

（1）左倒卷肱

① 转体撤掌。如图 15-58（a）、图 15-58（b）所示，上体右转；两手翻转向上，右手向下撤引，经腰侧向右后上方划弧，至与耳同高，掌心斜向上，肘微屈；目随转体先右视，再转看左手。

② 提膝屈肘。如图 15-58（c）所示，上体微向左回转，左腿屈膝提起，脚尖自然下垂；同时右臂屈肘卷回，右手收向右耳侧，掌心斜向前下方；目视前方。

③ 退步推掌。如图 15-58（d）所示，上动不停，上体继续微向左回转至朝前；左脚向后略偏左侧退一步，脚前掌先着地，然后全脚掌踏实，屈膝微蹲，身体重心移至左腿，右脚跟离地，并以前脚掌为轴随转体将脚扭正（脚尖朝前），膝微屈，成右虚步；同时右手经耳侧向前推出，高与鼻平，左臂屈肘收至左胯旁，掌心向上；目视右手。

（2）右倒卷肱

① 转体撤掌。如图 15-58（e）所示，上体稍左转；左手向左肩外侧引举，腕与肩同高，掌心斜向上，肘微屈，右手随之翻掌向上；目随转体先左视，再转看右手。

② 提膝屈肘。如图 15-58（f）所示，动作说明与“（1）左倒卷肱”中“提膝屈肘”相同，只是左右式相反。

③ 退步推掌。如图 15-58（g）所示，动作说明与“（1）左倒卷肱”中“退步推掌”相同，只是左右式相反。

图 15-58　左右倒卷肱

（3）左倒卷肱

动作说明与“（1）左倒卷肱”相同。

（4）右倒卷肱

动作说明与“（2）右倒卷肱”相同。

要点：前推和后撤的手臂均应划弧线；退左脚略向左后斜，退右脚略向右后斜，避免两脚成一直线；最后退右脚时，脚尖外撇的角度应略大些，以便于接下来做“左揽雀尾”的动作；转体撤掌和提膝屈肘时吸气，退步推掌时呼气。

7. 左揽雀尾

（1）转体抱球

如图 15-59（a）、图 15-59（b）、图 15-59（c）所示，上体右转，左脚收至右脚内侧，脚尖点地，成左丁步，重心落于右腿；同时右手由胯侧向右后上方划弧屈臂与右胸前，掌心向下，左手由体前划弧下落至右腹前，掌心向上，两手相对成抱球状；目视右手。

（2）弓步掤臂

如图 15-59（d）、图 15-59（e）所示，上体左转，左脚向左前方上步，屈膝，右腿自然蹬直，身体重心前移至左腿，成左弓步；同时左臂向左前方平屈掤出（即左臂平屈成弧形，用前臂外侧和手背向左侧推出），高与肩平，掌心向内，右手向右下方划弧落按于右胯旁，掌心向下，指尖朝前；目视左前臂。

（3）转体伸臂

如图 15-59（f）所示，上体稍向左转；左前臂内旋，左手前伸翻掌向下，右前臂外旋，右手翻掌向上，经腹前向前上伸至左前臂下方；目视左手。

（4）转体后捋

如图 15-59（g）所示，上动不停，上体右转；右腿屈蹲，上体后坐，左腿自然伸直，身体重心移至右腿；同时两手经腹前向右后上捋，直至右手掌心斜向上，高与耳平，左臂平屈于胸前，掌心向内；目视右手。

（5）弓步前挤

如图 15-59（h）、图 15-59（i）所示，上体微左转，左腿屈膝前弓，右腿自然蹬直，重心前移成左弓步；同时右臂屈肘回收，右手经面前附于左腕内侧，掌心向内，左掌心向外，双手同时向前慢慢挤出，与肩同高，两臂呈半圆形；目视左腕。

（6）后坐收掌

如图 15-59（j）、图 15-59（k）、图 15-59（l）所示，左前臂内旋，左掌下翻，右手经左腕上方向前伸出，掌心向下，两手左右分开，与肩同宽；然后上体后坐，屈右膝，左腿自然伸直，脚尖翘起，身体重心移至右腿；同时两臂屈肘，两手划弧回收至腹前，掌心均向前下方；目视前方。

（7）弓步按掌

如图 15-59（m）所示，上动不停，左脚掌踏实，左腿屈膝前弓，右腿自然蹬直，身体重心前移成左弓步；同时两手向前、向上推按，与肩同宽，腕高与肩平，掌心向前，指尖朝上，两肘微屈；目视前方。

(a) (b) (c) (d) (e) (f) (g) (h) (i) (j) (k) (l) (m)

图 15-59 左揽雀尾

要点：左揽雀尾中包括掤、捋、挤、按 4 种击法；上体舒松正直，松腰松胯；动作处处带弧，以腰为主宰，带动手臂运动；掤臂、松腰与弓腿，后坐与引捋，前挤、转腰与弓腿，按掌与弓腿，均要协调一致；转体抱球时吸气，掤式时呼气，捋式时吸气，挤式时呼气，后坐收掌时吸气，按式时呼气。

8. *右揽雀尾*

（1）转体抱球

如图 15-60（a）、图 15-60（b）所示，上体右转并后坐，屈右膝，左腿自然伸直，脚尖内扣，身体重心后移至右腿；同时右手经面前平摆右移，掌心向外，两臂成侧平举；视线随右手移动。

如图 15-60（c）、图 15-60（d）所示，上体微左转，屈左膝，右脚收至左脚内侧，脚尖点地，成右丁步，重心回移到左腿；同时左臂平屈胸前，掌心向下，右手由体侧右下向上翻掌划弧至左腹前，掌心向上，两手相对成抱球状；目视左手。

（2）弓步掤臂

如图 15-60（e）、图 15-60（f）所示，动作说明与“7.左揽雀尾”中“（2）弓步掤臂”相同，只是左右式相反。

（3）转体伸臂

如图 15-60（g）所示，动作说明与“7.左揽雀尾”中“（3）转体伸臂”相同，只是左右式相反。

（4）转体后捋

如图 15-60（h）所示，动作说明与“7.左揽雀尾”中“（4）转体后捋”相同，只是左右式相反。

（5）弓步前挤

如图 15-60（i）、图 15-60（j）所示，动作说明与“7. 左揽雀尾”中“（5）弓步前挤”相同，只是左右式相反。

（6）后坐收掌

如图 15-60（k）、图 15-60（l）、图 15-60（m）所示，动作说明与“7. 左揽雀尾”中“（6）后坐收掌”相同，只是左右式相反。

（7）弓步按掌

如图 15-60（n）所示，动作说明与“7. 左揽雀尾”中“（2）弓步按掌”相同，只是左右式相反。

图 15–60　右揽雀尾

要点：与“7.左揽雀尾”相同。

9. 单鞭

（1）转体扣脚

如图 15-61（a）、图 15-61（b）所示，上体左转并后坐，左腿屈膝微蹲，右膝自然伸展，右脚尖翘起内扣，身体重心移至左腿；同时左手经面前至身体左侧平举，肘微垂，掌心向左，指尖朝上，右手向下经腹前向左划弧至左肋前，臂微屈，掌心向后上方；视线随左手移动。

图 15–61　单鞭

（2）丁步勾手

如图 15-61（c）、图 15-61（d）所示，上体右转，屈右膝，左脚收至右腿内侧，脚尖点地，身体重心移至右腿；同时右手逐渐翻掌，并向右上方划弧，经面前至身体右侧时变勾手，勾尖朝下，腕高与肩平，肘微垂，左手向下经腹前向右上划弧至右肩前，掌心转向内；视线随右手移动，最后目视右勾手。

（3）弓步推掌

如图 15-61（e）、图 15-61（f）所示，上体左转，左脚向左前方迈出，成左弓步，身体重心移至左腿；同时左掌经面前翻掌向前推出，掌心向前，腕与肩平，左掌、左膝、左脚尖上下相对；视线随左手移转，最后目视左手。

要点：上体保持正直，松腰；上下肢动作应协调一致；在做图 15-61（a）、图 15-61（b）、图 15-61（c）动作时吸气，做图 15-61（d）、图 15-61（e）、图 15-61（f）动作时呼气。

10. 云手

（1）云手一

① 转体扣脚。如图 15-62（a）、图 15-62（b）、图 15-62（c）所示，身体渐向右转，右腿屈膝半蹲，左脚尖翘起、内扣、着地，身体重心回移至右腿；同时左手下落经腹前向右上划弧至右肩前，掌心斜向后，右手松勾变掌，掌心向右前方；目视右手。

② 收步云手。如图 15-62（d）、图 15-62（e）所示，上体左转，身体重心随之左移；右脚提起，收至左脚内侧（相距 10～20 厘米），前脚掌先着地，全脚掌逐渐踏实，两脚平行，两膝微屈；同时左手划弧经面前向左运转，至身体左侧时，内旋外撑，掌心向外，腕与肩平；右手下落经腹前向左上方划弧，至左肩前，掌心斜向里；目视左手。

（2）云手二

① 开步云手。如图 15-62（f）、图 15-62（g）、图 15-62（h）所示，上体右转，左脚向左横跨一步，脚尖向前，前脚掌先着地，全脚掌逐渐踏实，身体重心移至右腿；同时右手经面前向右划弧，至身体右侧时，内旋外撑，掌心向外，腕与肩平；左手向下经腹前向右上方划弧，至右肩前；目视右手。

② 收步云手。动作说明与“（1）云手一”中“收步云手”相同。

（3）云手三

① 开步云手。动作说明与“（2）云手二”中“开步云手”相同。

② 收步云手。动作说明与“（1）云手一”中“收步云手”相同。

要点：云手左右各做 3 次，左云手时收右脚，右云手时跨左脚；视线随云手移动；身体转动以腰为轴，松腰松胯，重心应稳定；两臂随腰而动，要自然圆活，速度应缓慢均匀；最后右脚落地时，脚尖微内扣，以便于接做“单鞭”的动作；转体扣脚和开步云手时吸气，收步云手时呼气。

11. 单鞭

（1）转体勾手

如图 15-63（a）、图 15-63（b）、图 15-63（c）所示，上体右转，左脚跟离地，身体重心移至右腿；同时右手经面前向右划弧至身体右侧，内旋、五指屈拢变成勾手，勾尖朝下，左手向下经腹前向右上划弧至右肩前，掌心斜向内；视线随右手移动，最后目视右勾手。

图 15-62 云手

（2）弓步推掌

如图 15-63（d）、图 15-63（e）所示，动作说明与“9. 单鞭”中“（3）弓步推掌”相同。

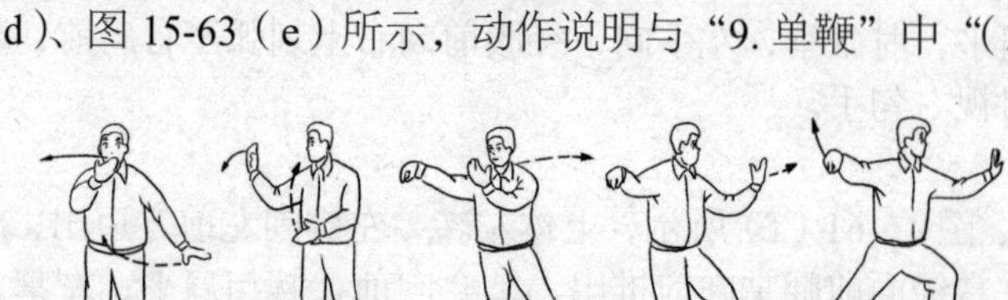

图 15-63 单鞭

要点：与“9.单鞭”相同。

12. 高探马

（1）跟步翻掌

如图 15-64（a）所示，上体微向右转，右脚跟进半步，前脚掌先着地，全脚掌逐渐踏实，屈膝后坐，身体重心移至右腿，左脚跟提起；同时右勾手变掌外旋，两掌心翻转向上，两肘微屈；目视左手。

（2）虚步推掌

如图 15-64（b）所示，上体微向左转，左脚稍向前移，脚尖点地，膝微屈，成左虚步；同时右臂屈肘，右手经耳侧向前推出，腕与肩平，掌心向前，左手收至左腰前，掌心向上；目视右手。

要点：上体舒松正直；上下肢动作应协调一致；跟步翻掌时吸气，虚步推掌时呼气。

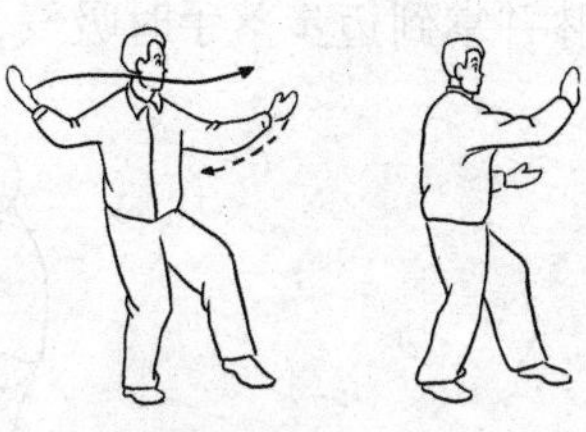

图 15-64　高探马

13. 右蹬脚

（1）弓步分掌

如图 15-65（a）、图 15-65（b）、图 15-65（c）所示，左脚提起向左前侧方迈出，脚尖稍外撇，成左弓步，身体重心前移至左腿；同时左手前伸至右腕背面，两腕背对交叉，腕与肩平，左掌心斜向后上，右掌心斜向前下；随即两手分开，经两侧向腹前划弧，肘微屈；目视前方。

（2）收脚抱手

如图 15-65（d）所示，上动不停，右脚跟进，收至左脚内侧，脚尖点地；同时两手下落经腹前由外向内上划，相交合抱于胸前，右手在外，掌心均向内；目视右前方。

（3）蹬脚分掌

如图 15-65（e）、图 10-65（f）所示，右腿屈膝上提，右脚向右前方慢慢蹬出，脚尖朝上，力贯脚跟；同时两手翻掌左右划弧分开，经面前至侧平举，肘微屈，腕与肩平，掌心均斜向外；右臂与右腿上下相对；目视右手。

要点：身体重心要稳定；分掌与蹬脚动作要同时进行并协调一致；图 15-65（a）、图 15-65（b）的动作过程为吸气；图 15-65（c）到图 15-65（d）的动作过程为呼气；图 15-65（d）到图 15-65（e）的动作过程为吸气；图 15-65（e）到图 15-65（f）的动作过程为呼气。

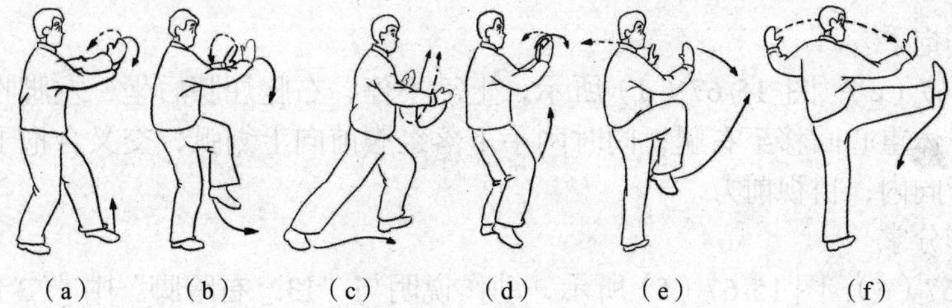

图 15-65　右蹬脚

14. 双峰贯耳

（1）屈膝并掌

如图 15-66（a）、图 15-66（b）所示，右小腿回收，屈膝平举，脚尖自然下垂；同时左手摆至体前，两手并行由体前向下划弧，落于右膝上方，掌心均翻转向上；目视前方。

（2）迈步落手

如图 15-66（c）所示，右脚向前方落下，脚跟着地；同时两手继续下落至两胯旁，掌心均斜向上；目视前方。

（3）弓步贯拳

如图 15-66（d）所示，右脚掌逐渐踏实，右腿屈膝前弓成右弓步，身体重心移至右腿；同时两手继续向后划弧，并内旋握拳，从两侧向前、向上弧形摆至面部前方，高与耳齐，宽约与头同，拳眼斜向下，两臂微屈；目视右拳。

要点：头颈正直，松腰松胯，沉肩垂肘，两拳松握；弓步与贯拳要协调一致，同时完成；屈膝并掌到迈步落手时吸气，迈步落手到弓步贯拳时呼气。

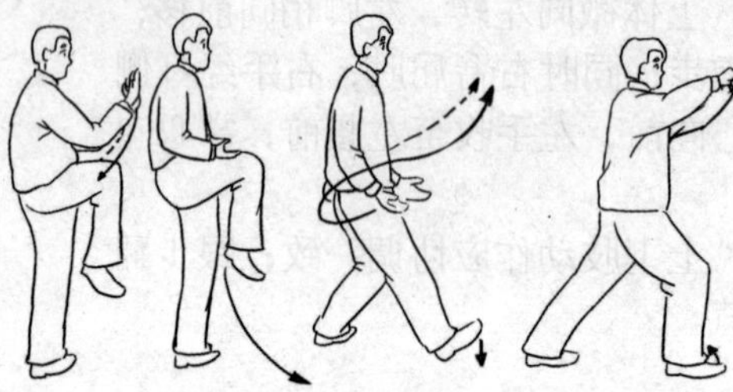

（a）（b）（c）（d）

图 15-66 双峰贯耳

15. *转身左蹬脚*

（1）转体分掌

如图 15-67（a）、图 15-67（b）所示，上体向左后转，左腿屈膝后坐，右脚尖内扣（约 90°），身体重心移至左腿；同时两拳变掌，向左右两侧分开平举，掌心斜向外，肘微屈；目视左手。

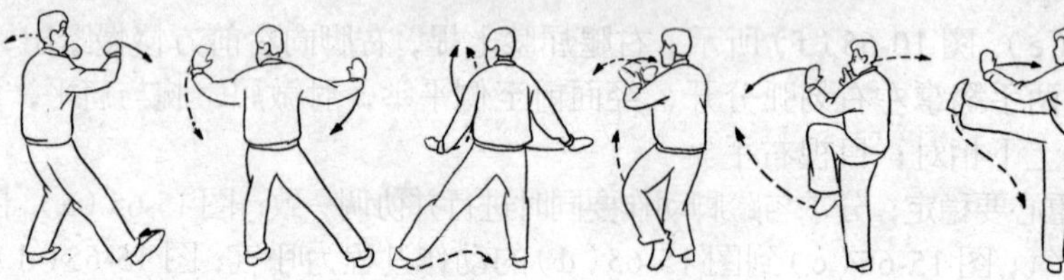

（a）（b）（c）（d）（e）（f）

图 15-67 转身左蹬脚

（2）收脚抱手

如图 15-67（c）、图 15-67（d）所示，上动不停，右腿屈膝后坐，左脚收至右脚内侧，脚尖点地，身体重心回移至右腿；同时两手下落经腹前向上划弧，交叉合抱于胸前，左手在外，两掌心皆向内；目视前方。

（3）蹬脚分掌

如图 15-67（e）、图 15-67（f）所示，动作说明与“13. 右蹬脚”中“（3）蹬脚分掌”相同，只是左右式相反。

要点：与“13.右蹬脚”相同。

16. *左下势独立*

（1）收腿勾手

如图 15-68（a）、图 15-68（b）所示，左腿回收平屈，小腿稍内扣，脚尖自然下垂；随之上体右转；同时右掌变勾手，勾尖朝下，左手向上、向右经面前划弧下落，立于右肩前，掌心斜向后；目视右勾手。

（2）仆步穿掌

如图 15-68（c）、图 15-68（d）所示，右腿慢慢屈膝下蹲，左脚向左侧偏后伸出，脚尖内扣，成右弓步，上体左转，右腿继续向下全蹲成左仆步；同时左手外旋下落，向左下沿左腿内侧向前穿出，掌心向外；目视左手。

（3）弓步立掌

如图 15-68（e）所示，左脚以脚跟为轴，脚尖外摆，左腿屈膝前弓，右脚尖内扣，右腿自然蹬直，身体重心前移：上体微向左转并随步型转换向前起身；同时左臂继续前伸，立掌挑起，掌心斜向右，右勾手内旋下落于身后，勾尖转向后上方，右臂伸直成斜下举；目视左手。

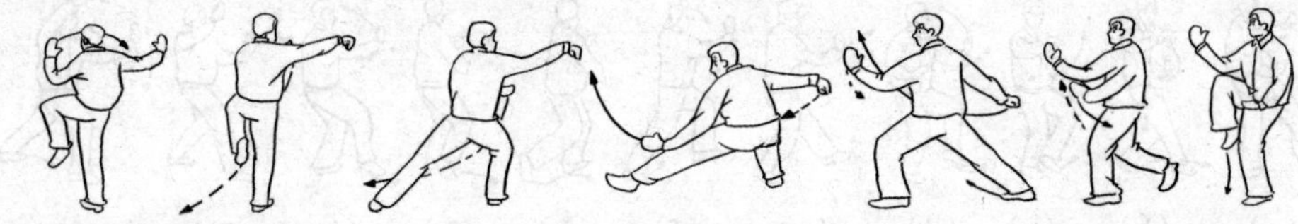
（a）（b）（c）（d）（e）（f）（g）

图 15–68 左下势独立

（4）提膝挑掌

如图 15-68（f）、图 15-68（g）所示，身体重心继续前移，右腿慢慢屈膝提起，与腹同高，脚尖自然下垂，左腿微屈支撑，成左独立式；同时右勾手变掌，下落经右腿外侧向体前弧形挑起，屈臂立于右腿上方，肘膝相对，掌心斜向左，指尖朝上，腕与肩平，左手下按落于左胯旁，掌心向下，指尖朝前；目视右手。

要点：仆步时，左脚尖与右脚跟在一条直线上；图 15-67（f）到图 15-68（b）的动作过程为吸气，图 15-68（c）到图 15-68（d）的动作过程为呼气，图 15-68-4（d）到图 15-68（e）的动作过程为吸气，图 15-68（f）到图 15-68（g）的动作过程为呼气。

17. 右下势独立

（1）落脚勾手

如图 15-69（a）、图 15-69（b）所示，右脚落于左脚右前方，脚尖点地，然后以左脚前掌为轴脚跟内转，身体随之左转；同时左手向左后侧提起，成勾手平举，勾尖朝下，腕与肩平，臂微屈；右手随转体经面前向左划弧至左肩前，掌心斜向后；目视左勾手。

（a）（b）（c）（d）（e）（f）（g）

图 15–69 右下势独立

（2）仆步穿掌

如图 15-69（c）、图 15-69（d）所示，动作说明与“16. 左下势独立”中“（2）仆步穿掌”相同，只是左右式相反。

（3）弓步立掌

如图 15-69（e）所示，动作说明与“16. 左下势独立”中“（3）弓步立掌”相同，只是左右式相反。

（4）提膝挑掌

如图 15-69（f）、图 15-69（g）所示，动作说明与“16. 左下势独立”中“（4）提膝挑掌”

相同，只是左右式相反。

要点：右脚尖触地后要稍提起，再向下仆腿；其他均与“左下势独立”相同。

18. *左右穿梭*

（1）左穿梭

① 落脚转体。如图 15-70（a）、图 15-70（b）所示，上体左转，左脚向左前落地（先以脚跟着地，再全脚掌踏实），脚尖外摆，两腿屈膝，成半坐盘式，身体重心略前移；同时左手内旋屈臂于左胸前，掌心向下，右手外旋摆至腹前，掌心向上；目视左手。

（a）（b）（c）（d）（e）（f）（g）（h）（i）（j）（k）

图 15-70　左右穿梭

② 收脚抱球。如图 15-70（c）所示，上体继续左转，右脚收到左脚内侧，脚尖点地，身体重心移至左腿；同时两手左上右下成抱球状；目视左手。

③ 弓步架推。如图 15-70（d）、图 15-70（e）、图 15-70（f）所示，上体右转，右脚向右前方迈出，成右弓步，身体重心前移；同时右手内旋，向前、向上划弧，举架于右额前，掌心斜向上；左手先向左下划弧至左肋前，再向前上推出，与鼻同高，掌心向前；目视左手。

（2）右穿梭

① 收脚抱球。如图 15-70（g）、图 15-70（h）所示，右脚尖稍向外撇，左脚收至右脚内侧，脚尖点地，身体重心移至右腿；同时右臂屈肘落于右胸前，掌心向下，左手外旋，向下、向右划弧下落于右腹前，掌心向上，两手右上左下在右胸前成抱球状；目视右手。

② 弓步架推。如图 15-70（i）、图 15-70（j）、图 15-70（k）所示，动作说明与“左穿梭”中的“3 弓步架推”相同，只是左右式相反。

要点：身体正直，重心平稳；架推掌和前弓腿动作要协调一致；弓步时，两脚跟的横向距离同搂膝拗步式，约 30 厘米；落脚转体和收脚抱球时吸气，弓步架推时呼气。

19. *海底针*

（1）跟步提手

如图 15-71（a）所示，上体稍向右转，右脚向前跟进半步，右腿屈膝微蹲，左脚稍提起，身体重心移至右腿；同时右手下落经体侧向后、向上屈臂提抽至右耳侧，掌心斜向左下，指尖斜向前下，左手经体前下落至腹前，掌心向下，指尖斜向右前方；目视右前方。

（2）虚步插掌

如图 15-71（b）所示，上动不停，上体稍左转；左脚稍向前移，脚尖点地成左虚步；同时右手向斜前下方插出，掌心向左，指尖斜向前下，左手向下、向后划弧，经左膝落至左大腿侧，掌心向下，指尖朝前；目视前下方。

要点：右手前下插掌时，上体稍前倾，松腰松胯，收腹敛臀，不可低头；跟步提手时吸起，虚步插掌时呼气。

20. *闪通臂*

（1）提脚提手

如图 15-72（a）所示，左腿屈膝，左脚微提起；同时右手经体前上提至肩，掌心向左，指尖朝前；左手向前、向上划弧至右腕内侧下方，掌心向右，指尖斜向上；目视前方。

（2）迈步分手

如图 15-72（b）所示，上体稍右转，左脚向左前方迈出，脚跟着地；同时右手上提内旋，掌心翻向外；目视右前方。

（3）弓步推撑

如图 15-72（c）所示，上体继续右转，左脚掌踏实，左腿屈弓成左弓步，重心前移；同时左手向前推出，掌心向前，高与鼻平，肘微屈；右手屈臂上举，圆撑于右额前上方，掌心斜向上；目视左手。

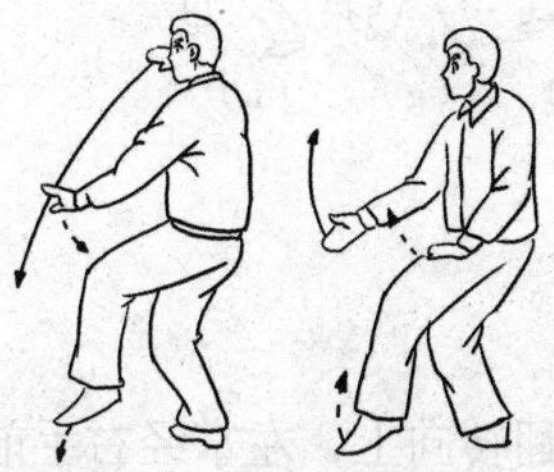

（a）　（b）

图 15–71　海底针

（a）　（b）　（c）

图 15–72　闪通臂

要点：上体正直，松腰沉胯；推掌、撑掌和弓腿动作要协调一致；弓步时，两脚跟横向距离不超过 10 厘米；提脚提手时吸起，迈步分手和弓步推撑时呼气。

21．转身搬拦捶

（1）转体扣脚

如图 15-73（a）所示，上体右转，右腿屈膝后坐，左脚尖翘起内扣，身体重心移至右腿；同时两手向右划弧，右手成右侧举，左手至头左侧，掌心均向外；目视右手。

（2）坐身握拳

如图 15-73（b）所示，上体继续右转，左腿屈膝后坐，右脚跟离地，以脚前掌为轴微向内转，身体重心回移至左腿；同时右手继续向下、向左划弧，经腹前屈臂握拳，摆至左肋旁，拳心向下；左手继续上举至左额前上方，掌心斜向前上；目视右前方。

（3）摆步搬拳

如图 15-73（c）、图 15-73（d）所示，上动不停，身体右转至面向前方；右脚提收到左踝内侧（不触地），再向前垫步迈出，脚尖外撇，脚跟先着地，随即全脚掌踏实；同时右拳经胸前向前翻转搬出（即右手经胸前以肘关节为轴，向上、向前搬打），高与肩平，拳心向上，拳背为力点，肘微屈；左手经右前臂外侧下落，按于左胯旁，掌心向下，指尖朝前；目视右拳。

（4）转体收拳

如图 15-73（e）所示，上体微向右转，右腿屈膝，重心前移，左脚跟提起；同时左掌经体侧向前上划弧，右拳内旋回收至体侧，拳心转向下，右臂平屈于胸前右侧；目视前方。

（5）上步拦掌

如图 15-73（f）、图 15-73（g）所示，上动不停，左脚向前上步，脚跟着地；同时左手向前上划弧拦出，高与肩平，掌心斜向右，指尖斜向上；右拳向右摆，内旋屈收于右腰旁，拳心转向上；目视左手。

（6）弓步打拳

如图 15-73（h）所示，身体稍左转，左脚掌踏实，左腿屈弓成左弓步，重心前移；同时右拳向前打出，高与胸平，拳眼向上，肘微屈；左手微收，附于右前臂内侧，掌心向右，指尖斜向上；目视右拳。

要点：上、下肢动作应协调一致；“搬”要先按后搬，在体前划立圆，并与右脚外撇提落相配合；“拦”以腰带臂平行绕动向前平拦，并与上步动作相配合；“捶”，拳要螺旋形向前冲出，应与弓步动作相配合，同时完成；图 15-73（a）、图 15-73（b）为吸气；图 15-73（b）、图 15-73（c）、图 15-73（d）为呼气；图 15-73（d）、图 15-73（e）、图 15-73（f）、图 15-73（g）为吸气；图 15-73（g）、图 15-73（h）为呼气。

（a） （b） （c） （d） （e） （f） （g） （h）

图 15–73　转身搬拦捶

22. 如封似闭

（1）穿手翻掌

如图 15-74（a）、图 15-74（b）所示，右拳变掌，两掌心翻转向上，左掌经右手前臂下向前伸出；两手交叉，随即分别向两侧分开，与肩同宽；目视前方。

（2）后坐收掌

如图 15-74（c）、图 15-74（d）所示，上动不停，右腿屈膝，上体慢慢后坐，左脚尖翘起，身体重心移向右腿；同时两臂屈肘回收，两手翻转向下，沿弧线经胸前内旋向下按于腹前，掌心斜向下；目视前方。

（3）弓步推掌

如图 15-74（e）、图 15-74（f）所示，上动不停，左脚掌踏实，左腿屈膝成左弓步，重心前移；同时两手向上、向前推出，臂微屈，腕与肩平，掌心均向前；目视前方。

要点：上体保持正直；两手距离不超过两肩；穿手翻掌时吸气，后坐收掌和弓步推掌时呼气。

（a） （b） （c） （d） （e） （f）

图 15–74　如封似闭

23. 十字手

（1）转体分掌

如图 15-75（a）、图 15-75（b）所示，上体稍右转，右腿屈膝后坐，脚尖稍外撇，左腿自然带直，脚尖内扣，成右侧弓步，身体重心移向右腿；同时右手随转体经面前向右平摆划弧，与左手成两臂侧平举，肘微屈，掌心均向前；目视右手。

（2）收脚合抱

如图 15-75（c）、图 15-75（d）所示，上动不停，上体稍左转，左腿屈膝，右脚尖内扣，脚跟离地，身体重心移至左脚；随即右脚轻轻提起向左回收，前脚掌先着地，进而全脚掌踏实，脚距与肩同宽，脚尖朝前，两腿慢慢伸直成开立步，身体重心移到两腿中间；同时两手下落经腹前再向上划弧，交叉合抱于胸前，腕与肩平，两臂撑圆，两掌心均向内，右手在外，成十字手；目视前方。

(a) (b) (c) (d)

图 15–75 十字手

要点：动作要虚实分明；两手向外分开时吸气，两手向下划弧时呼气，两手向上向里合抱交叉时吸气。

24. 收势

（1）翻掌分手

如图 15-76（a）所示，两手向外翻掌，掌心向下，左右分开，与肩同宽；目视前方。

（2）垂臂落手

如图 15-76（b）、图 15-76（c）所示，两臂慢慢下落至两胯外侧，自然下垂，松肩垂肘；目视前方。

（3）并步还原

如图 15-76（d）所示，左脚提起与右脚并拢，两脚尖向前，恢复成预备姿势；目视前方。

要点：全身放松；两掌下按的过程呼气，动作完成后应再进行 3～4 次深呼吸。

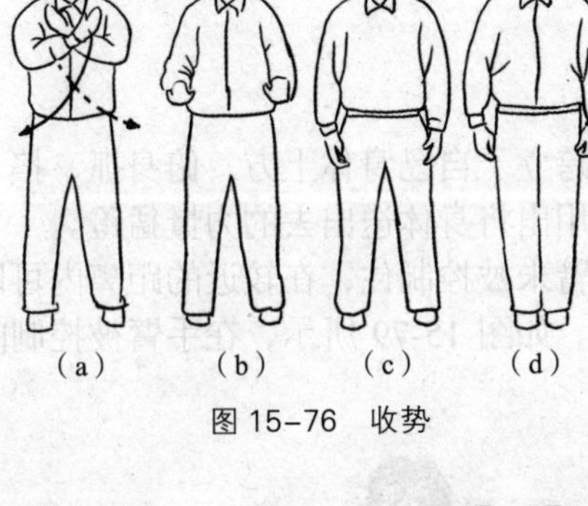

(a) (b) (c) (d)

图 15–76 收势

15.4 女子防身术

女子防身术的目的在于使广大女同胞面对骚扰、侵犯时，实施正当防卫，出其不意、机智灵活地反击对方，更好地保护自己。

15.4.1 实战原则

1. 把握时机

歹徒对女性通常是防备松懈的，男子要麻痹男子不容易，女子要麻痹男子却容易得多。这就为女性抗暴提供了机会。女性作为缺乏直接、公开暴力对抗能力的弱者，只有利用歹徒的无防范心理，才能达到自卫防身的目的。所以女性遭遇不测时，必须善于抓住机会与制造机会，隐蔽地、突然地发动攻击；因为如果一击不中，原本无防范的歹徒就有了防范，甚至严加防范，所以女子自卫防身术必须以“一招制敌”为宗旨。

2. 临危不乱

当女性面临遭受侵害的危险处境时，必须沉着冷静。因为只有保持清醒的头脑和良好的心理状态，才能临危不乱，并准确有效地运用防卫技术动作。相反，如果遇事慌乱或感情用事，那么身体动作就会失去协调性，身体各部位的肌肉就会非常紧张，身体运动的耐力就会受到影响，从而使得技术动作不能很好地发挥。这样就不能取得快速制敌的效果，反而会危害到自身的安全。

3. 防卫恰当

危急情形下的自卫防身技术动作对人体伤害很大，甚至是一招致残、一招致命，所以在使用这种技术时，必须要有一定的节制。而且还要根据不同的情节、不同的性质来选用程度不同的技术动作，使女性在受到不法侵害时避免防卫不当或过当。

4. 应对准确

在自卫防身时，既要明确了解自身此时此刻的身体姿势，诸如站立、坐卧、前倾、后仰等；又要观察分析歹徒此时此刻的进攻姿势，诸如搂、抱、掐、拳打、脚踢等；还要根据歹徒的进攻姿势来选择相应的技术动作，以最有效地反击方式和最快的速度，向歹徒发起有力的攻击。此外，应临场观察歹徒的身高胖瘦等情况，在将自身与敌手对比，从而采取正确的技术对抗措施及实施技术动作的时间。

5. 机智聪慧

如果想运用技巧攻击对方的某个部位，设法将对方的注意力从此处转移开，借此提高获胜的机会。尽量不要露出任何恐慌，保持平静的表情，想方设法让他再三考虑是否该对你下手。这样，对方的种种不确定因素就会分散他的注意力，而这一切却对你十分有利。

15.4.2 基本技术

1. 仰卧被按压时

如图 15-77 所示，当歹徒跨立于自己身体上方，俯身抓、掐、压时，可以抬腿蹬击其裆部。其要领是要抬起腰、臀，用出将身体送出去的力量猛蹬。

如图 15-78 所示，如果手臂未被控制住，在较近的距离内可以直接戳击对手眼睛和戳击对手咽喉，有意想不到的效果。如图 15-79 所示，在手臂被控制的情况下，可以头锋撞其鼻梁，抬头要猛。

图 15-77 抬腿蹬击裆部

图 15-78 戳击双眼

图 15-79 头锋撞击鼻梁

2. 正面被抱时

当你被歹徒正面抱腰时，如果手臂未同时被抱住，那么对方的头部就全部暴露而失去防护，以肘部攻击对手太阳穴是最好的选择（见图 15-80）。这时也可以采用叉眼、戳喉、折手指等方法。

当你的两手臂也被拦腰抱住时，不要试图抽手臂，因为你越抽，会被抱得越紧。这种情况下，因为手臂下垂位于对手裆部或不远处，所以可攻击其裆部。如只求解脱，那么以鞋子较硬处猛踢其胫骨，或者以脚跟猛踩其脚面即可。

3. 背后被抱时

手臂未被抱住时，可抬手以反手横肘向后猛击对手太阳穴。也可以反方向折其拇指或小手指或以脚跟猛跺其脚面。

手臂也一起被抱住时，可伸手抓、握、提对手的生殖器。因为是反手掏出，务要准确。歹徒抱住腰际，必然弯腰，头部较低，这时也可猛仰头以后脑击其面部。

4. 头发被抓时

如图 15-81 所示，歹徒抓住头发往前拖扯时，一般都是身内拖带。因此裆部要害部位便全部暴露，并正处于被抓扯者面对的方向。这时，应趁被抓扯俯身向前窜而站立不稳之机，借着抓拉之力，借助惯性，将膝头高提，以提膝的打法猛撞歹徒裆部。若女子被歹徒拖着头发往前走时，女子应以手掌自歹徒后裆猛地插入，使用掏裆法。此外，头发被抓也可以掌尖顺其臂猛力插击其腋窝。

5. 被掐脖子时

被歹徒单手掐脖子时。如图 15-82 所示，可迅速以另侧手按压住其手掌，向左旋身，抬起右臂，用与歹徒同侧胳膊的小臂猛击其手臂外侧肘关节。也可以在对手抓住你时往外挣扎，利用他往回拉你的力，顺势扑上去猛提膝击档。

图 15-80　以肘连续攻击

图 15-81　提膝撞裆

图 15-82　攻肘断肘

歹徒双手抓住你时，手臂要举起来，腋下必然暴露。因此，利用他往回拉时，用掌尖攻击其腋下。另外，因为此时双方距离很近，没有一只手可用来防护，女子便可抬手以拳角、手指等攻击其眼睛。

思考与练习

1. 武术的分类有哪些？
2. 武术的基本功有哪些？
3. 武术的基本动作有哪些？
4. 二十四式太极拳的动作要领是什么？
5. 散打的基本技术有哪些？
6. 散打的竞赛规则有哪些？
7. 女子防身术的实战原则是什么？
8. 女子防身术的基本技术有哪些？

活动与探索

若条件允许，可进行太极拳表演赛、散打对抗赛、女子防身术实战演习等，其规模、规则等可以视具体情况而定。

第16章

游泳

本章将阐述游泳运动的常识：游泳的起源与发展、设施、装备，游泳卫生，熟悉水性的基本练习和水上救护等。对蛙泳、自由（爬）泳、仰泳、蝶泳的动作要领和练习方法进行详细介绍。

16.1 游泳常识

本节将介绍游泳的起源与发展，国际标准游泳池的设置，常用的游泳装备。阐述游泳卫生的注意事项：除体育锻炼的一般卫生问题外，还要重视热身，自备泳具，清水淋浴，注意水质，排废入槽，严防疾病。讲解了熟悉水性的基本练习方法：水中行走，水中呼吸，水中漂浮，水中滑行。从自我救护和他人救护的角度简述水上救护的常用方法。

16.1.1 游泳概述

游泳（Swimming）是在人类征服自然、改造自然的生产劳动中产生的，在满足人们娱乐和竞争的需求中发展起来。它能有效地提高神经、呼吸和血液循环等系统的机能，促进新陈代谢，增大肺活量，改善体温调节能力和人体摄氧能力，促进身体匀称、协调和全面的发展。

现代游泳运动起源于17世纪60年代的英国。1896年，游泳被列为第一届现代奥运会比赛项目。1912年，第五届奥运会始设女子游泳比赛项目。迄今奥运会游泳比赛共设32个项目（男女各16项），是仅次于田径运动的金牌大户（见表16-1）。

表16-1 奥运会游泳比赛项目

性别	蝶泳	仰泳	蛙泳	自由泳		混合泳
男子	100米 200米	100米 200米	100米 200米	50米 100米 200米 400米 1 500米	4×100米接力 4×200米接力	200米 400米 4×100米接力
女子	100米 200米	100米 200米	100米 200米	50米 100米 200米 400米 800米	4×100米接力 4×200米接力	200米 400米 4×100米接力

注：自由泳对技术没有规定限制，运动员多采用爬泳，现今两者互为代名词。

1. 国际标准游泳池标准

国际标准游泳池长50米，宽至少25米，深2米以上，共设10道（2～9道为比赛之用）。

每条泳道中心池底有清晰的黑色直线标志，线宽为 20～30 厘米，线长为 46 米，两端各离池边 2 米，以便比赛时运动员沿直线游进。池底 5 米、25 米、45 米处各划一条宽 25 厘米的红色横线，以便运动员识别游程。出发台设在泳池两端每条泳道的中央，其前缘高出水面 50～75 厘米，台面为 50 平方厘米的正方形，覆盖防滑材料，向前倾斜不超过 10°。

2. 常用的游泳装备

常用的游泳装备包括泳装、泳帽和泳镜。

（1）泳装

泳装的选择应注意两个问题：第一，氯纶丝的含量要达到国际统一标准（18%）；第二，泳装的弹性并非越大越好，而是回弹复原要好，即多次拉伸仍能恢复原样。

（2）泳帽

泳帽可以防止头发完全浸泡在含氯的水中，避免使柔嫩的头发受到伤害。目前，以硅胶泳帽最为常用，其手感柔软，弹性较强。

（3）泳镜

要检查泳镜是否透明，有无划痕；垫圈（胶皮）是否密封；鼻梁处的宽度是否适宜；泳镜带的牢固性、弹性是否良好。

16.1.2　游泳卫生

游泳卫生主要包括以下几个方面。

1. 重视热身

游泳池的水温通常要比人体低很多，如果突然下水，容易导致心慌、头晕、恶心、腹痛和四肢无力等不适感觉，有时还会引起抽筋和拉伤。所以，游泳前应进行充足的准备运动，提高神经系统的兴奋性，加强肌肉和韧带的柔韧性，增加呼吸器官和循环器官的效率，使人体器官由安静状态进入运动状态。

2. 自备泳具

自带衣物储存袋、泳衣、泳帽、泳巾、拖鞋及洗浴用品，尽量不使用公用的拖鞋、浴帽、毛巾、救生圈等物品，避免交叉感染。换衣服时，尽量不要让皮肤直接接触凳子，衣物要用干净的袋子装好，内衣最好裹在外衣里面。

3. 清水淋浴

游泳池是多人共用，且水中含有杀菌的化学药剂。游泳前后，都应用清水淋浴，不但有利于保持池水卫生，适应水中环境，而且可以冲走氯等对人体有害的物质。海水中也含有多种细菌，游泳后应及时清洗头发和全身。

4. 注意水质

游泳池的水质应透明无色，无臭无味，清澈可见池底。在无人管理的天然水域里游泳，要特别注意卫生情况。如果水面有油垢或被污染，水域有吸血虫，海水中无拦鲨网，水底有淤泥、杂草、木桩、急流、波涡、暗礁等都不能游泳。

5. 排废入槽

游泳时，若有痰或鼻涕等，一定要尽快抬头游到池边，向水槽或痰沟内排净，否则易污染池水，传播疾病。

6. 严防疾病

游泳时，特别容易感染耳、鼻、眼疾病，所以最好佩戴专用耳塞、泳镜。患有心脏病、高血压、肺炎、严重皮肤病、中耳炎、癫痫病等以及有开放性伤口的人群不宜游泳，若勉力而为，不仅容易加重病情，甚至会发生意外危及生命。

此外，体育锻炼中应注意的一般卫生问题，在游泳时同样需要重视，详见第 3.1 节运动卫生。

16.1.3 熟悉水性

熟悉水性是学习各种游泳姿势的重要基础，初学者通过身体感官感知水的浮力、压力、阻力等特性，逐步适应水中环境，掌握水中行走、呼吸、漂浮、滑行等游泳的基本动作。

1. 水中行走

在齐腰或齐胸深的水中，初学者可以进行各种方向的走动和跳动练习，学习在水中保持身体协调，维持身体平衡。

水中走动时，身体稍微前倾，动作先小后大、先慢后快。熟练后，用前脚掌蹬池底，轻轻上跳，逐渐用力，做跳跃练习。

趣味练习的方法：

（1）纵队赛跑

双手扶在前面同伴的肩上，分成几队比赛速度（见图 16-1）。

（2）结网捕鱼

一人当“渔夫”，其余人分散做“鱼”。若被“渔夫”拍到，则与其手拉手结网，直至全部捕获为止（见图 16-2）。

图 16-1 纵队赛跑

图 16-2 结网捕鱼

2. 水中呼吸

（1）各种姿势的游泳，都要求在水中憋气、呼气和在水上吸气。

手扶固定物（池壁、水线、同伴等），用嘴深吸一口气，蹲入水中，尽量长时间憋气，然后用口、鼻均匀缓慢地呼气，直至将体内废气呼尽，再站立吸气。反复练习并形成韵律。

（2）趣味练习方法：两人对抗。两人一起蹲入水中，一人伸出几个手指，另一人跟着学。既练习了水中憋气和呼气，又练习了水中睁眼视物。

3. 水中漂浮

漂浮技术主要是让身体漂浮起来，体会水的浮力，初步掌握在水中控制身体和维持平衡的能力。

（1）扶物漂浮

如图 16-3 所示，手扶固定物，吸气，把头没入水中，憋气，伸展身体，全身放松，自然地漂浮于水中，也可扶物团身漂浮。

（2）抱膝漂浮

抱膝漂浮又称团身漂浮。如图 16-4 所示，站立水中，深吸气后下蹲憋气，低头，含胸收腹，两手抱膝，成低头团身抱膝姿势。轻轻蹬离池底，身体放松，自然地漂浮于水中。用口、鼻慢慢呼气，然后两臂前伸，手掌向下压水，抬头，同时两腿伸直下踩。

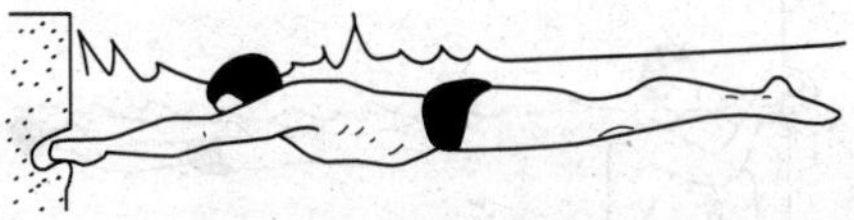

图 16-3 扶物漂浮

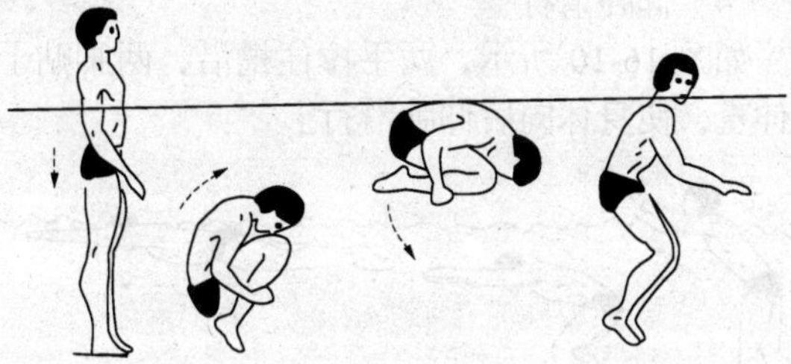

图 16-4 抱膝漂浮

（3）展体漂浮

如图 16-5 所示，抱膝浮体于水中，两臂向前、两腿向后均伸直并拢，身体俯卧漂浮于水面。尔后，迅速收腹、收腿，手掌向下压水，抬头，两腿下踩触底站立。

（4）仰卧漂浮

如图 16-6 所示，水中站立，深吸气，上体慢慢后仰，呈仰卧漂浮状态。随后，双手从后向前用力拨水，收腹，收腿，上体前倾，两脚触底站立。

图 16-5 展体漂浮

图 16-6 仰卧漂浮

4. 水中滑行

练习水中滑行的目的在于进一步体会水的浮力，掌握在水中平浮和滑行的身体姿势，为各种游泳姿势奠基良好的基础。

滑行时，身体放松成流线型，臂和腿自然伸直，尽量延长憋气时间和滑行距离。

（1）扶伴滑行

如图 16-7 所示，手臂扶住同伴，身体放松伸展，自然漂浮。同伴拉住练习者的手倒退行走，使其体会滑行。在此基础上，同伴可以放开双手，在旁保护，由练习者自己漂浮滑行。

（2）蹬壁滑行

如图 16-8 所示，背向池壁，一手扶池壁，同侧腿屈膝蹬壁；另一臂水平前伸，同侧腿以脚尖支撑站立。深吸气，低头，收腹提臀，上收支撑腿，两脚贴池壁。用力蹬离，两臂并向前伸，双腿自然并拢，全身充分伸展、放松，呈流线型向前滑行。滑行结束时，收腿，下踩，站立。

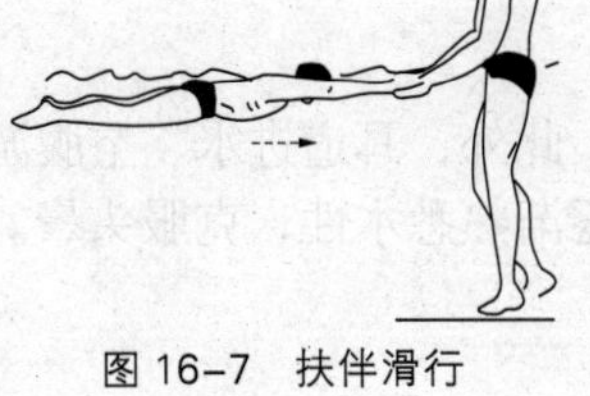

图 16-7 扶伴滑行

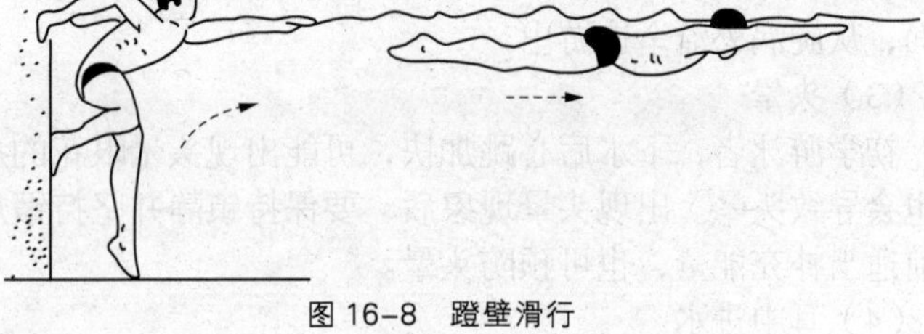

图 16-8 蹬壁滑行

（3）蹬底滑行

如图 16-9 所示，两脚前后开立，两臂前伸并拢贴近双耳，深吸气后身体前倾，两膝微屈，头和肩浸入水中，前脚掌用力蹬池底。两腿并拢，身体俯卧向前滑行。

（4）仰卧滑行

如图 16-10 所示，两手拉住槽沿，两脚贴于池壁或池底。松手，两脚用力蹬离，两腿并拢伸直，使身体向后仰卧滑行。

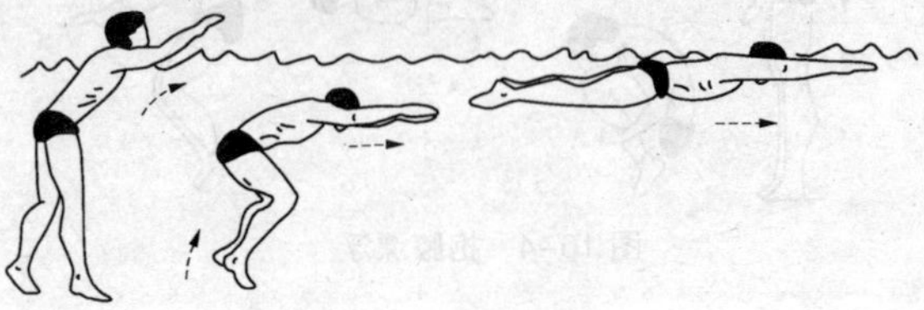

图 16-9 蹬底滑行

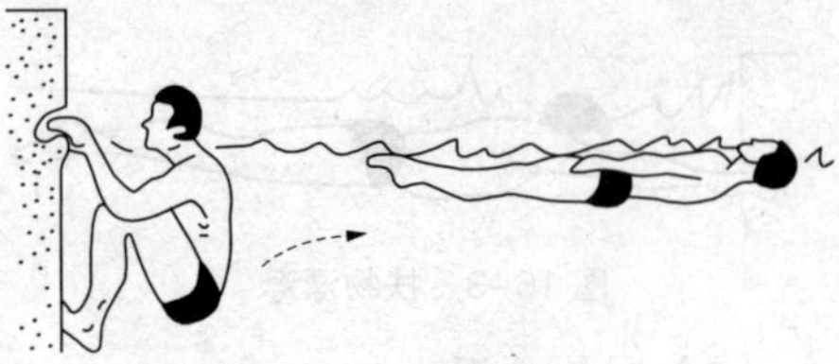

图 16-10 仰卧滑行

滑行后，两脚可以自然地进行上下打水动作，使身体向前游进。

16.1.4 水上救护

游泳救护主要包括自我救护和他人救护两种救护形式，其中他人救护又分为间接救护和直接救护。

1. 自我救护

自我救护是指水中遇到意外险情时而采取的自我保护和救助措施。

（1）抽筋

当过度疲劳，精神紧张，水太凉，动作不协调，局部多次重复一种姿势，准备动作不充分时，容易出现抽筋。具体表现为疼痛难受，肌肉坚硬，且一时不易缓解。

抽筋后，要保持镇静，主要采用牵引法自我解救。即通过关节的屈伸，拉长抽筋的肌肉，使收缩的肌肉松弛并伸展，还可以配合局部按摩而促使缓解。若在深水区，自己无法解脱困境时，应及时呼救。

如图 16-11 所示，腓肠肌（小腿肚）或脚趾抽筋，可先吸一口气仰浮水面，用抽筋腿异侧的手握住抽筋（腿）的脚趾，用力向身体方向拉，同时用另一手掌压在抽筋腿的膝盖上，帮助小腿伸直。

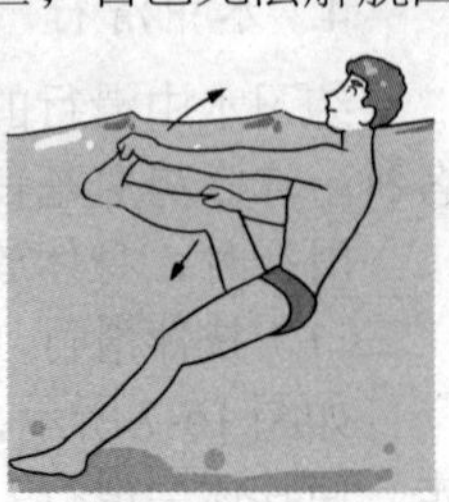

图 16-11 抽筋

大腿抽筋，深吸气，仰浮于水面，抽筋腿屈膝，双手抱住小腿用力贴在大腿上，直至抽筋现象消失。

手指抽筋，将手握拳，随后用力张开，反复几次，直到抽筋消除为止。

胃部抽筋，吸气后仰浮水中，迅速弯曲两大腿，向胸部靠近，双手抱膝，随即向前伸直，保持身体平衡，动作要自然。

（2）被缠住或遇旋涡

若被长藤植物缠住，可采取仰卧姿势进行解脱，再从原路游出。若被旋涡吸住，可平卧水面，从旋涡外沿全速游出。

（3）头晕

初学游泳者，下水后心跳加快，可能出现头晕眼花的症状。此外，耳道进水、空腹游泳等也会导致头晕。出现头晕现象后，要保持镇静并坚持锻炼，逐渐熟悉水性，克服头晕。下水前适当补充能量，也可预防头晕。

（4）耳中进水

在水中可用吸引法，将头偏向有水一侧，用手掌紧压有水的耳朵，憋气，快速提起手掌，反复几次即可。也可在岸上将头偏向有水一侧，手扯耳朵，原地单足跳跃几次。

（5）呛水

呛水是因为水从鼻腔或口腔吸入呼吸道所引起的。发生呛水时，要把头露出水面，把水从鼻和口里咳出，很快就能恢复正常呼吸。

温馨提示　水中自救求生的基本原则：尽可能保持体力，以最少的体力消耗在水上维持最长的时间。利用身旁任何可以增加浮力的物体，保持身体漂浮在水上。

2. 他人救护

（1）间接救护

利用救生器材（救生圈、竹竿、木板、轮胎、泡沫块、绳子等），对较清醒的溺水者施行救助。将救生圈或其他漂浮物系上绳子，左脚踩住绳尾，右手持圈自后向前摆，由上而下的抛给溺水者。若距离较近，也可直接利用竹竿、木板等将其拖至岸边。

（2）直接救护

直接救护是徒手对溺水者（此时溺水者已经丧失了自我救护或接受间接救护的能力）施救的一种方法。

入水前，救护人员应观察周围环境和水的流向，选择与溺水者最近的方位下水。静水中，救护人员可以直接游向溺水者；急流的江河中，救护人员应从溺水者斜前方入水施救。救护者在找到并有效控制溺水者后，要确保双方的口、鼻露出水面，以保持正常呼吸。将人救上岸后，要针对其症状，决定急救方式。轻度溺水者，可让其吐水，保暖、休息。对昏迷、呼吸微弱或窒息者要实施心脏按摩或人工呼吸，并叫救护车。

人工呼吸前，首先，要设法张开溺水者口腔，清除其口鼻内可视的污物，取出活动假牙等。其次，进行控水。解开溺水者衣带，救护者一腿跪，另一腿屈膝，将其腹部置于屈膝的大腿上，一手扶其头部，保持向下，另一手压其背部，把水排出。

如图 16-12 所示，实施人工呼吸时，使溺水者仰卧，救护者一手提高其下颌保持呼吸顺畅，另一手捏紧其鼻孔，深吸气后，口对口吹气 1.5～2 秒。为防止漏气，施救者应该将嘴完全罩住并贴近溺水者的嘴。待溺水者胸部扩张后，停止吹气并松开口鼻，可用手按压溺水者胸部，以助其呼气。如此反复进行，每分钟 14～20 次，速度由慢到快。

如果溺水者失去知觉，心跳极其微弱，甚至心跳停止或心跳与呼吸均停止时，应将胸外心脏按压（即 CPR 心跳复苏术）和人工呼吸配合进行。先在 3～4 秒内进行 2 次人工呼吸，然后进行 15 次连续的心脏按摩，反复进行。

如图 16-13 所示，胸外心脏按压时，将溺水者仰卧，救护者位于其右侧，一只手的掌根置于其胸骨按压部位（胸骨从上向下的 2、3 根处），手指不可触及肋骨，另一只手重叠在上，两臂伸直，上体前倾，借助身体重力，平稳有力地向下垂直加压，使其胸骨下端下陷 3～4 厘米，压迫心脏。随后两手松压，但掌根不得离位，使胸廓扩张，心脏随之舒张。下压时动作缓慢，松压时动作迅速，有节奏地连续进行，成人每分钟约 60～80 次，儿童每分钟约 80～100 次。

图 16-12　人工呼吸

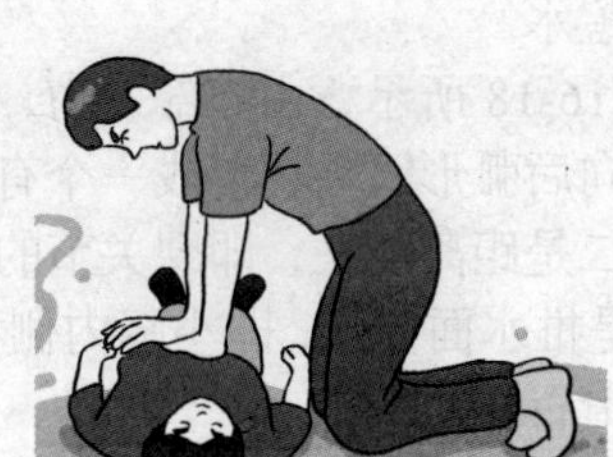

图 16-13　胸外心脏按压

16.2 蛙 泳

本节将详细讲解蛙泳的动作要领和练习方法。

16.2.1 动作要领

蛙泳（Breast Stroke）与青蛙游水极其相似，身体俯卧水中，两肩与水面平行，两臂在胸前对称直臂侧下屈向后划水、两腿对称屈伸向后蹬夹水。

1. 躯干姿势

如图 16-14 所示，蛙泳时，身体呈水平俯卧于水中，微抬头，稍挺胸，两臂向前两腿向后均伸直并拢，掌心向下，身体纵轴与前进方向成 5°～10°。游进时，头部的动作幅度应适度，否则会导致肩部起伏过大而增加阻力，影响前进速度。

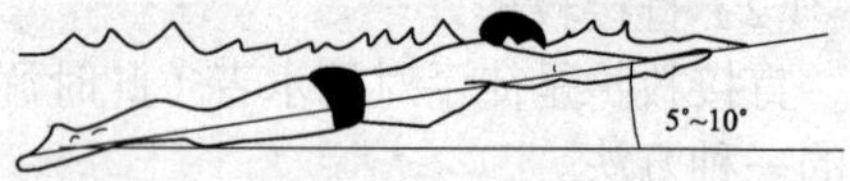

图 16-14 躯干姿势

2. 腿部姿势

蛙泳的腿部动作是推进身体前进的主要动力，其分为收腿、翻脚、蹬水和滑行 4 个连贯的阶段。

（1）收腿

如图 16-15 和图 16-16 所示，两腿稍微内旋，脚跟分开，大小腿充分折叠，膝关节随腿的下沉边收（向前）边分（向外）。两膝距离约与肩同宽，脚跟分开与臀部同宽，大腿和躯干之间的夹角成 130°～140°。

（2）翻脚

如图 16-17 所示，为了增长蹬水的路线，收腿结束时，两脚应继续向臀部靠拢，大腿内旋使两膝内扣的同时小腿向外翻，脚尖也随之向两侧外翻，脚掌内侧正对蹬水方向。

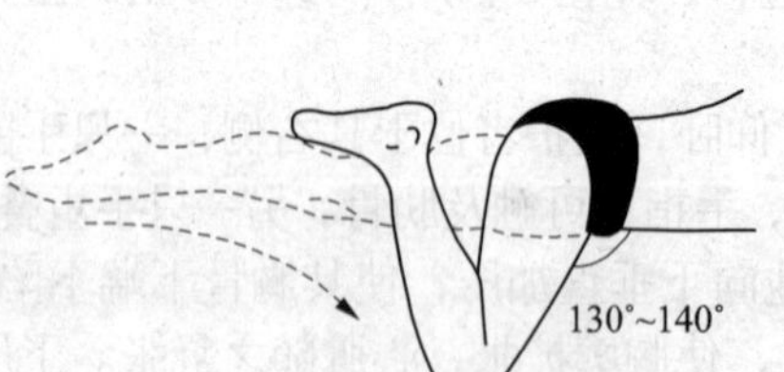

图 16-15 收腿姿势 1

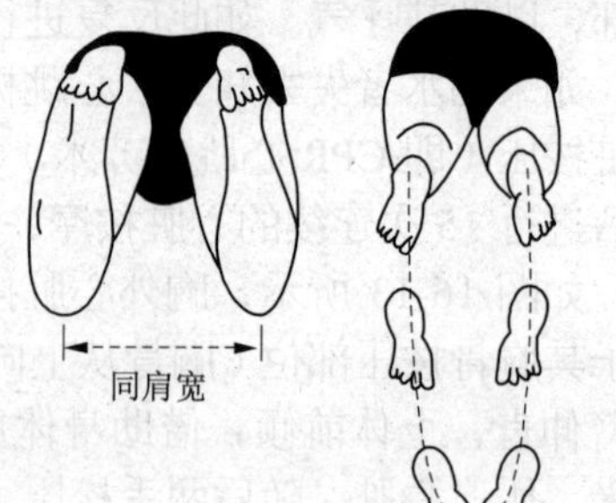

图 16-16 收腿姿势 2

（3）蹬水

如图 16-18 所示，由髋部发力，带动膝、踝关节相继伸直。大腿内旋造成膝内压，带动小腿和脚向后弧形蹬夹，形成一个有力的鞭状打水动作。蹬水效果取决于 4 个因素：一是速度要快；二是距离要长，即踝关节的伸直，要在两腿蹬直之后，若过早就会缩短蹬水的有效距离；三是推水面要大，即小腿内侧和脚掌应大面积对准水；四是蹬水方向应尽量向后下方。

（4）滑行

可以有效地放松肌肉，并保持良好的游进节奏。如图 16-19 所示，身体成水平姿势，借助惯性高速向前滑行，两腿并拢向后伸直，脚跟稍稍提向水面，为收腿做好准备。

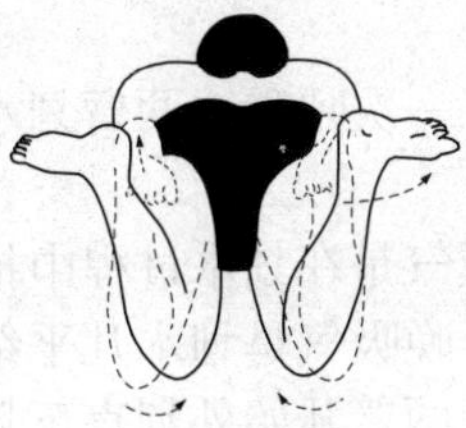
图 16-17　翻脚

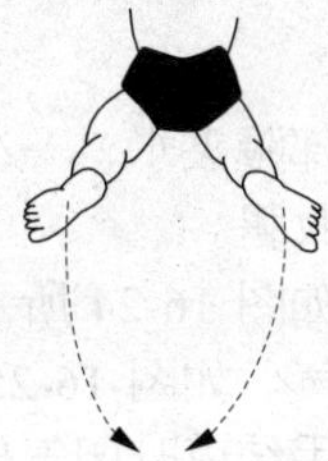
图 16-18　蹬水

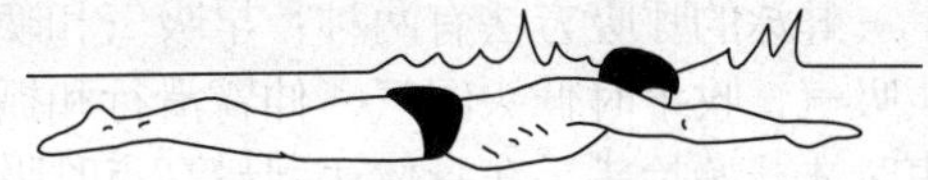
图 16-19　滑行

3. 臂部姿势

蛙泳的手臂划水对产生牵引力具有重要作用，两臂动作对称、速度一致，可分为滑行、抓水、划水、收手、前伸 5 个连续的步骤，整体路线近似心形。

（1）滑行

伸臂结束后，身体呈流线型向前滑行，手指并拢，掌心向下，两手尽量接近水面，使身体在较高的位置上保持稳定。

（2）抓水

如图 16-20 所示，肩保持前伸，两臂内旋对称外划，掌心转向斜外下方。当双臂间距超过肩宽时，向外、下屈腕成 150°～160°。此时，两臂与水平面及前进方向约成 15°～20° 夹角，肘关节伸直。

（3）划水

如图 16-21 所示，掌心从外后转向内后，双臂向斜下方急促拨水。两手划至肩线时，逐渐屈臂提肘，同时加速沿弧线继续划水。整个动作过程，肩部向前伸展，肘高于手并前于肩。划水结束时，形成高肘姿势，臂与前进方向约成 80° 角，肘关节的角度为 120°～130°。

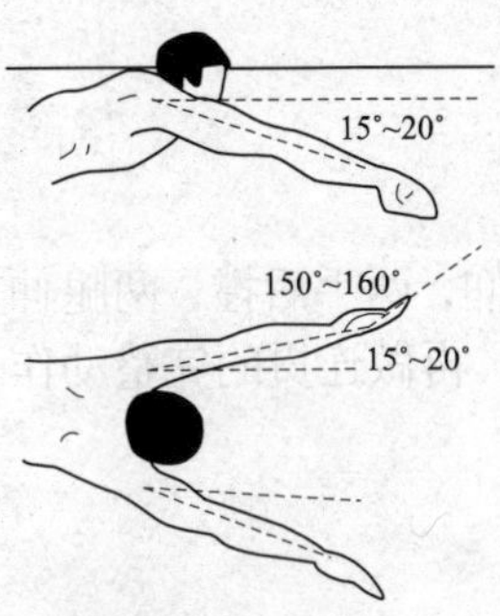

图 16-20　抓水

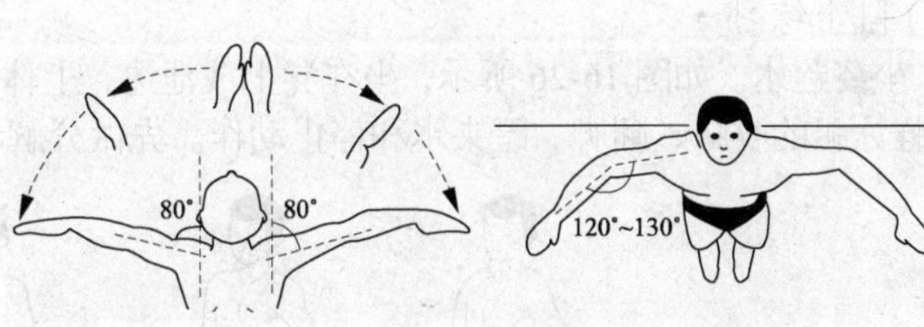

图 16-21　划水

（4）收手

如图 16-22 所示，高肘划水完成后，双手倾斜相对向内上移动，同时上臂外旋，双肘逐渐向内、下靠。

（5）前伸

如图 16-23 所示，收手到下颌前时，迅速推肘伸臂，两手先向前上，再向前伸，掌心转向下，肩关节和身体尽量伸展、放松，两臂伸直靠拢，恢复为滑行姿势。

图 16-22　收手

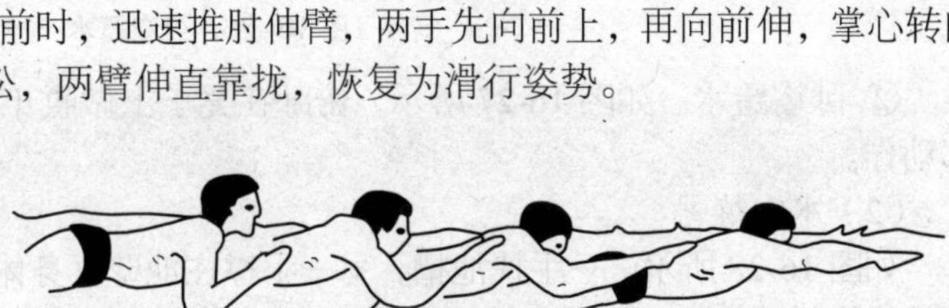
图 16-23　前伸

4．整体配合

蛙泳一般采用 1:1:1 的配合方式，即一次腿部蹬夹水，一次划臂，一次呼吸。两臂划水时，腿伸直；两臂前伸时，腿蹬水；收手的同时收腿。

蛙泳的呼吸方法有两种：早吸气和晚吸气。如图 16-24 所示，早吸气是在划水过程中抬头吸气，收手时低头闭气，伸臂滑行和抓水时呼气。如图 16-25 所示，晚吸气是划水几乎结束时才开始抬头，在身体达到最高点时吸气，收手结束时闭气低头，从两臂开始外划直至划水过程中慢慢呼气。

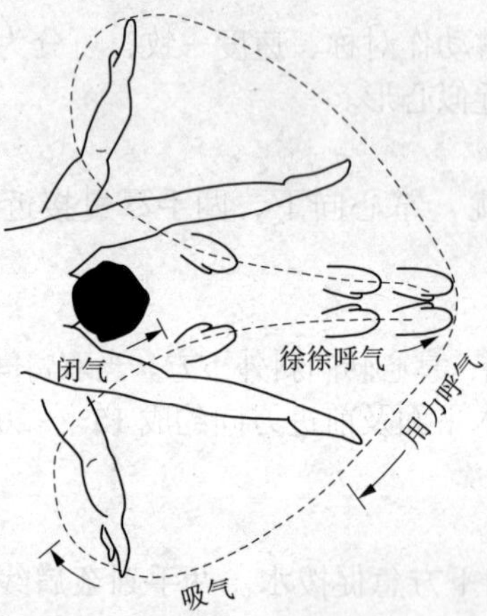

图 16-24　早吸气

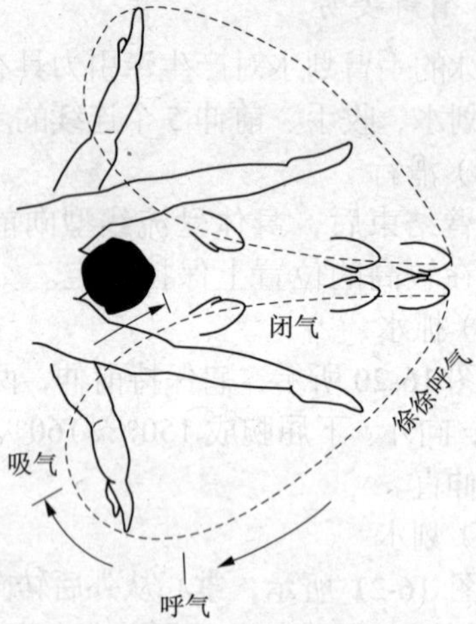

图 16-25　晚吸气

16.2.2　练习方法

1．腿部动作练习

（1）陆上练习

① 坐姿蹬水。如图 16-26 所示，坐在凳上或池边，上体稍后仰，两手后撑，两腿伸直并拢，做蛙泳腿的收腿、翻脚、蹬夹水和停止动作。先做分解动作，再做连贯的完整动作。

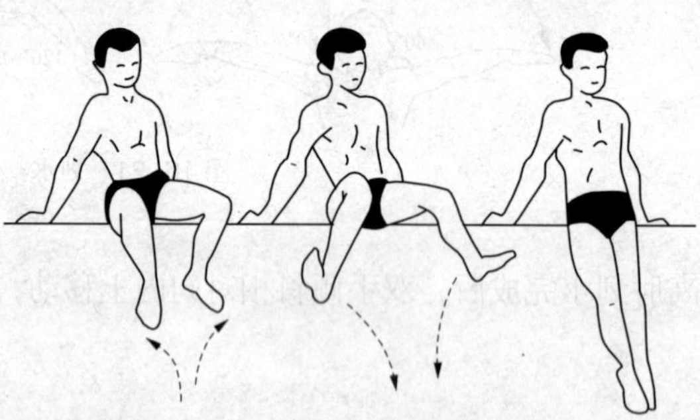
图 16-26　坐姿蹬水

② 卧姿蹬水。如图 16-27 所示，俯卧在凳子上做收（腿）、翻（脚）、蹬（夹）、停的腿部动作。

（2）水中练习

如图 16-28 所示，一手扶池槽，另一手撑住池壁，身体漂浮平卧于水中，两腿伸直并拢，做蛙泳腿部动作。

也可由同伴抓其脚，牵引完成腿部练习。或自己蹬池壁滑行后，做蛙泳腿练习。

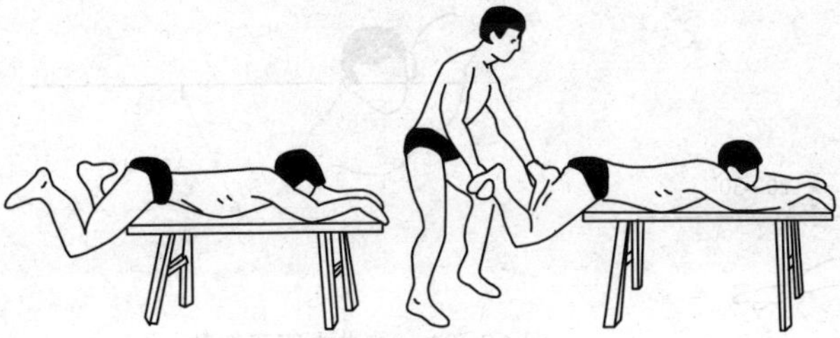

图 16-27 卧姿蹬水

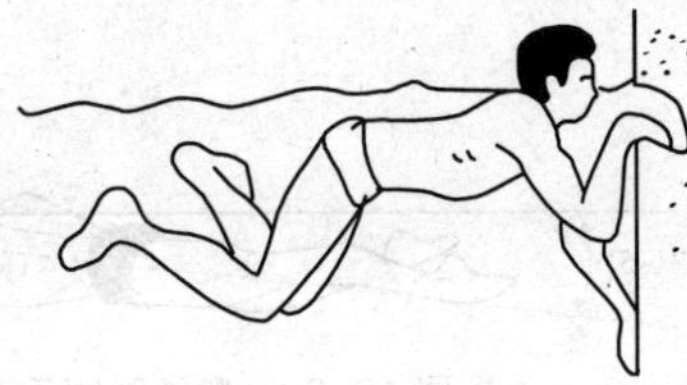

图 16-28 水中练习

2. 臂部动作练习

（1）陆上练习

如图 16-29 所示，原地站立，上体前屈成水平姿势，低头，两臂前伸，掌心向下，做蛙泳划水动作。

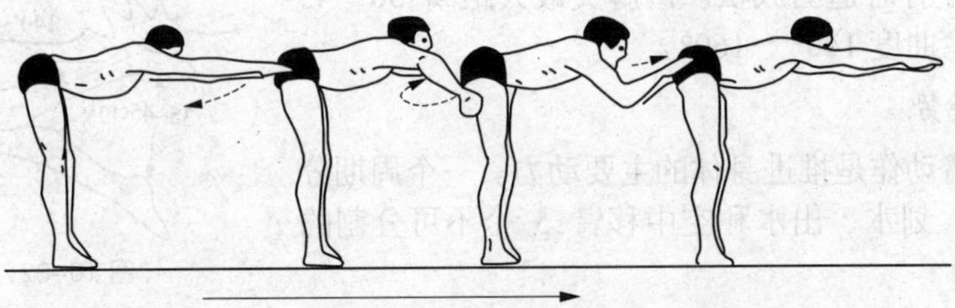

图 16-29 陆上练习

（2）水中练习

在齐胸深的水中，两脚开立（或走动），上体前倾，两臂前伸，做抓水、划水、收手、前伸的动作。亦可由同伴托腰腹，或自己蹬池壁滑行后，进行手臂练习。

3. 整体配合练习

站于水中，在臂部动作练习的基础上配合呼吸。当两臂向左右分开时，抬头吸气，臂前伸时呼气。也可蹬壁滑行后，进行腿、臂、呼吸的完整练习。

16.3 爬 泳

本节将详细讲解爬泳的动作要领和练习方法。

16.3.1 动作要领

爬泳（Crawl Stroke）是自由泳（Freestyle）的唯一姿势，在 4 种竞技游泳（自由泳、仰泳、蝶泳、蛙泳）中速度最快。其俯卧水中，两腿上下交替摆动打水，两臂轮流划水推动身体向前游进。

1. 躯干姿势

如图 16-30 所示，爬泳时，身体伸直成流线形，与水平面保持 3° ～5°，颈部自然后屈与水平面成 20° ～30°，背部与臀部的肌肉适度紧张。

如图 16-31 所示，游进中，躯干随划水和呼吸动作形成有节奏的转动，髋部活动范围不超出身体宽度（即在肩关节延长线内），身体纵轴与水平面成 35° ～45° 。

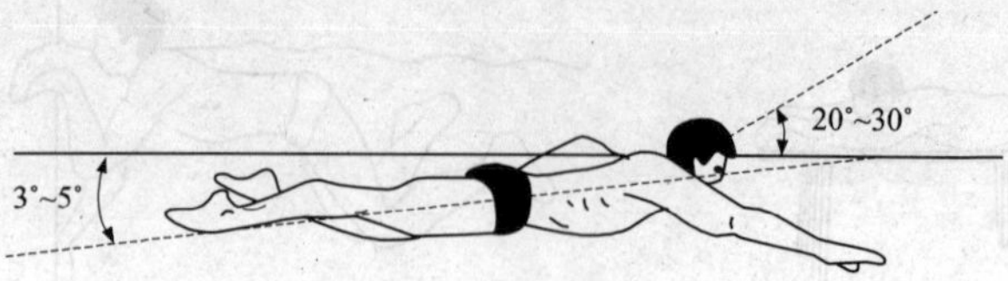

图 16-30　爬泳时躯干姿势

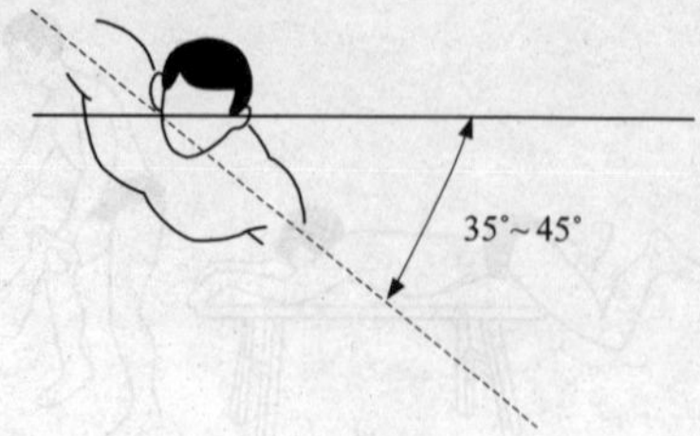

图 16-31　游进中躯干姿势

2. 腿部姿势

游进时，腿部做上下打水动作，其主要作用是保持身体平衡，还能产生一定的推进力并增进划臂效果。如图 16-32 所示，两腿并拢，脚稍内旋，脚尖自然伸直，踝关节放松，髋关节发力，大腿带动小腿，两腿快速有力地上下交替做鞭打动作。下打时用力，是产生推动力的主要阶段，上打时适当放松。两脚尖最大距离 30～45 厘米，膝关节弯曲度 140°～160°。

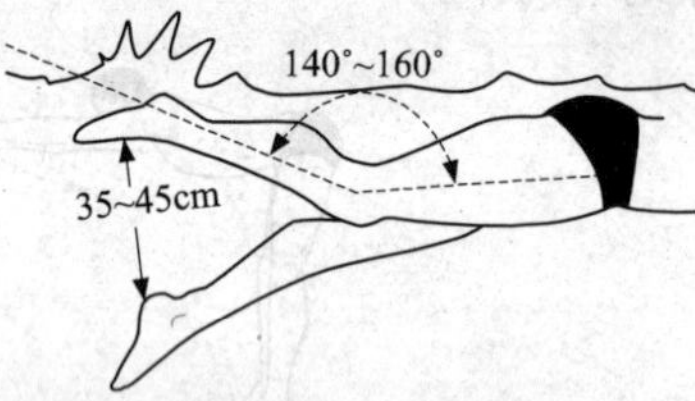

图 16-32　腿部姿势

3. 臂部姿势

爬泳的手臂动作是推进身体的主要动力。一个周期分为入水、抱水、划水、出水和空中移臂 5 个不可分割的阶段。

（1）入水

如图 16-33 所示，提肘略屈，手指自然伸直并拢，掌心稍向外侧，手腕放松，向斜下方切插入水。拇指和食指先触水，入水点在同侧肩关节的延长线上。动作应柔和，不宜过猛。

（2）抱水

如图 16-34 所示，臂入水后，手掌从向斜外下方转向斜内后方，屈腕、屈肘，并保持高抬肘（肘关节高于手的位置）姿势。上臂和前臂与水平面约成 30° 和 60°，手掌接近垂直对水，肘关节屈至 150° 左右，形成抱水姿势。

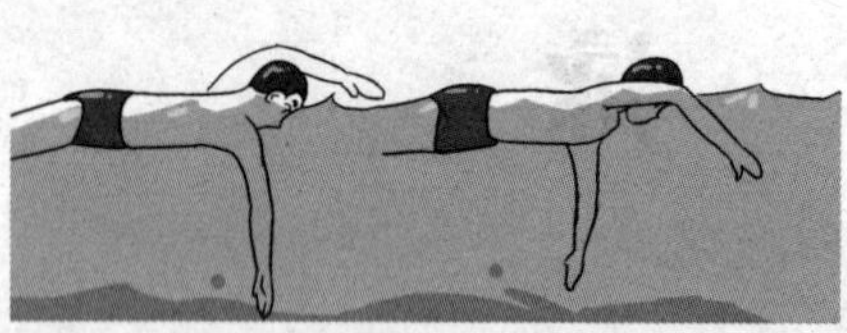
图 16-33　入水

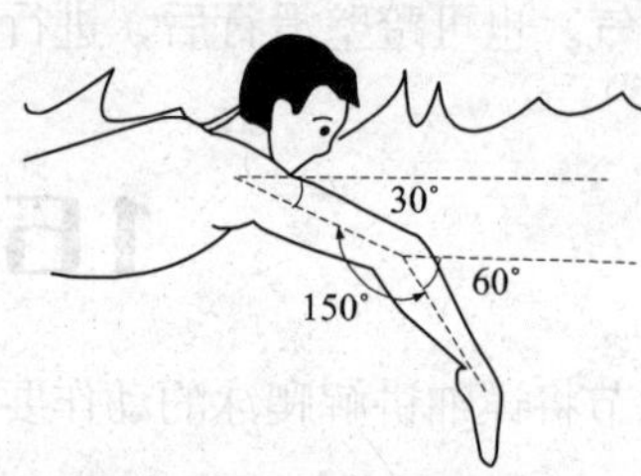

图 16-34　抱水

（3）划水

如图 16-35 所示，划水是发挥最大推动力的主要阶段，采用屈臂划水，臂越长，屈臂程度越大，反之屈臂程度越小。其动作过程分为拉水和推水两个部分。开始划水时，沿身体中线以约 120° 的肘关节夹角向后划水，上臂内旋，前臂移动快于上臂。臂部划至肩的垂直面后，即进入推水部分。手臂加速向后推水至腿侧，掌心转向大腿。划水过程中，手掌微凹，手的轨迹呈现“S”形。

（4）出水

划水结束后，顺应运动惯性，微屈肘，手臂在肩的带动下提出水面，肘部向外上方提拉，带动前臂和手出水面，掌心转向后上方。出水动作应无停顿，迅速、放松。

（5）空中移臂

肘稍屈，位置高于肩和手。手离水面较低，入水前适当减速。臂部尽量放松，移臂速度较快。

（6）两臂配合

如图 16-36 所示，爬泳时，两臂的协调配合是匀速前进的重要因素。两臂划水时的交叉位置有 3 种类型：前交叉、中交叉和后交叉。前交叉指一臂入水时，另一臂处于划水的开始阶段。中交叉指一臂入水时，另一臂划至肩下与水面约成 90°。后交叉指一臂入水时，另一臂已划至腹下方，与水面约成 150°。一般而言，前交叉更易掌握呼吸技术，且保持身体平衡，能节省体力，减少疲劳，更适于初学者。而优秀运动员多采用中交叉和后交叉，其速度的均匀性较好。

4. 整体配合

爬泳一般采用 1:2:6 的配合方式，即 1 次呼吸、2 次划水（两臂各划一次）、6 次打腿。此外，还有 1:2:4，1:2:2 等多种配合方式。

手入水后，口鼻慢慢呼气，臂划水至肩下时，头部开始转向划水臂同侧并增大呼气量，划水即将结束时，快而有力地结束呼气；臂出水至空中移臂中段时，张嘴吸气。短暂闭气。头部随着手臂再次入水回到原来位置。

图 16–35　划水

图 16–36　两臂划水时的交叉位置

16.3.2　练习方法

1. 腿部动作练习

（1）岸边打水

如图 16-37 所示，坐在池边，双手后撑。两腿伸直，脚内旋使脚尖相对，脚跟分开成八字形，踝关节放松。以髋关节为轴，大腿带动小腿，做上下交替打水动作。也可将两脚放入水中做打水动作（见图 16-38）。动作练习应由慢到快。

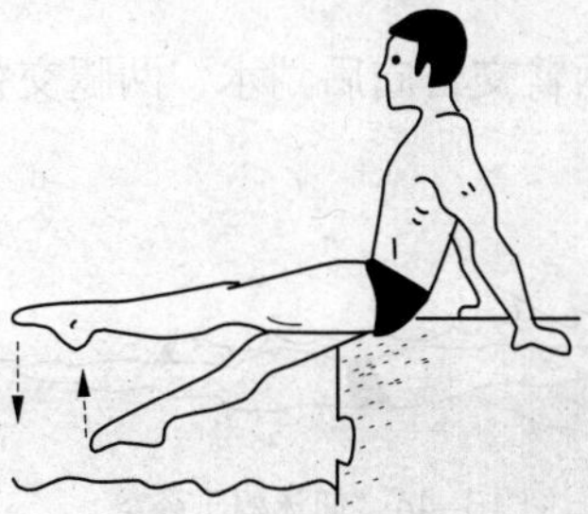
图 16–37　岸边打水 1

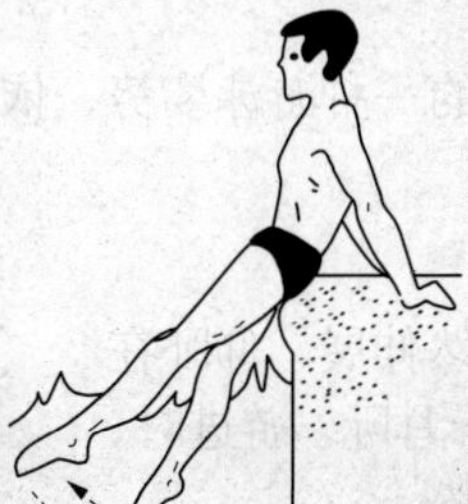
图 16–38　岸边打水 2

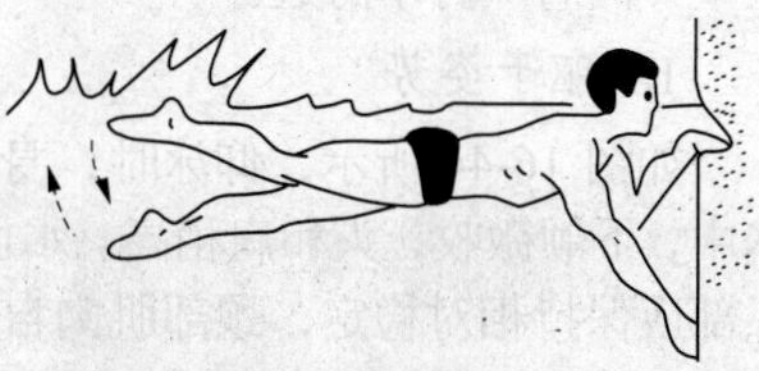
图 16–39　水中打水

（2）水中打水

如图 16-39 所示，俯卧水面，手握池槽（也可扶浮板、救生圈或由同伴托其腹部），进行打水练习，脚不可露出水面。还可脚蹬池壁做滑行打水（见图 16-40）。

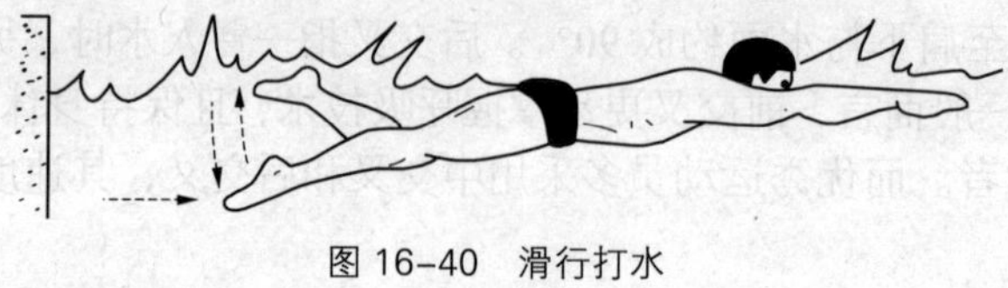

图 16-40　滑行打水

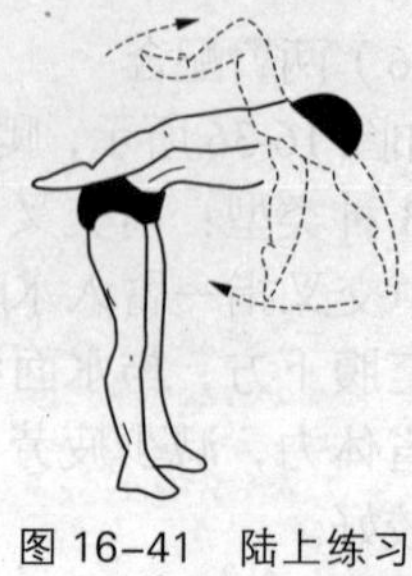

图 16-41　陆上练习

2. 臂部动作练习

（1）陆上练习

如图 16-41 所示，两脚开立，上体前屈，做入水、抱水、划水、出水、空中移臂动作。

（2）水中练习

如图 16-42 所示，立于水中（或水中行走），上体前倾，肩部浸入水中，做手臂划水练习。也可由同伴扶住双脚，俯卧水中，练习手臂动作（见图 16-43）。

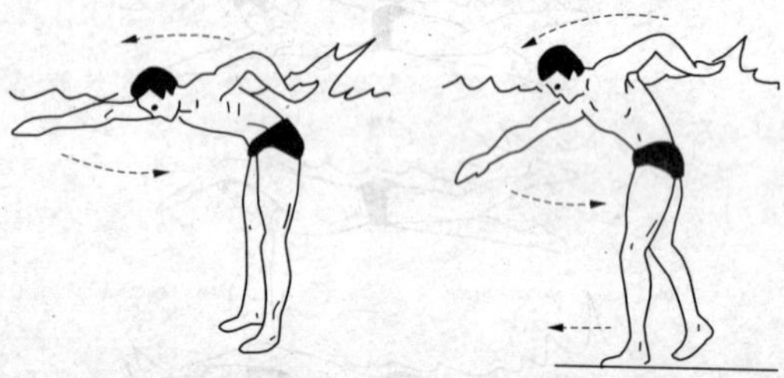

图 16-42　划水练习

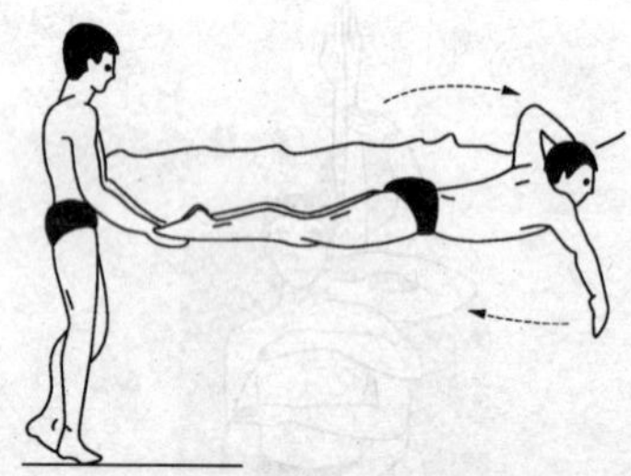

图 16-43　练习手臂动作

3. 整体配合练习

水中站立，上体前屈至水平，头部没入水中，练习手臂划水与呼吸的配合。然后蹬离池底，两腿打水，形成完整配合。

16.4 仰　泳

本节将详细讲解仰泳的动作要领和练习方法。

16.4.1 动作要领

仰泳（Back Stroke）是仰卧在水面的一种游泳姿势，依靠两臂交替向后划水，两腿交替上下（向后）打水游进。

1. 躯干姿势

如图 16-44 所示，仰泳时，身体自然伸展，仰卧在水中，下颌微收，头和肩稍高，水面齐于耳际。游进时，头部应保持相对稳定，颈部肌肉自然放松。

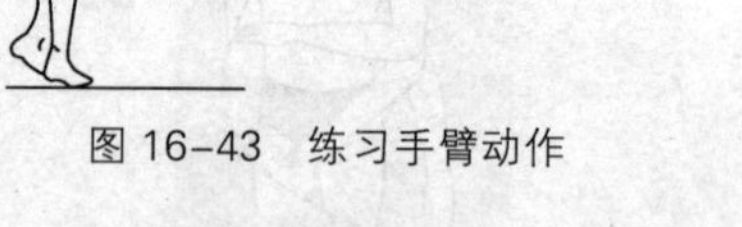

图 16-44　仰泳躯干姿势

2. 腿部姿势

仰泳的腿部动作及其作用与爬泳基本相同，但身体在水中的位置较低，小腿打水幅度和弯曲角度较大。仰泳的腿部动作分为下压和上踢两部分。推进力的产生主要取决于上踢动作的力量和速度。上踢时，脚尖内扣，脚背稍向内旋，以髋关节为轴，大腿带动小腿，屈膝向后上方踢动。下压主要使身体上升并保持平衡，膝关节应充分放松。

3. 臂部姿势

仰泳的臂部动作由入水、抓水、划水、出水和空中移臂 5 个连贯部分组成。

（1）入水

伴随同侧身体的侧向转动，手臂自然伸直，掌心朝外下方，手稍内收，与小臂成 150°～160°（见图 16-45），小指首先入水。入水点一般在同侧肩关节延长线上。

（2）抓水

手臂入水后，伸肩外旋，屈肘勾腕，掌心对水。此时大臂与前进方向构成 40° 角，手掌离水面约为 30 厘米（见图 16-46），肘关节成 150°～160°。

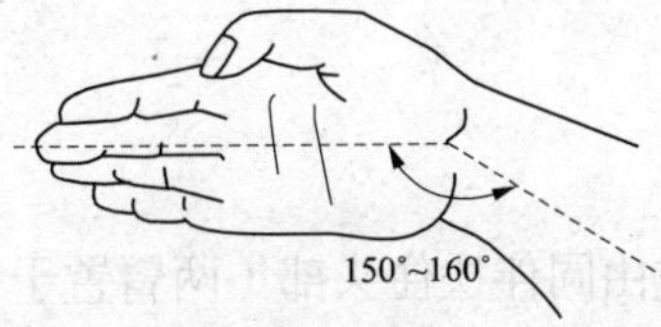

图 16-45 入水

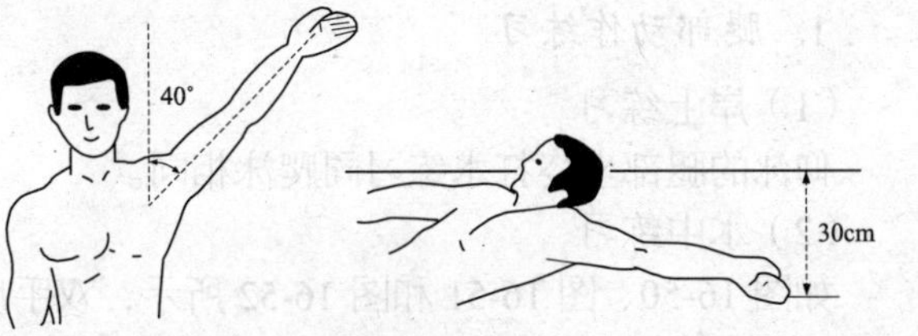

图 16-46 抓水

（3）划水

划水是获得推进力的主要阶段。整个动作由拉水和推水两个部分组成。拉水时，屈肘角度逐渐减小。当划至肩部垂直平面时，手掌离水面约 15 厘米，小臂和大臂成 90°～110°（见图 16-47）。推水时，整个手臂同时用力向下方做推压动作，并借助惯性使大臂带动小臂和手加速内旋推水，随后手掌划至臀部侧下方，距离水面 45～50 厘米，以小臂带动手掌下压划水，直至划至大腿一侧手臂伸直时推水结束（见图 16-48）。整个过程，手掌轨迹呈“S”形，速度由慢到快，划水后期有明显的加速动作（见图 16-49）。

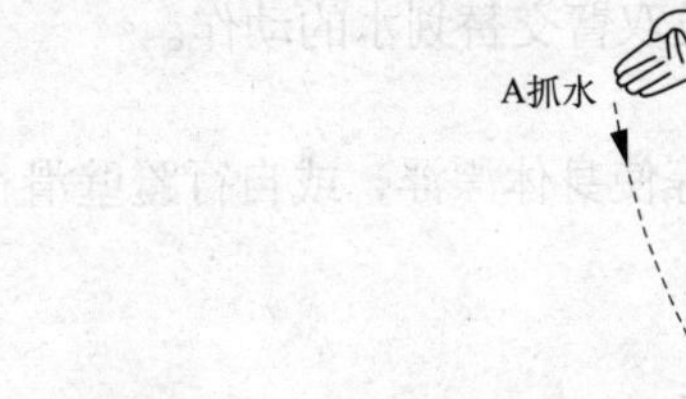

图 16-47 划水姿势

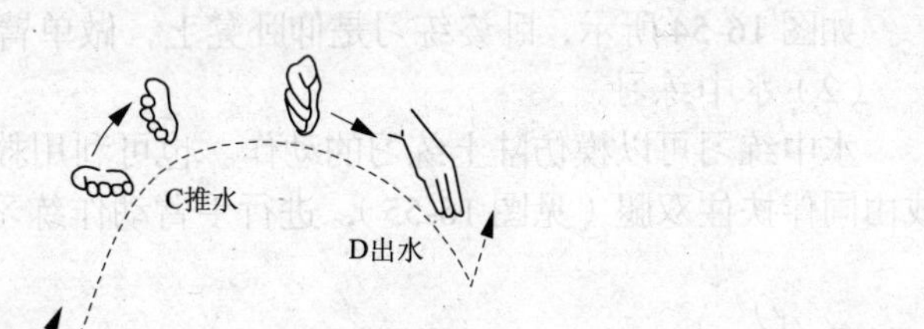

图 16-48 A–抓水，B–拉水，C–推水，D–出水

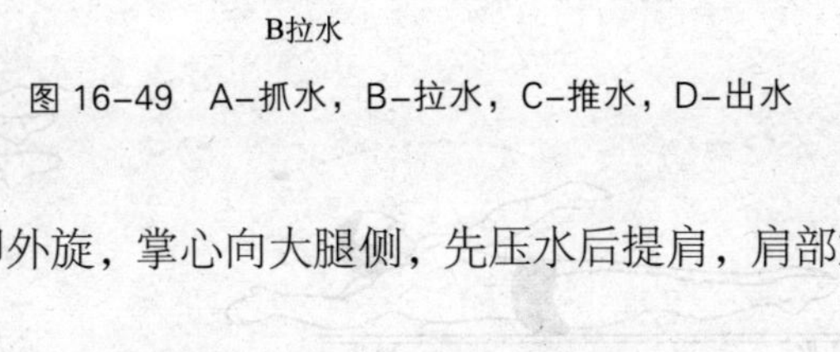

图 16-49 A–抓水，B–拉水，C–推水，D–出水

（4）出水

划水结束，手臂立即外旋，掌心向大腿侧，先压水后提肩，肩部露出水面后，带动大臂、小臂和手依次出水。

（5）空中移臂

手臂出水后，自然伸直，由后向前迅速向肩前移动，肩关节充分伸展。当手臂移至肩的正上方后，手臂外旋，掌心外翻，随后重复入水动作。

仰泳时，两臂动作始终是对角交替的。当一臂完成出水时，另一臂抓水，当一臂空中移臂时，另一臂则划水。

4. 整体配合

仰泳一般采用 1:2:6 的配合方式，即 1 次呼吸、2 次划水（两臂各划一次）、6 次打腿。一侧移臂入水时，另一臂划水结束。一臂空中移臂时吸气，然后短暂闭气，另一臂空中移臂时呼气，循环进行。

16.4.2 练习方法

1. 腿部动作练习

（1）岸上练习

仰泳的腿部坐姿打水练习同爬泳相同。

（2）水中练习

如图 16-50、图 16-51 和图 16-52 所示，双手反握池槽，或由同伴扶住头部（两臂置于体侧），或蹬壁滑行，仰卧水中做腿部上下交替打水练习。在此基础上，可进行单臂或双臂前伸的仰卧滑行打水练习。

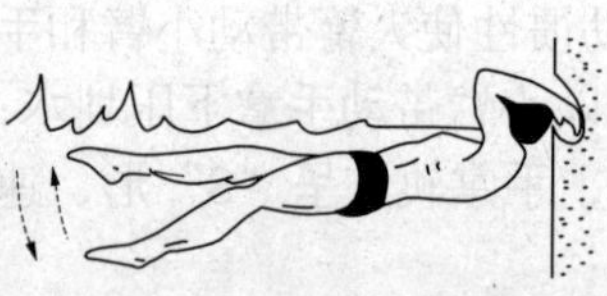
图 16-50 水中练习 1

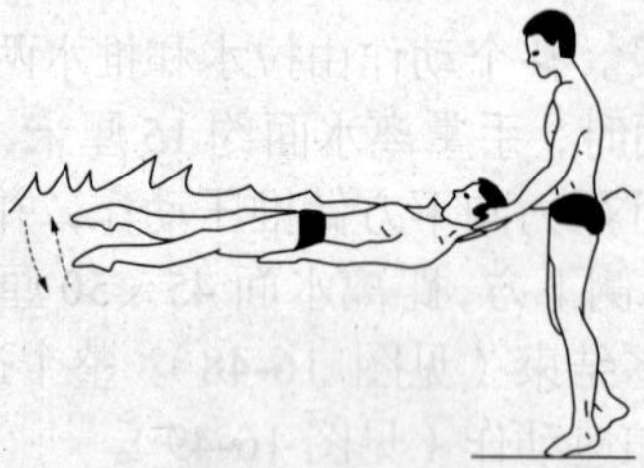
图 16-51 水中练习 2

图 16-52 水中练习 3

2. 臂部动作练习

（1）陆上练习

仰泳的站姿练习包括单臂练习和双臂练习。如图 16-53 所示，单臂练习是以站立姿势，一臂在大腿旁，另一臂上举，做抓水、拉水、推水、出水、空中移臂、入水的动作。双臂练习则是进行两臂交替划水的动作。也可在平地上后退行走，同时做出双臂划水的动作。

如图 16-54 所示，卧姿练习是仰卧凳上，做单臂划水及双臂交替划水的动作。

（2）水中练习

水中练习可以模仿陆上练习的动作。也可利用救生衣等使身体漂浮，或自行蹬壁滑行，或由同伴扶住双腿（见图 16-55），进行手臂动作练习。

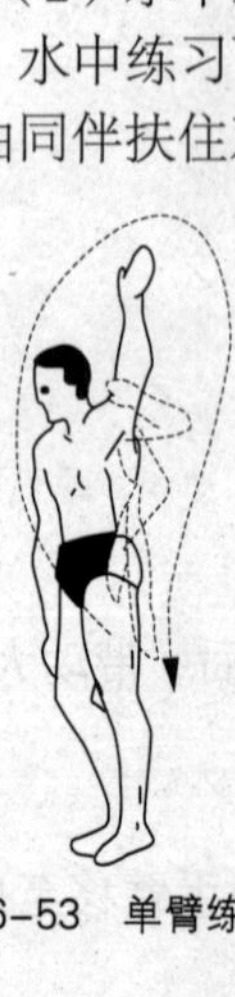
图 16-53 单臂练习

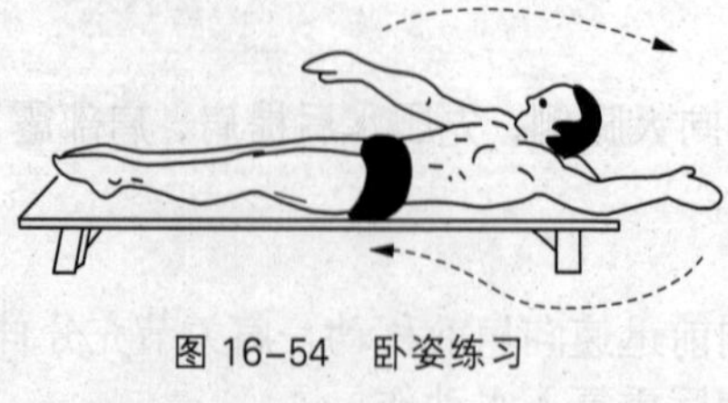
图 16-54 卧姿练习

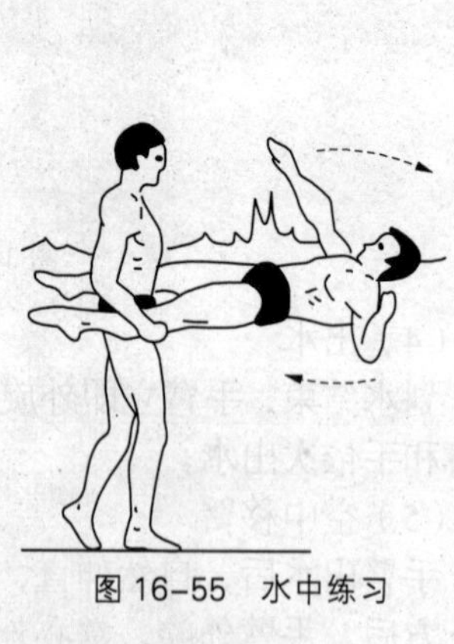
图 16-55 水中练习

3. 整体配合练习

可先进行局部动作的配合练习，如两臂的配合、臂与呼吸的配合等，再进行整体动作的配合练习。

16.5 蝶　泳

本节将详细讲解蝶泳的动作要领和练习方法。

蝶泳（Butterfly Stroke）由蛙泳的技术动作演变而来，其技术是 4 种竞技游泳中最难掌握的。

16.5.1 动作要领

1. 躯干姿势

如图 16-56 所示，蝶泳时，身体俯卧水中，整体动作从头、颈、躯干到脚沿身体纵轴作传动式、波浪形起伏。但身体姿势力求相对稳定，起伏不宜太大，且应形成节奏。

2. 腿部姿势

蝶泳时，以腰部发力，带动大腿、小腿及脚进行上下鞭状打水动作。如图 16-57 所示，向下打水时，两腿并拢，脚掌稍加内旋，踝关节伸直，屈膝约 110°，脚抬到最高点至水面，向后下方快速打水。同时，臀部升高，大腿和躯干约成 160°，脚跟距水面约为 50 厘米。向上打水时，两腿伸直向上移动，臀部下降，髋关节逐渐展开，身体几乎成水平。随即，大腿下压，膝关节随之逐渐弯曲，脚再次上抬，准备向下打水。

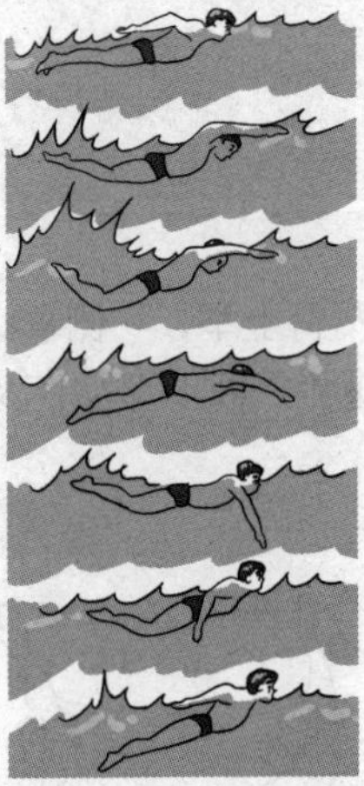

图 16-56　躯干姿势

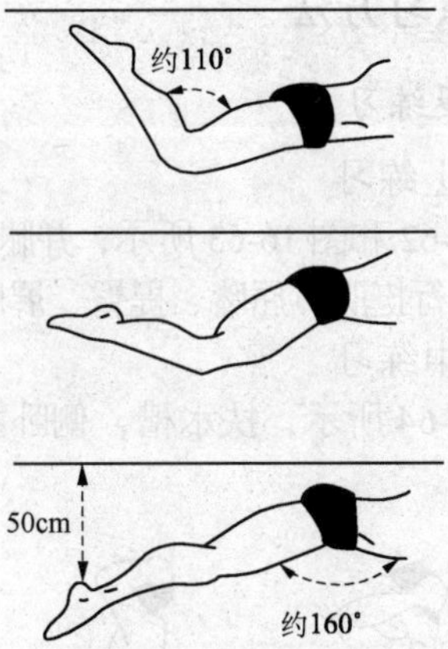

图 16-57　腿部姿势

3. 臂部姿势

蝶泳的臂部动作是推动前进的主要动力。两臂同时对称进行，包括入水、抱水、划水、出水和空中移臂 5 个部分。

（1）入水

如图 16-58 所示，入水以拇指为先，两手距离约与肩同宽，掌心向两侧，手指向下。入水点在两肩的延长线上。

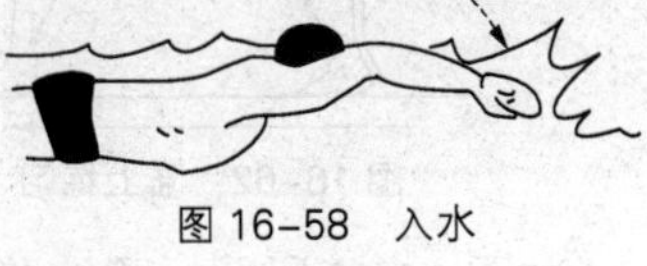

图 16-58　入水

（2）抱水

手臂入水后，迅速向外、向后、向下滑动，屈臂高肘，手掌内转，成抱水姿势。前臂与水面约成 45° ，肘关节约屈成 150° ，上臂与水平面约成 20° ，两手距离略比肩宽（见图 16-59）。

（3）划水

屈臂向后，上臂内旋，前臂和手加速向内后拉水。划至腹部后，掌心转向后上方。继续推水至大腿旁。如图 16-60 所示，划水过程两臂路线成双“S”形。

（4）出水

如图 16-61 所示，划水结束后，手臂充分伸直，借助加速推水的惯性，提肘，迅速将两臂和手带出水面。

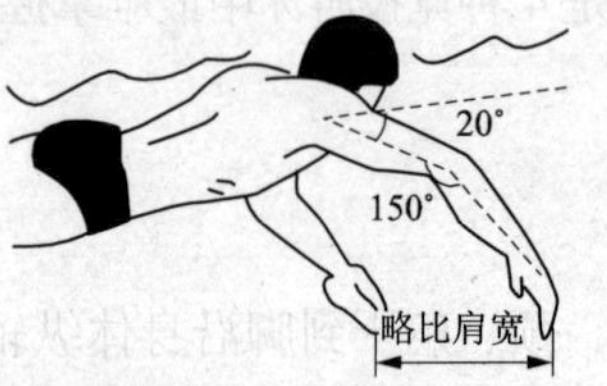

图 16-59 抱水

图 16-60 划水

图 16-61 出水

（5）空中移臂

臂出水后，从身体两侧，沿低而平的弧线，经空中快速向前移动。

4. 整体配合

蝶泳一般采用 1:1:2 的配合方式，即呼吸 1 次、两臂划水 1 次、打腿 2 次。两臂入水时，双腿第 1 次向下打水，同时以口鼻慢慢呼气；两臂进入划水时，双腿上抬并第 2 次向下打水，划水至胸腹下方时开始抬头，用力呼气；两臂出水并空中移臂时，完成双腿上抬，并迅速吸气。

16.5.2 练习方法

1. 腰腿练习

（1）陆上练习

如图 16-62 和图 16-63 所示，并腿站立，两手置于脑后（或两臂上举，一侧掌心置于另一侧手背上），进行挺腹、屈膝、提臀、展膝的连续练习，以体会腰腹腿的波浪形动作及其节奏感。

（2）水中练习

如图 16-64 所示，扶水槽，侧卧打水练习。

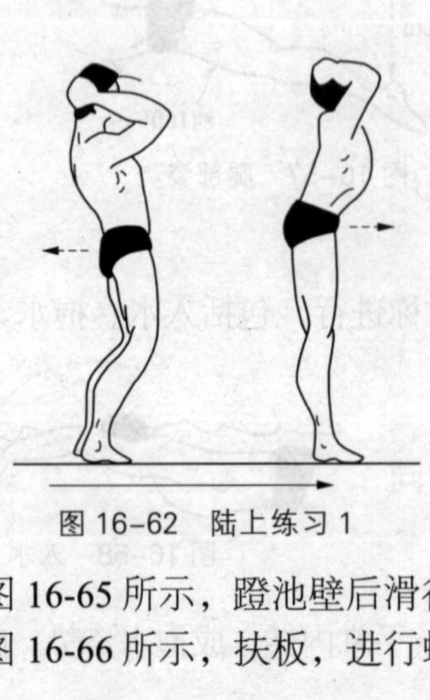

图 16-62 陆上练习 1

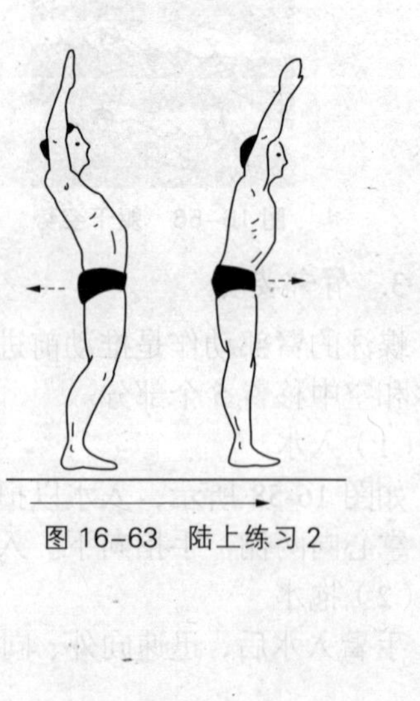

图 16-63 陆上练习 2

如图 16-65 所示，蹬池壁后滑行，连续完成打水动作。

如图 16-66 所示，扶板，进行蝶泳打水练习。

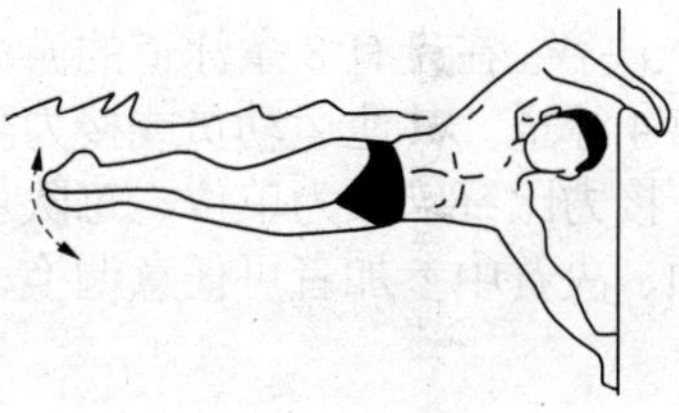
图 16-64 水中练习 1

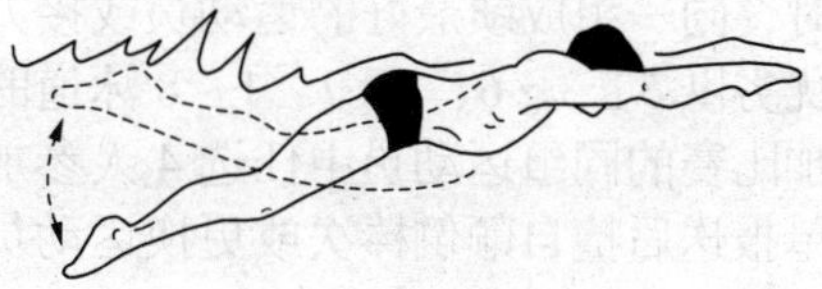
图 16-65 水中练习 2

2. 臂部练习

如图 16-67 所示，站立（陆地或浅水中均可），身体前屈，两臂做蝶泳划水动作，以体会划水路线和转肩的动作。

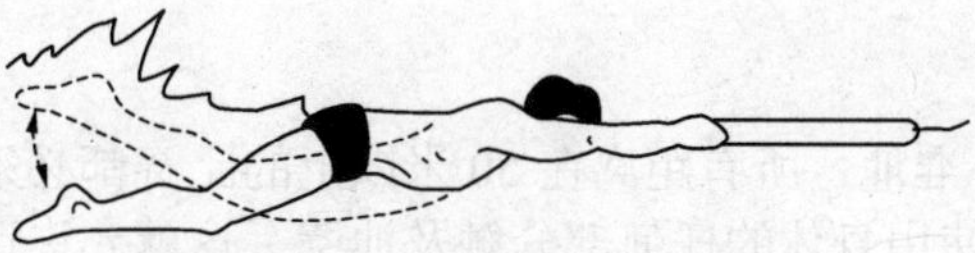
图 16-66 水中练习 3

图 16-67 臂部练习

3. 配合练习

可先进行臂部与呼吸、臂部与腿部的配合练习，熟练后再完成臂、腿和呼吸的整体配合动作。

16.6 游泳规则

本节将介绍参赛资格、竞赛、出发和到边、转身、计时、混合泳等游泳的主要竞赛规则。

参加奥运会的各协会必须是由国际奥委会认可的协会。各协会所派参赛运动员需参加由国际泳联及国际奥委会举行的资格赛并获得参赛资格。

1. 参赛资格

在奥运会的每个单项比赛中，由国际泳联确定报名成绩。参赛资格分为 A、B 两个标准，其中 B 标的成绩相对容易达到。如果一个国家或协会在每个项目中只派一名选手参赛，这些选手必须要达到奥运会 B 标。如果一个国家有两名选手参加同一单项的比赛，他们的成绩必须达到奥运会 A 标。只有在国际泳联认可的比赛中达到 A 标，选手的奥运会报名才有效。

单项比赛：在每个单项比赛中，每个国家最多可以派两名达到奥运会 A 标成绩的选手参加；如果达到奥运会 B 标，则只能派一名运动员参赛。

接力比赛：每个接力项目中，每个国家只能派出一支队伍参赛。

没有达标选手的国家：当一个国家无一人达奥运会 A 标或 B 标时，可按照参赛资格说明，派出男、女各一名选手参赛。

2. 竞赛

奥运会游泳比赛中，200 米以下个人项目（含 200 米）进行预赛、半决赛和决赛；400 米以上个人和接力项目进行预赛和决赛。运动员和接力队根据报名成绩分组进行预赛，根据预赛成绩排名进入半决赛或决赛。

预赛成绩前 16 名进入半决赛，半决赛成绩前 8 名进入决赛。在设有 8 条泳道的游泳池内比赛时，同一组成绩最好的运动员或接力队，应安排在第 4 泳道。其他运动员或接力队按成绩的优劣以 5、3、6、2、7、1、8 泳道的顺序进行安排。接力比赛以队为单位，每队可在报名参加比赛的同组运动员中任选 4 人参加接力比赛。在预、决赛中参加者可任意调换，但接力名单报送后擅自颠倒棒次或更换运动员均判为犯规。

3. 出发和到边

在奥运会游泳比赛中，任何一个运动员在出发时抢跳犯规都会被取消比赛资格。自由泳、蛙泳、蝶泳及个人混合泳的各项比赛必须从出发台起跳出发，仰泳项目在水中出发。当总裁判员发出长哨音信号后，运动员应站到出发台上（仰泳项目运动员下水，在总裁判员发出第二声长哨时迅速游回池端，在水中做好出发准备），当发令员发出“各就位”的口令后，运动员应至少有一只脚在出发台的前缘做好出发准备，手臂位置不限。当所有运动员都处于静止状态时，发令员发出“出发信号”（鸣枪、电笛、鸣哨或口令）。运动员在听到“出发信号”后才能做出发动作。在自由泳和仰泳比赛中，到达终点时运动员可以只用一只手触壁，而在蛙泳和蝶泳比赛中，必须双手同时触壁。

4. 转身

奥运会游泳比赛使用的是 50 米长的标准池，所有距离在 50 米以上的比赛都必须在途中折返。转身时，自由泳和仰泳允许运动员使用身体的任何部分触及池壁，这就允许运动员可以在水下转身后，用脚去蹬池壁。转身的一个例外规则就是在个人混合泳当中，从仰泳转换泳姿到蛙泳时，运动员必须保持仰泳的姿势直到触及池壁。

5. 计时

所有游泳运动员的比赛成绩和名次都是由自动计时装置决定的。运动员出发时，出发台上的压力板将记录数据。每条泳道两端都装有触板，当运动员触壁时也会被记录。由于触板和出发台是互连的,因此可以判断参加接力比赛的运动员是否是在其队友触壁以后才入水的。接力比赛当中，如果任何一个运动员在其队友触壁 0.03 秒之前离开出发台，这个队将被自动取消比赛资格（运动员可以在队友触壁的时候做出发动作，但是脚必须接触出发台）。

6. 混合泳比赛规定

（1）个人混合泳须按照下列顺序进行比赛：蝶泳—仰泳—蛙泳—自由泳。

（2）混合泳接力须按照下列顺序进行比赛：仰泳—蛙泳—蝶泳—自由泳。

（3）在个人混合泳和混合泳接力项目的比赛中，每一泳式都必须符合比赛规则的有关规定，在仰泳转蛙泳过程中，运动员必须呈仰卧姿势触及池壁。

思考与练习

1. 游泳的卫生要求有哪些？
2. 熟悉水性的基本练习有哪些？
3. 水上救护包括哪些方法？
4. 蛙泳、自由泳、仰泳、蝶泳的动作要领和练习方法有哪些？

活动与探索

若条件允许，可进行一些趣味性游泳游戏。

第17章 拓展训练

本章将介绍拓展训练的渊源，阐述拓展训练的特点，概括拓展训练的流程。针对大学生协作能力、沟通能力、创新能力的培养，选取有代表性的拓展训练项目进行详细讲解。

17.1 拓展训练概述

本节将介绍拓展训练的起源与发展；分析其本质特征——亲身体验性、综合活动性、挑战极限性、集体协作性、高峰成就性、自我发展性；概述了其流程：亲历、感受、分享、总结、应用，这5个步骤循环往复，巩固并提升着拓展训练的效果。

17.1.1 拓展训练的渊源

拓展训练（Outward Bound）意为一艘小船，在暴风雨来临之际，驶离平静、熟悉的港湾，义无反顾地投向未知的旅程，去迎接一次次挑战和考验！

拓展训练的雏形源于第二次世界大战期间的英国。当时，英国的商务船队屡遭德国潜艇的袭击，大批船只被击沉，绝大多数落水船员不幸牺牲，只有极少数人在经历了长时间的磨难之后得以生还。多数生还者不是身体强健、反映机敏的年青船员，而恰恰是年纪相对偏大的船员。救生专家们通过调查、分析发现：这些人之所以能逃脱巨大的危难，坚强的意志和相互的支持起了决定性的作用，即成功并非取决于充沛的体能，而是依靠强大的意志力。他们正是凭借良好的心理素质，以其强大的求生欲望和求生能力，勇敢地面对危险，沉着地分析处境，坚韧地对抗困难，最终摆脱了死亡厄运。而许多身强力壮的年轻水手，当灾难来临之际，缺乏信心、无法坚持，精神的沮丧和不知所措的恐慌导致了心理防线的全面崩溃，进而智力和体能迅速下降，最终葬身海底。

鉴于上述判断，1941年，库尔特·汉恩（Kurt Hahn，德国教育家）等人在英国创办了阿德伯威海上训练学校。训练船员海上生存能力，使其养成坚毅的性格，树立无惧的勇气，全力以赴地面对险情、排解逆境。经过潜心研究，库尔特·汉恩提出了Outward Bound的两条核心内容：（1）Your disability is your opportunity（你的挫折就是你的机会）；（2）There is more in you than you think（你有很多意想不到的能力）。他认为培养学生面对挫折的能力与培养学生的智力同样重要。

拓展训练以其独特的创意和训练方式，逐渐推广开来。其训练对象由最初的海员扩大到军人、学生、工商业人员等各类群体，训练目标也由单纯的体能训练、生存训练和心理训练扩展到人格训练、管理训练、团队训练等。20世纪70年代，Outward Bound传入美国，之后进入亚洲。1995年传入中国大陆，被翻译为“拓展训练”，引领了国内体验式培训的蓬勃发展。

拓展训练的实质是利用崇山峻岭、翰海大川等自然环境，或就地取材，通过一些模拟场景的体验和精心设计的活动，获取积极思维、突破自我的经验，取代以前经历中沉淀的一些消极经验。最终达到磨炼意志、陶冶情操、挑战自我、完善人格、激发潜能、熔炼团队的培训目的。

17.1.2 拓展训练的特点

有人认为，拓展训练充满未知性，不像其他运动那么循规蹈矩；有人认为，拓展训练就是玩个心跳，找个刺激，是考验胆量，不像其他运动那么平淡；也有人认为，拓展训练可以更好地培养团队合作精神，不像其他运动那么内涵简单，这些说法都在一定层次上反映了拓展训练的表面特征。就本质而言，拓展训练的特点有以下 6 点：

1. 亲身体验性

亲身体验是拓展训练的真谛。研究表明，人类对听到的知识大约可以记住 10%；对看到的知识大约可以记住 25%；对亲自经历过的则大约可以记住 70%。也就是说，人们更容易接受并记住亲身经历的事情。而拓展训练最大的特点之一就在于抓住了人类学习的记忆特点，以各种方式模拟在实际工作生活中可能会遇到的矛盾，通过身体力行，从中悟出道理。

简而言之，拓展训练是以学员的亲身体验为核心，对人深层次的心理施加影响的训练方式。它在人的心理、性格、态度等方面的教育具有突出的优势，能够真正切实有效地改变一个人的行为习惯，塑造积极的行为方式。

温馨提示 人类最基本的认识方式是感觉，而不是思考！

2. 综合活动性

拓展训练以体能活动为引导，蕴涵认知活动、情感活动、意志活动和交往活动，有明确的操作过程，要求参与者全身心投入。

3. 挑战极限性

拓展训练的部分项目需要参与者通过鼓励克服心理障碍，跨越“心理极限”。

4. 集体协作性

拓展训练强调集团合作性，力求每位参与者都能从团队中汲取力量，并竭尽全力地为团体争光。

5. 高峰成就性

在克服重重困难完成扩展训练的项目要求后，参与者能够体会到发自内心的成就感、胜利感和自豪感，获得人生的高峰体验。

6. 自我发展性

参与者在训练中占据主体地位，充分发挥主观能动性，发现自己的问题所在，并努力克服弊端。通过拓展训练，参与者能够提升群体意识，改善人际关系，学会关注他人，发掘自身潜能，增强自信自立，克服懒惰懦弱，磨炼意志品质，启发想象力和创造力。

17.1.3 拓展训练的流程

如图 17-1 所示，拓展训练的流程包括 5 个步骤：亲历、感受、分享、总结、应用。

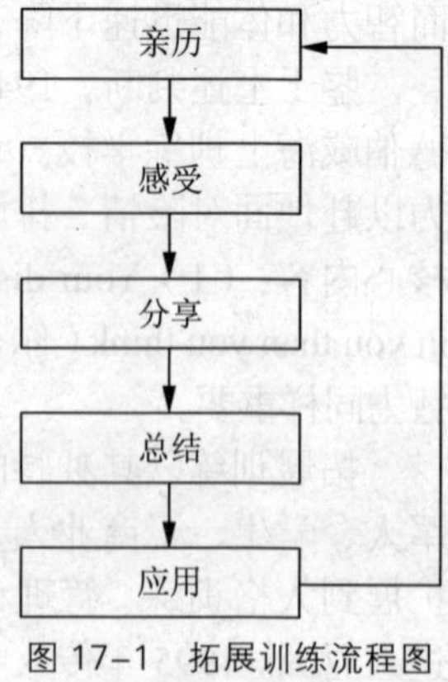

图 17-1 拓展训练流程图

1. 亲历

亲历也就是亲身体验。任何一个训练项目的开始都是学生在教师的指引下去经历一种模拟场景，去完成一项任务。

学生在十分开放（这种方式令个体充满疑惑和好奇，对获取知识充满了渴望，这时人的状态是完全开放的）的状态下，体悟到自身在性格、思维、处事方式、应急反应等深层次方面的优势和劣势，进而将影响直接施加到心灵的最深处。

2. 感受

通过置身其中，才能得到最真切的、全方位的、印象深刻的感受。学生在经历的过程中，会产生一些想法、观点，意识到自己的“症结”所在。

3. 分享

“三人行必有我师”，完成任务的过程，也是磨合切磋、交流共进的过程。分享感受、畅所欲言的同时，每个人就会得到数倍的经验，这也正是拓展训练的魅力所在。

4. 总结

通过实践、观察、交流和讨论，个人都会有所心得，其认识亦由感性上升到理性。

5. 应用

这个过程是训练之后的个人收获。认识由实践获得，最终再用来指导实践，这也是拓展训练的终极意义所在。

17.2 拓展训练项目

本节针对大学生协作能力、沟通能力、创新能力的培养，选取盲人方阵、人椅、连环手、雷阵等具有代表性的拓展训练项目进行详细讲解。

17.2.1 协作能力拓展训练

1. 盲人方阵

盲人方阵活动，如图 17-2 所示。

（1）项目类型

团队合作项目。

（2）场地

一块平整的场地。

（3）器材

眼罩若干、长绳（按条件可以选择不同长度的绳子，如 25 米、20 米、18 米、12 米等）。

（4）人员

根据绳子长短，每组 5～20 人。

（5）项目时间

20～30 分钟。

（6）项目目标

加强参与者的团队合作精神，帮助参与者体会团体工作中沟通的重要性，提高参与者对于结构变动的适应能力。

（7）项目规则

蒙上眼睛后，每位参与者在原地转 3 圈，再向前走 5 步；教师将一捆缠绕在一起的绳子交给一名参与者，要求在规定时间内利用这捆绳子组成一个最大的正方形；所有参与者要均匀地分布在四边，在项目完成前不许解开眼罩。

（8）注意事项

提醒并防止参与者互相碰撞。

（9）引导讨论

项目中最困难的环节在哪里（兄弟同心，其利断金）？在非常状态（没有视觉）下，如何与同伴沟通（要尽快选定指挥者）？有些人为什么始终保持沉默，这样是否正确（沉默未必是坏事，太多不成熟的意见反而会干扰决策。在没有明确的决定前，要善于倾听他人的意见，服从统一指挥可能就是对团队的最大贡献）？领导者的指挥是否迅速有效？

（10）改进建议

可以几个组同时进行，不同的组摆出不同的图形，如圆形、三角形、长方形等，并利用这些图形拼出图画，如房屋、汽车、水塔等。

2. 人椅

人椅活动如图 17-3 所示。

（1）项目类型

团队合作项目。

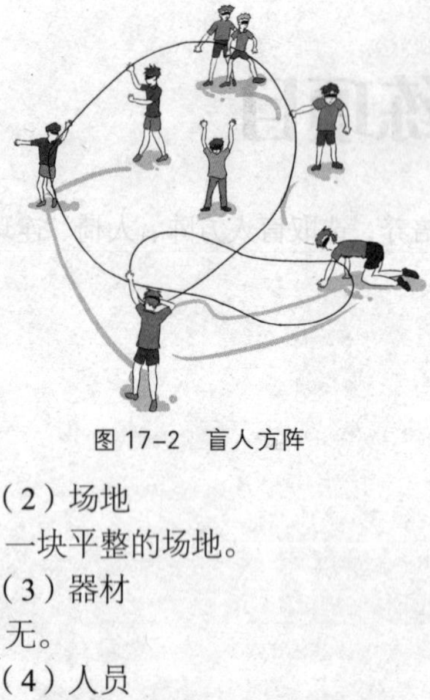

图 17–2　盲人方阵

图 17–3　人椅

（2）场地

一块平整的场地。

（3）器材

无。

（4）人员

5 人以上。

（5）项目时间

5 分钟以上。

（6）项目目标

认识团队协作的重要性；理解个体和团队之间的辩证关系。

（7）项目规则

全体参与者围成一圈；每人将双手放在前面一名队员的两肩上；大家听从教师的指令，缓缓坐在身后队员的大腿上；坐下后，教师可以带领大家喊出相应的口号，如“齐心协力”“团结一致”等。

（8）注意事项

注意参与者的安全。

（9）引导讨论

游戏中自己是否有依赖思想（松懈自己对团队可能造成怎样的影响）？自己的精神及体力状态发生了怎样的变化（要想坐得长久，坐得舒服，每个人都要先当好一把椅子）？

（10）改进建议

可以以小组竞赛的形式进行。

17.2.2　沟通能力拓展训练

连环手如图 17-4 所示。

（1）项目类型

团队项目。

（2）场地

一块平整的场地。

（3）器材

无。

（4）人员

每组 10 人。

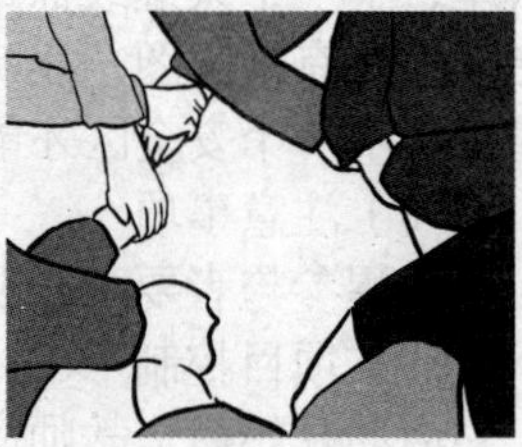

图 17–4　连环手

（5）项目时间

20 分钟。

（6）项目目标

让参与者体会在解决团队问题时沟通的重要性，以及团队合作、永不放弃的精神。

（7）项目规则

每个小组围成一圈；每个人交叉左右手，握住身边人的右左手；在不松手的情况下，把这张网打开，成为小组组员之间手拉手的圆。

（8）注意事项

每组成员要共同想办法，及时交流。

（9）引导讨论

开始思路是否很混乱（参与者应明白，有些问题单凭个人力量无法解决。当一个环节出现问题，可以从全局的角度考虑解决）？当解开一点后，你的想法是否发生了变化（是否能体会到“胜利往往就是再坚持一下”）？沟通是否帮助你们解决了问题？

（10）参考答案

先翻转身，使大家手拉着手背对圆心。然后从某一个人开始，从邻近一个人的手下走过去，人全部走完后，手环也就解开了。

17.2.3　创新能力拓展训练

雷阵如图 17-5 所示。

（1）项目类型

团队合作项目。

（2）场地

一块平整的场地。

（3）器材

用粉笔画的雷阵。

（4）人员

10 人以上。

（5）项目时间

30 分钟。

（6）项目目标

突破定式思维；勇于探索，敢于创新；学会吸取别人的经验，少走弯路；要善于利用工具和资源。

（7）项目规则

每次只有一人进行探雷，只能走相邻的格子，不能隔格跨越，如果没有触雷，指导教师就说“OK”，探雷者可以继续前进，如果指导教师说“对不起”，请按原路返回，返回后站在队尾，下一个人继续探路。100 分为满分，每重复触雷 1 次扣 1 分，没按原路返回扣 1 分。指导教师有雷区图，表明雷的分布，两个大的空白格区是安全区（不要告诉参与者，但只有通过其中一个安全区才能最终走出雷阵）。

（8）注意事项

提醒参与者要听清要求，要记住触雷情况及行走路线，注意听从教师指令。

（9）项目控制

活动开始后，教师应始终保持沉默；队员之间可以进行争论；队员试图放弃时，教师应反复询问。

雷阵出口

109	110	**111**	**112**	**113**	**114**	**115**	**116**	**117**	118	119	120
97	**98**	**99**	**100**	101	102	**103**	104	**105**	**106**	**107**	108
85	86	**87**	88	**89**	**90**	91	**92**	**93**	94	**95**	96
73	**74**	**75**	76	77	78	**79**	**80**	81	**82**	**83**	84
			67	**68**	**69**	70	71	72			
			61	62	**63**	64	**65**	66			
			55	56	57	**58**	59	**60**			
			49	50	51	52	53	**54**			
37	**38**	39	40	41	42	**43**	**44**	45	46	47	**48**
25	26	27	**28**	**29**	**30**	31	32	33	**34**	**35**	36
13	**14**	**15**	16	17	18	**19**	**20**	21	22	23	**24**
01	02	03	**04**	**05**	06	07	08	**09**	10	**11**	12

雷阵入口

图 17–5　雷阵

（10）引导讨论

采用了哪些方法帮助完成任务（利用树叶、石块等做标记，分人记忆等）？最终参与者走投无路尝试踏入空白区时，意味着打破了思维定势，是成功的突破。

思考与练习

1. 拓展训练的特点是什么？
2. 拓展训练的流程包括哪几步？

活动与探索

如果条件允许，可开展野外拓展训练。

第18章

户外运动

本章将介绍自行车运动的发展历程、基本技术和训练方法；讲解攀岩运动的渊源、装备、技术要点及训练方法。

18.1 自行车运动

本节将概述自行车运动的起源与发展，介绍自行车运动的竞赛项目，详细阐释自行车运动的基本技术：骑行姿势、踏蹬技术、上下坡技术、转弯技术、刹车技术、跟车技术、起跑技术等。

18.1.1 自行车运动概述

自行车运动（Cycling）是以自行车为工具比赛骑行速度的体育运动。其融娱乐和健身为一体，能有效地提高心肺功能，增强血液循环，锻炼耐力和下肢肌力，预防高血压、心脏病等。

自行车起源于欧洲。公元1642年，意大利一位橱窗设计师在罗马教堂的彩色玻璃上绘制了自行车的雏形图案，但并未造出实物。1790年，法国的西夫拉克伯爵将木马装上两个轮子，骑在上面用脚蹬地前行，称为木马轮（见图18-1），这便是自行车的雏形。1816年，德国的冯德赖斯男爵发明了有车把可控制方向的木轮车（见图18-2）。1839年，苏格兰铁匠麦克米兰制造了铁制车轮的自行车，后轮的车轴上装上曲柄，再以连杆与前面的脚蹬连接。1861年，法国的米肖父子研发了前轮大、后轮小，前轮上装有曲柄和能转动的踏板，并架有鞍座的自行车（见图18-3）。1869年，英国的雷诺利用钢丝辐条拉紧车圈做成车轮，以钢棒制成车架，并在轮辋上装配了实心橡胶带，大大减轻了自行车的重量。

真正具有现代形式的自行车诞生于1874年。英国的劳森在自行车上别出心裁地安装了链条和链轮，利用传动结构，以后轮的转动来推动车子前进。1886～1888年，英国机械工程师斯塔利，用钢管制成了菱形车架，设计了滚珠轴承、前叉和车闸，将前后轮改为大小相同并首次使用了橡胶车轮（见图18-4）。斯塔利不仅改进了自行车的结构，还设计了专门生产自行车部件的机床，为自行车的制造和推广开辟了广阔的道路，在世界科技史上被誉为“自行车之父”。1888年，英国的邓洛普运用了充气橡胶轮胎，自行车至此基本完善。

图18-1　木马轮

图18-2　木轮车

图18-3　有鞍座的自行车

图18-4　橡胶车轮

有记载的最早的自行车比赛是 1868 年，在巴黎圣克劳德公园举行的。第一次女子自行车赛，据说是 1888 年在悉尼市郊举行的。1893 年，首届世界业余自行车锦标赛举行。1895 年，首届世界职业自行车比赛举行。1896 年，第一届奥林匹克运动会把男子公路个人赛列为正式比赛项目。

1900 年 4 月 14 日，国际自行车联盟成立，总部设于日内瓦（现国际自行车联盟总部设在瑞士艾格勒）。20 世纪 90 年代中期，业余自行车运动与职业自行车运动正式统一，业余手车与职业车手均可在比赛中一决高下。

18.1.2 自行车运动的竞赛项目

第二十九届奥运会自行车项目包括场地赛（Track Racing）、公路赛（Road Biking）、山地车赛（Mountain Biking）、小轮车赛（BMX）4 个分项，男子设 11 个小项，女子设 7 个小项，共 18 块金牌（见表 18-1）。

表 18-1 第二十九届奥运会自行车比赛项目

场地赛	男	团体/个人争先赛、团体/个人追逐赛、凯林赛、麦迪逊赛、记分赛
	女	个人争先赛、个人追逐赛、记分赛
公路赛	男	男子团体、男子计时
	女	女子团体、女子计时
越野赛		男子山地车越野赛
		女子山地车越野赛
小轮车		男子小轮车
		女子小轮车

18.1.3 自行车运动的基本技术

1．骑行姿势

正确的自行车骑行姿势，可以降低能量消耗，减少不必要的肌肉紧张，是力量和技术得以充分发挥的前提和基础。

如图 18-5 所示，上体较低，略成“弓”状，头部稍倾斜前伸；双臂自然弯屈，手腕放松，双手灵活而有力地握把；臀部坐稳车座。这种姿势可以降低身体重心，自然地吸收路面的冲击与振动。

图 18-5 骑行姿势

为了确保正确的骑行姿势，必须根据个人实际情况，做好车辆的选择：注意车架大小，调整车座角度、高低与前后，调节车把宽度和高度、车把立管长度等。

（1）车座的选择与调整

自行车运动中，车座是主要支撑点，承载着身体的大部分重量。

① 车座的选择。必须根据骨盆解剖构造来选用适合的车座。坐骨结节（结节是指生物体表面或内部组织中圆形的小突起）间距离宽的应选用宽车座，反之则应选用窄车座。此外，车座的选择还要考虑骑行距离的长短和运动强度的大小。场地赛距离短，强度大，肌肉和神经高度紧张，可选用窄车座；公路赛时间长，可选择与坐骨接触面较大的车座。女运动员由于生理特点，应选择较宽而柔软的车座。

② 车座角度的调整。车座的角度大致应保持水平。由于众多车座呈弧面，可以先拿一把长尺置于坐垫上，再以眼睛目测（见图 18-6）。此外，若上坡路程较多，可将车座前端稍稍

向下调整，以减轻对胯下部位的压力；若下坡路程较多，则可将车座前端稍稍向上调整，同时将立管高度放低，以增加身体的灵活度。

③ 车座前后的调整。先将车座固定在水平线上，将其前端调整到中轴垂直线后 2～2.5 厘米处。若运动员大腿较长，车座应多向后移动，反之车座稍向前移动。如图 18-7 所示，踏蹬到曲柄与地面平行的位置时，膝关节垂直线应正好通过脚蹬轴的中心。

④ 车座高低的调整。运动员坐稳车座后，用脚跟蹬住脚蹬，蹬至最低点时，膝关节自然伸展，既不过分弯曲，也不过分伸脚。如图 18-8 所示，简易高度测量法是先将脚跟放在踏板上，踏到最低点时膝盖正好打直，这一位置便是车座的标准高度；再将脚掌放回踏蹬位置，膝盖在踩踏的最低点时会略有弯曲，这一高度既能兼顾踩踏时的有效用力，又可保护膝关节不受伤害。

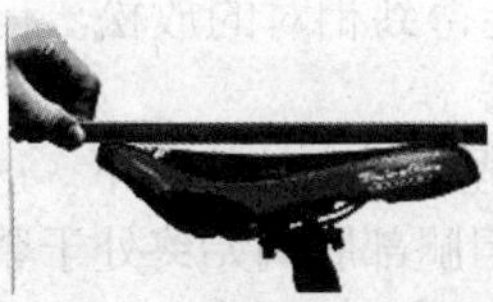
图 18–6　车座角度的调整

图 18–7　车座前后的调整图

图 18–8　车座高低的调整

（2）车把的调整

① 车把宽度。约与肩同宽。过宽，会增加风的阻力，且上半身容易过于前倾，加重腰部负担；过窄，则会使胸腔受到挤压，影响正常的呼吸功能。

② 车把高度。应根据运动员上体尺寸和臂长来决定，并注意项目特点。公路赛的车把可略高些，运动员的上体角度（即通过髋关节的水平线和髋关节中心至颈椎中心连线）约保持在 35°～45°；场地赛的车把可稍低些，运动员的上体角度为 20°～30°。

温馨提示　带手套能防止手心被磨伤，但不宜带有厚泡沫（海绵）的手套。

（3）其他问题

把立管长度。当踏蹬到曲柄与地面平行时，以肘关节与膝关节能稍稍相碰为宜。

曲柄的长度则与场地相关，坡度大、弯道多的路面，曲柄短些，反之可长些。

自行车各部分间距调好后，不要轻易改变，特别是在比赛前不宜变动，否则极易破坏已形成的动力定型，影响比赛时正常水平的发挥。

2. 踏蹬技术

踏蹬动作是自行车运动中的关键技术，也是最为复杂且难以掌握的动作。其目的在于以最小的能量消耗获得尽可能大的功率。

（1）踏蹬动作的力学分析

踏蹬动作是周期性运动，即在一个固定范围内，以中轴为圆心，以曲柄为半径，重复地进行运动。踏蹬的力量通过圆周切线来传递，每踏蹬一周可分为 4 个阶段：上临界区；工作阶段（用力阶段）；下临界区；回转阶段（放松阶段）。

不同阶段肌肉用力各不相同。当一脚处于回转阶段时，另一只脚已进入用力阶段。踏蹬到上下临界区时，应放松肌肉，并尽量缩短在临界区的停留时间。用力阶段是产生自行车前进动力的主要阶段。此时，踏蹬力量越大，自行车前进速度就越快。回转阶段，一腿踏蹬作功，另一条腿主动抬起，不给脚蹬施加任何压力。并利用抬腿的短暂瞬间尽量放松肌肉，以便积蓄力量以作用于工作阶段。

（2）脚掌的踩蹬位置

如图 18-9 所示，脚掌应平稳地踏在脚蹬上，使脚蹬位于脚掌中部和脚趾之间。脚掌的纵向与脚蹬轴保持垂直。鞋的前端约伸出脚蹬 5～7 厘米（根据脚的大小决定）。

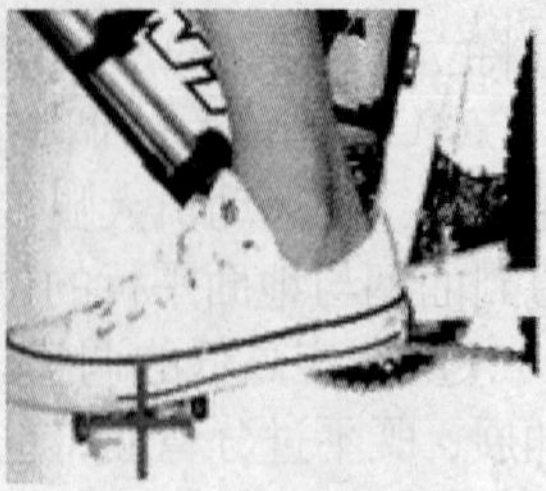
图 18–9　脚掌的踩蹬位置

（3）踏蹬方法

自行车运动的踏蹬方法主要有 3 种：自由式、脚尖朝下式和脚跟朝下式。

① 自由式踏蹬方法。脚在旋转一周的过程中，踝关节角度随之发生变化。如图 18-10 所示，当脚蹬至最高点时，脚跟下垂 8°～10°，踏蹬力朝向上前方；当脚蹬至前水平位置时，发力最大，脚掌取水平姿势；当脚从前水平位置移至最下方时，踏蹬力减小，同时后脚跟逐渐上提 15°～20°。这种踏蹬方法降低了膝关节和大腿动作的幅度，有利于提高频率，并自然地通过临界区，大腿肌肉也能得到相对的放松。但较难掌握。

② 脚尖朝下式踏蹬方法。如图 18-11 所示，在整个踏蹬旋转过程中脚尖始终向下。这种踏蹬方法使踝关节活动范围较小，有利于提高频率，且容易掌握。但腿部肌肉始终处于紧张状态，不利于自然通过临界区。

③ 脚跟朝下式踏蹬方法。如图 18-12 所示，在骑行过程中脚尖稍向上，脚跟向下 8°～15°。这种踏蹬方法使肌肉在短时间内改变用力状态，得到暂短休息。

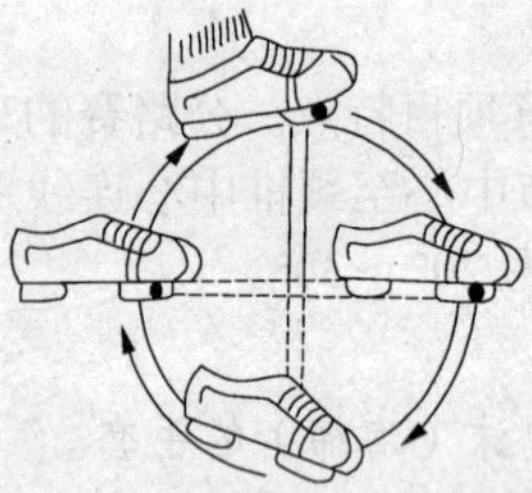
图 18–10　自由式踏蹬方法

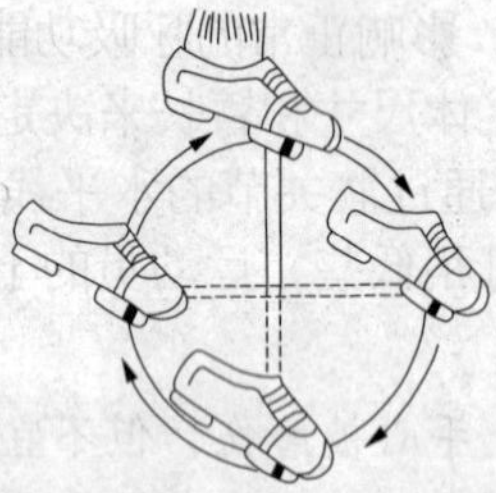
图 18–11　脚尖朝下式踏蹬方法

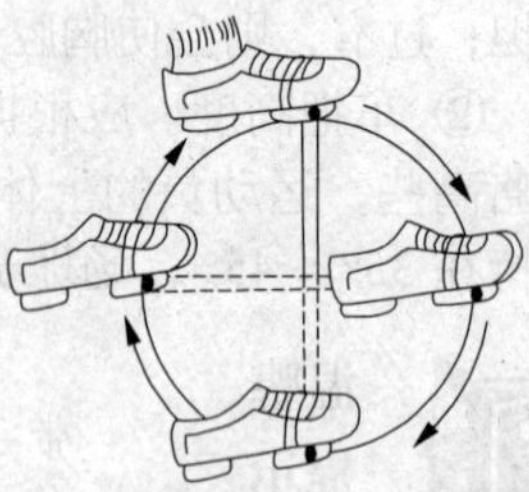
图 18–12　脚跟朝下式踏蹬方法

3. 上下坡技术

（1）上坡骑行技术

上坡骑行要保持正常的踏蹬动作，除企图摆脱对手和因战术需要，否则不可突然用力加速。

短距离坡路，应充分利用惯性原理，轻松踏蹬，快到坡顶时可采用站立式骑行，尽可能地提高速度，为下坡加速创造有利条件。

长距离上坡，要根据体力状况及时调整施力。应坚决避免重新起动，即注意适当增加用力，防止自行车因动力不足而停止前进。坡路较长或较陡时，可交替使用站立式骑行方法，调剂用力部位，使肌肉轮流休息。

上坡骑行时，跟车不宜太近。由于上坡加力，自行车常常左右摆动，跟车过近可能发生碰撞。再者，上坡时速度显著下降，跟车过近反而会使自己的骑行方法受到限制，影响战术和技术的发挥。

（2）下坡骑行技术

下坡骑行时，要勇敢机智，胆大心细，精力集中，两眼密切注视前方路面，随时准备果断处理路面上出现的任何情况。在充分利用车子运动惯性滑行的同时，要敢于主动踏蹬，加大速度。

4. 转弯技术

（1）倾斜法

上体和车子保持一条直线，向弯内倾斜。倾斜角度应根据速度和弯道大小而定，一般不超过 28°，否则可能出现滑倒的危险。

动作要点：身体重心基于车上往弯内倾斜，人车保持同样的倾斜角度；伸直外侧的膝盖并且有意识地稍加力度；用内侧的膝盖顶住横梁，以调节轨迹，减少压力即可缩小弯度；外侧的手稍稍拉起车把。

（2）把向法

车子保持直立，身体往弯内倾斜。

动作要点：身体重心前移，直至鼻子和刹车把成一直线；车子直立，身体往弯内倾斜（外侧手臂伸直）；把车把往弯内一侧歪；内侧手肘弯曲，把车把拉回，同时外侧手臂把车把推出以转动车把方向；两膝盖均保持内扣，继续蹬踏。

5. 刹车技术

（1）控制刹车力量

转弯时，应同时使用前、后刹车来降低速度。刹车时，前轮的反应会降低，所以减少前刹车的力量会使转弯更加完美。

此外，弯道上使用后刹不要过猛，否则车子可能掉头或滑倒。前刹时重心后移。

（2）掌握刹车技巧

刹车时，尽可能前后刹同时使用，前刹可稍稍提前。

使用前刹的时候，身体重心会因为惯性而自然前移。必须有意识地将身体放低，臀部后移，重心往后移动越多，可以使用的刹车力量越多。此外，前刹时要求前轮的方向和车子前进的方向相一致，否则，会因运动员的体重和车子惯性受到限制而导致摔跤。

6. 跟车技术

跟车骑行时，可以借助前边运动员冲破空气阻力所产生的涡流推动车子前进，从而减少自身体力的消耗，是争取胜利的一项主要技巧。

跟车骑行时，头应稍抬起，两眼正视前方，用余光看到前车的后轮即可。公路骑行，跟车距离一般约 15～30 厘米，以不影响视线，容易观察前面路面为宜。

同时要注意风向和风力。风从正面迎来，应由一人领骑，其他人排成一路纵队，跟于前车左后侧方或右后侧方。风从左方迎来，可跟在前车右侧后方；风从右方迎来，可跟在前车左侧后方。若侧风较大，跟车距离应近；反之稍远。下坡时，应向旁边拉开些距离，转弯时稍向后，以免发生事故。

如果后车前轮碰到前车后轮，出现撞车情况，应保持冷静，前面的运动员继续平稳前进，后面的运动员不必刹车，只要稍微减速即可。若左面撞上前车，应将身体和车子一齐向右倾斜，同时将车把向右转，两车即可逐渐分开。若右面相撞，动作相同，方向相反。

7. 起跑技术

自行车比赛的起跑方法分为扶车与不扶车两种。在场地赛中多采用扶车起跑，而在公路赛成组出发时则多采用不扶车起跑。

（1）扶车起跑

出发前，运动员骑在车上，由裁判员扶住车座后下方，维持平衡。听到“预备”口令时，运动员臀部离座，准备起动。听到出发枪声后，踏蹬脚立即迅速、有力地下踏，但不宜用力过猛，避免肌肉过分紧张；另一只脚用力上提，脚尖稍抬起。左脚踏蹬时，左手用力向怀里拉把，右手以同样的力量向下按把，两臂弯屈，上体前移，整个身体成弓形用力（循环至另一只脚踏蹬时，动作相同，唯方向相反）。同时，头部稍抬起，保持车子平衡，直线加速前进。起跑骑行 60～80 米，达到一定速度后，即可平稳地坐回车座，不要向后猛拉车把，防止车子减速。利用惯性，稍放松踏蹬几下，调整起跑阶段肌肉的紧张状态，然后立即转入正常踏蹬。

（2）不扶车起跑

出发前，运动员两手扶车，骑在车架上方，一只脚踏上脚蹬，另一只脚踩在地上。听到出发信号时，用力蹬地使车向前移动，并迅速坐在车座上，套上脚套，以站立式骑行方法加速。起动后的其他要领与扶车起跑技术相同。

18.1.4 自行车运动竞赛规则

1. 场地自行车项目竞赛规则

（1）争先赛

参赛运动员通过资格赛，即行进间出发 200 米计时赛。然后，根据参赛运动员的资格赛成绩进行分组编排。每组运动员将在 250 米的场地上骑行 3 圈。比赛由发令员鸣哨出发，以运动员到达终点的先后顺序决定比赛的胜负。

（2）个人追逐赛

个人追逐赛是由两名运动员在跑道的两个直道相反方向的位置（追逐赛起、终点线）、在跑道的内侧起跑，追逐对手的比赛。男女个人追逐赛比赛距离分别为 4 千米和 3 千米。

（3）团体追逐赛

团体追逐赛是由两个队，每队 4 名运动员，在跑道两个直道相反方向起跑完成 4 千米的比赛。比赛以每队第三名选手的前轮到达终点的瞬间记取成绩。每个队的成绩和排名将以该队第三名选手到达终点的成绩计算。

（4）记分赛

记分赛是运动员集体出发，以运动员在比赛中的累积得分进行排名的比赛。

记分赛的比赛距离为：男子 40 千米、女子 25 千米。

规则规定：在 250 米的场地上，途中冲刺每 10 圈一次。每个冲刺圈第一名获得 5 分；第二名 3 分；第三名 2 分；第四名 1 分。任何一名选手超过主集团一圈，即获得 20 分。任何一名选手被主集团超过一圈，即扣除 20 分。

（5）团体竞速赛

团体竞速赛是以每队三名选手组成的两个队，从场地追逐线向相反方向同时出发。在场地上骑行 3 圈，每名选手领骑 1 圈，以第三名运动员到达终点的成绩决定胜负的比赛。

（6）凯林赛

凯林赛是一组参赛运动员在摩托牵引完成一定圈数之后，在距离终点前 600～700 米进行终点冲刺的一项比赛。

（7）麦迪逊赛

麦迪逊赛是每队由两名选手组成，完成一定途中冲刺的比赛。根据各队完成比赛的圈数和所获冲刺得分的多少决定名次。每 20 圈一个途中冲刺。在途中冲刺中，获得第一名的队得 5 分；第二名得 3 分；第三名得 2 分；第四名得 1 分。追上大团者即获得一圈，被大团追上者即判失一圈。

2. 自行车公路项目竞赛规则

（1）公路个人计时赛

运动员按照规定的间隔时间单独出发，以运动员到达终点的成绩优劣排名。该项目在奥运会的比赛距离：男子 40～50 千米、女子 20～30 千米。

（2）公路个人赛

比赛通常选择路面有起伏和斜坡等各种地形变化的公路上进行。比赛时，运动员在起点线前集体出发，以运动员到达终点的顺序进行排名。比赛距离通常为：男子 220～250 千米、女子 100～140 千米。

3. 山地自行车项目竞赛规则

山地车越野赛是运动员在规定的山路赛道上进行集体出发，根据赛道的难度由裁判团来决定运动员所完成一定时间的骑行里程，最终以运动员到达终点先后顺序决定排名的比赛。

4. 小轮车项目竞赛规则

小轮车比赛有计时排位赛、淘汰赛（1/4 决赛、半决赛）和决赛 3 个阶段。计时排位赛：运动员单发，骑完赛道全程计取时间，比 2 次，取最好成绩。淘汰赛：每组运动员同时出发，以到达终点先后顺序排定名次，比 3 轮，名次之和较小的前 4 名晋级。决赛：运动员同时出发，以到达终点先后顺序排定名次（只比 1 轮）。

18.2 定向越野

本节将介绍定向越野的基本内涵和发展历程。概述定向越野的分类，按运动形式的不同可分为徒步定向、山地车定向、轮椅定向、滑雪定向 4 种。讲解了定向越野的基本技术：平路跑、草地跑、上坡跑、下坡跑、下跳跑、林中跑、跨越跑、悬空跑等。

18.2.1 定向越野简介

定向越野（Orienteering）是一种参加者借助地形图和指北针（指南针），按规定的顺序独立地完成寻找若干个标绘在地图上的地面检查点或转折点，并以最短的时间通过全程的运动。

定向越野又称为“定向运动”“定向跑”“野外定向”“识图越野”等，能够在强健体魄的同时，有效地培养人们独立思考、独立分析、独立解决困难的能力，切实地铸就人们在体力和智力受到双重压力的环境中作出迅速反应、果断决定的能力和一定的野外生存能力，是一项融趣味性、知识性、竞争性和健身性于一体的新潮别致的智慧型军事体育运动。

定向越野通常在森林、郊外和城市公园里进行，也可在面积较大的学校校园里进行。不同的野外区域，适合于不同的野外定向活动群体。

定向越野比赛中，每一条标准的定向路线都包括起点（用三角表示）、终点（用双圆圈表示）和一系列点标（用单圆圈表示）。这些点标在地图上用阿拉伯数字标明。两点之间的路线没有限制，通常会有两个以上的选择。这种路线选择能力以及借助于地图和指北针在森林和公园辨明方向并以最快速度按顺序到达目的地的能力便是定向运动的精髓所在。

在实际地形中，一个红色和白色相间的点标旗标志着运动员应该找到的点的位置。夜间定向检查点应有光源或具备反光体。运动员必须在到达的每一个点标处使用打卡器打卡。电子打卡系统不仅能证实是否按顺序正确到访，还能记录到访时间。

18.2.2 定向越野的发展

“定向”这两个字在 1886 年瑞典的军营中作为军事训练术语首次使用，意指在地图和指北针的帮助下，穿越陌生地带。真正的定向比赛于 1895 年在瑞典斯德哥尔摩和挪威奥斯陆的军营区举行，这标志着定向运动作为一种体育比赛项目正式诞生。1918 年，瑞典一位名叫吉兰特的童子军领袖组织了一次“寻宝游戏”的活动，引起参加者的极大兴趣，这便是定向运动的雏形。开展定向运动并不需要像其他体育项目那样在场地与器材上支付大量经费，且娱乐性与实用性兼备，因此日益受到军队的重视，并且很快地在民间流传开来。1932 年，第一次世界定向运动比赛举行。1946 年，瑞典、芬兰、挪威和丹麦成立了世界上第一个定向运动合作组织——北欧定向理事会。1961 年，国际定向联合会（IOF，简称“国际定联”）在丹麦的哥本哈根成立。1978 年，国际定联得到国际奥委会承认，定向运动被接纳为奥林匹克体育运动项目。1998 年，在日本举行的冬季奥林匹克运动会上，定向运动成为比赛项目。

20 世纪 70 年代末期，我国当时的体育报刊上陆续刊登了一些介绍国外定向运动的文章。国际定向运动特有的锻炼价值和实用性，逐渐引起了国内体育和军事部门的注意。1983 年 3 月 10 日，中国人民解放军体育学院首次在广州白云山组织了“定向越野试验比赛”。其后，郑州的测绘学院还举办了难度较大的夜间定向比赛，并将其列为该院每年举办的运动会项目。1985 年 9 月 29 日，深圳市体委与香港野外定向会共同举办了首届“深港杯野外定向 85”比赛。1986 年 1 月，亚洲及太平洋地区定向越野锦标赛在香港举行。1986 年 4 月 30 日，中国人民解放军体育学院举行了“广州首届白云杯定向越野比赛”，在我国首次实现了完全依靠自己的技术力量，组织面向社会的定向越野“公开赛”。1991 年 12 月，原国家体委批准中国无线电运动协会下设“中国定向运动委员会”，使定向运动作为一种体育项目开始在国内有组织地推广。1992 年 7 月，中国成为国际定联成员国。1994 年，在北京举行了第一届全国定向锦标赛。1995 年，“中国定向运动委员会”更名为“中国定向运动协会（Orienteering Association of China，OAC）”。2003 年，定向运动被确定为 2004 年新学期开始实施的《全国普通高等学校体育教学本科专业课程方案》中主干课程的教学内容。同年，隶属于教育部学生体育协会的“中国学生定向协会（Student Orienteering Association of China，SOCN）”在浙江成立。

18.2.3 定向越野的分类

定向运动按运动形式的不同可分为徒步定向、山地车定向、轮椅定向、滑雪定向 4 种，其标志如图 18-13～图 18-16 所示。

图 18-13 徒步定向标志

图 18-14 山地车定向标志

图 18-15 轮椅定向标志

图 18-16 滑雪定向标志

1. 徒步定向

徒步定向运动按场地的不同，可以分为野外定向、公园定向、校园定向、大院（机关）定向、军营定向等。按活动时间的不同，可以分为白天定向、夜间定向、多日定向等。

2. 山地车定向

定向越野中，高超的山地车技巧是应付陡坡的必备条件。出于环保考虑，运动员不能离开规定的线路。山地车定向从 2002 年起每隔两年举行一次世界锦标赛。

3. 轮椅定向

轮椅定向是专为伤残人士特别设计的定向运动形式。它既可以让乘坐轮椅的人们加入定向运动的行列中，又可以供新手进行定向运动基本技术的训练。首届轮椅定向世界杯赛于 1999 年举行。

4. 滑雪定向

滑雪定向在东欧国家十分流行，其选手需要使用滑雪装备（非机动的）。供比赛用的滑道则使用摩托雪橇开辟。许多世界高山运动员、越野运动员和速度滑雪选手同时又是滑雪定向的高手。

18.2.4　定向越野的基本技术

通常情况下，定向越野比赛区域内可能存在道路、草地、上坡、下坡、高低不平地、树林以及不同的障碍等各种通道和地形地貌，要在不同的条件下，提高奔跑的效率，就应该采用与之相适应的奔跑技术。

1. 平路跑

运动员在定向越野跑中，若行进路线中有较平坦的道路，应采取与马拉松式或中、长距离跑基本相同的技术。

2. 草地跑

运动员在定向越野跑中，若行进路线上有草地小路，应尽量用全脚掌着地，并随时注意观察面前的路面，避免陷进坑洼或被草丛中的石块、枯枝碰伤腿脚。

3. 上坡跑

运动员在定向越野跑中，若行进路线遇到上坡道路，应上体前倾，抬高大腿，减小步幅，用前脚掌抓地。若斜坡较陡时，应采用之字形小跑或走的方式前进。当斜坡过陡时，应采用以单手或双手辅助攀登的越野方式。

4. 下坡跑

运动员在定向越野跑中，若行进路线上遇到下坡道路，应采用上体稍后倾的姿势，以全脚掌或脚跟着地的方式奔跑。若所遇下坡较陡或坡面较滑，可以采用侧身侧脚掌着地的方式下坡。当坡面过陡过滑时，应采用蹲撑状或蹲坐状的姿势，以手撑地或牵拉住篙草、树枝等方式下坡。

5. 下跳跑

运动员在定向越野跑中，若遇到坡地需要下跳时，应尽量降低高度，并屈膝深蹲缓冲落地速度，以保护肢体安全。也可通过扶地团身滚动来减缓冲击力，并顺借滚动之势起身继续前跑。

6. 林中跑

运动员在定向越野跑中，若行进路线上遇到树林，应尽量选择林木稀疏之径，并且用手护住脸面，防止被枝叶剐伤眼睛及脸部，同时还要注意地面上的小树丛、杂草及藤蔓等植被，不要被其剐住或绊倒。对于通视度较差的树林，不能贸然进入，否则容易迷失方向。

7. 跨越跑

运动员在定向越野跑中，若行进路线上遇到小壕坑、沟渠、矮灌木丛及倒伏的树林时，可以用大步跨跳或跳远的技术越过障碍物。若遇到较宽的沟渠时，则需要采用 15～25 米的加速跑来提高助跑初速度，以保证能够完全跳过，落地时要保持前倾趋势，防止后仰倒地。若遇到 2 米以内的围栏或土堰等障碍物时，可以采用正面助跑蹲跳或以单、双手支撑翻越的方法通过。

8. 悬空跑

运动员在定向越野跑中，若遇到独木桥等狭窄悬空障碍物时，可以采用脚尖外展的外八字脚形跑过，以增加身势的稳定性。当这类障碍物较长时，则应平稳地走过，以避免因跑动失衡而跌落其下。

温馨提示 定向越野的注意事项：适时标定地图确保地图与实地方位一致，适时明确站立点和目标点在地图上的位置。

18.2.5 定向运动竞赛规则

1. 竞赛种类

（1）日间定向竞赛

首批运动员应在日出后 1 小时出发；最后一批运动员最迟应在日落前预计完成全赛程时间的 1.5 倍时间出发。

（2）夜间定向竞赛

首批运动员应在日落后 1 小时出发；最后一批运动员最迟应在日出前预计完成全赛程时间的 2 倍时间出发。

（3）日夜交替定向竞赛

① 竞赛设两条路线，一条在白天进行竞赛，另一条在夜间进行竞赛；② 竞赛在夜间出发，完成竞赛时已是白天；竞赛在白天出发，完成竞赛时已是夜间。

2. 竞赛形式

（1）个人赛

运动员独立完成竞赛，包括速度赛、短距离赛、准距离赛、积分赛等。

（2）接力赛

接力队须有 2 名或 2 名以上运动员，每名运动员像个人赛一样独立完成一个赛程，成绩取决于每一运动员正确完成单个赛程的时间的总和。

（3）多日赛

在多日竞赛中，运动员的个人成绩是每日竞赛成绩（时间、名次或得分）的总和。

（4）小组赛

每组有 2 名或 2 名以上运动员，同组运动员须同时出发完成竞赛。

3. 竞赛分组

（1）按性别分组

男子组（代号为 M）；女子组（代号为 W）。

（2）按年龄段分组

儿童组（8～11 岁）、少年组（12～15 岁）、青年组（16～18 岁）、大学组（17～26 岁）、成年组（男：19～40 岁，女：19～35 岁）、中年组（男：41～55 岁，女：36～50 岁）、老年组（男≥56 岁，女≥51 岁）。

（3）运动员在同一场竞赛中，只能参加一个组别的竞赛。

（4）按其他原则分组

① 按路线的难易程度和运动员的技能，可将同一组别再细分。代号为 A（最难）、B（较难）、C（容易）和 D（最易）。

② 同一年龄组别和级别，因参加人员过多可划分为相同标准的几个小组，进行竞赛。例如 M 成—A1，M 成—A2，M 成—A3，代号为 1、2、3。

（5）青年组、中年组的运动员可以选择到成年组参加竞赛，儿童组和老年组只能在本组进行竞赛。

（6）精英组其竞赛代号为 E，不受年龄限制，参赛的资格须经中国定向协会确认。

4. 出发

出发地点的选择，应使运动员在出发前看不到前一名运动员所选择的行进路线，也应使已到达终点的运动员无法与待出发运动员取得联系，起点处应有明显的起点标志牌或横幅。

5. 终点计时

（1）通向终点的跑道，可用两条带彩旗的绳子引导，并向终点线逐渐收拢，绳长 50～100 米，终点线宽 3 米，并应与终点方向垂直。

（2）终点处应有比较有明显标牌或横幅显示，使运动员在远处就能看见终点的位置。

（3）运动员通过终点后即竞赛结束，不得以任何理由再次进入竞赛区域。

（4）运动员到终点时应立即将指卡插入终止器中，表示计时结束，然后打印成绩。

6. 名次排列

依据运动员完成全赛程的时间先后排列名次。如有两名以上的运动员取得相同的成绩，则他们的名次并列，空出下一名次。

7. 犯规与处罚

（1）下列情况者给予警告处罚：① 代表队成员擅自出入预备区，但未造成后果；② 在出发区提前取图和抢先出发者；③ 在比赛区域内蓄意帮助或获取他人帮助，但未造成后果；④ 在赛中妨碍裁判员正常工作；⑤ 完成赛事者以任何形式向其他运动员传递赛场信息；⑥ 出发后未到终点报道者；⑦ 一次检录不到者；⑧ 未按大会要求佩戴比赛标志者。

（2）下列情况判运动员成绩无效：① 受到两次警告者；② 在比赛中丢失检查卡、地图、号码布；③ 因各种原因退出比赛者；④ 竞赛中超过组委会规定的终点关闭时间；⑤ 未按规定读取成绩者；⑥ 未通过全部检查点，即检查卡片上打印器图案不全者；⑦ 检查卡打印器图案模糊不清，无法辨认者。

（3）下列情况取消竞赛资格：① 冒名顶替参加竞赛者；② 向越野竞赛中使用交通工具者；③ 不符合分组年龄标准或谎报年龄、弄虚作假者；④ 蓄意破坏点标、打卡器或其他竞赛设备者；⑤ 有意妨碍他人竞赛者。

（4）下列情况视为作弊，取消比赛成绩：① 有证据表明在竞赛前勘察过竞赛场地者；② 接受别人帮助，如指路、寻找检查点等；③ 为别人提供帮助，如指路、寻找检查点等；④ 故意在竞赛中与对手同跑或跟进者；⑤ 竞赛未结束，运动员到达终点后，再进入赛区；⑥ 一个代表队中两人次有作弊行为，取消该队全队成绩，并上报中国定向协会。

思考与练习

1. 自行车运动的基本技巧有哪些？
2. 定向越野运动的基本技巧有哪些？

活动与探索

可以因地制宜，根据实际条件，将自行车、定向越野运动适当变化，以便开展，如自行车慢骑赛，一辆自行车、一只秒表即可，但人数不宜太多，如校园定向越野赛等。

附录一

国务院办公厅关于强化学校体育促进学生身心健康全面发展的意见

国办发〔2016〕27号

各省、自治区、直辖市人民政府，国务院各部委、各直属机构：

强化学校体育是实施素质教育、促进学生全面发展的重要途径，对于促进教育现代化、建设健康中国和人力资源强国，实现中华民族伟大复兴的中国梦具有重要意义。党中央、国务院高度重视学校体育，党的十八届三中全会作出了强化体育课和课外锻炼的重要部署，国务院对加强学校体育提出明确要求。近年来，各地、各部门不断出台政策措施，加快推进学校体育，大力开展阳光体育运动，学校体育工作取得积极进展。但总体上看，学校体育仍是整个教育事业相对薄弱的环节，对学校体育重要性认识不足、体育课和课外活动时间不能保证、体育教师短缺、场地设施缺乏等问题依然突出，学校体育评价机制亟待建立，社会力量支持学校体育不够，学生体质健康水平仍是学生素质的明显短板。为进一步推动学校体育改革发展，促进学生身心健康、体魄强健，经国务院同意，现提出如下意见。

一、总体要求

（一）指导思想。全面贯彻落实党的十八大、十八届三中、四中、五中全会和习近平总书记系列重要讲话精神，全面贯彻党的教育方针，按照《国家中长期教育改革和发展规划纲要（2010—2020年）》的要求，以“天天锻炼、健康成长、终身受益”为目标，改革创新体制机制，全面提升体育教育质量，健全学生人格品质，切实发挥体育在培育和践行社会主义核心价值观、推进素质教育中的综合作用，培养德智体美全面发展的社会主义建设者和接班人。

（二）基本原则。

坚持课堂教学与课外活动相衔接。保证课程时间，提升课堂教学效果，强化课外练习和科学锻炼指导，调动家庭、社区和社会组织的积极性，确保学生每天锻炼一小时。

坚持培养兴趣与提高技能相促进。遵循教育和体育规律，以兴趣为引导，注重因材施教和快乐参与，重视运动技能培养，逐步提高运动水平，为学生养成终身体育锻炼习惯奠定基础。

坚持群体活动与运动竞赛相协调。面向全体学生，广泛开展普及性体育活动，有序开展课余训练和运动竞赛，积极培养体育后备人才，大力营造校园体育文化，全面提高学生体育素养。

坚持全面推进与分类指导相结合。强化政府责任，统一基本标准，因地因校制宜，积极稳妥推进，鼓励依据民族特色和地方传统，大胆探索创新，不断提高学校体育工作水平。

（三）工作目标。到2020年，学校体育办学条件总体达到国家标准，体育课时和锻炼时间切实保证，教学、训练与竞赛体系基本完备，体育教学质量明显提高；学生体育锻炼习惯基本养成，运动技能和体质健康水平明显提升，规则意识、合作精神和意志品质显著增强；政府主导、部门协作、社会参与的学校体育推进机制进一步完善，基本形成体系健全、制度完善、充满活力、注重实效的中国特色学校体育发展格局。

二、深化教学改革，强化体育课和课外锻炼

（四）完善体育课程。以培养学生兴趣、养成锻炼习惯、掌握运动技能、增强学生体质为主线，完善国家体育与健康课程标准，建立大中小学体育课程衔接体系。各地中小学校要按照国家课程方案和课程标准开足开好体育课程，严禁削减、挤占体育课时间。有条件的地方可为中小学增加体育课时。高等学校要为学生开好体育必修课或选修课。科学安排课程内容，在学生掌握基本运动技能的基础上，根据学校自身情况，开展运动项目教学，提高学生专项运动能力。大力推动足球、篮球、排球等集体项目，积极推进田径、游泳、体操等基础项目及冰雪运动等特色项目，广泛开展乒乓球、羽毛球、武术等优势项目。进一步挖掘整理民族民间体育，充实和丰富体育课程内容。

（五）提高教学水平。体育教学要加强健康知识教育，注重运动技能学习，科学安排运动负荷，重视实践练习。研究制定运动项目教学指南，让学生熟练掌握一至两项运动技能，逐步形成“一校一品”“一校多品”教学模式，努力提高体育教学质量。关注学生体育能力和体质水平差异，做到区别对待、因材施教。研究推广适合不同类型残疾学生的体育教学资源，提高特殊教育学校和对残疾学生的体育教学质量，保证每个学生接受体育教育的权利。支持高等学校牵头组建运动项目全国教学联盟，为中小学开展教改试点提供专业支撑，促进中小学提升体育教学水平。充分利用现代信息技术手段，开发和创新体育教学资源，不断增强教学吸引力。鼓励有条件的单位设立全国学校体育研究基地，开展理论和实践研究，提高学校体育科学化水平。

（六）强化课外锻炼。健全学生体育锻炼制度，学校要将学生在校内开展的课外体育活动纳入教学计划，列入作息时间安排，与体育课教学内容相衔接，切实保证学生每天一小时校园体育活动落到实处。幼儿园要遵循幼儿年龄特点和身心发展规律，开展丰富多彩的体育活动。中小学校要组织学生开展大课间体育活动，寄宿制学校要坚持每天出早操。高等学校要通过多种形式组织学生积极参加课外体育锻炼。职业学校在学生顶岗实习期间，要注意安排学生的体育锻炼时间。鼓励学生积极参加校外全民健身运动，中小学校要合理安排家庭“体育作业”，家长要支持学生参加社会体育活动，社区要为学生体育活动创造便利条件，逐步形成家庭、学校、社区联动，共同指导学生体育锻炼的机制。组织开展全国学校体育工作示范校创建活动，各地定期开展阳光体育系列活动和“走下网络、走出宿舍、走向操场”主题群众性课外体育锻炼活动，坚持每年开展学生冬季长跑等群体性活动，形成覆盖校内外的学生课外体育锻炼体系。

三、注重教体结合，完善训练和竞赛体系

（七）开展课余训练。学校应通过组建运动队、代表队、俱乐部和兴趣小组等形式，积极

开展课余体育训练，为有体育特长的学生提供成才路径，为国家培养竞技体育后备人才奠定基础。要根据学生年龄特点和运动训练规律，科学安排训练计划，妥善处理好文化课学习和训练的关系，全面提高学生身体素质，打好专项运动能力基础，不断提高课余运动训练水平。办好体育传统项目学校，充分发挥其引领示范作用。

（八）完善竞赛体系。建设常态化的校园体育竞赛机制，广泛开展班级、年级体育比赛，学校每年至少举办一次综合性运动会或体育节，通过丰富多彩的校园体育竞赛，吸引广大学生积极参加体育锻炼。制定学校体育课余训练与竞赛管理办法，完善和规范学生体育竞赛体制，构建县、市、省、国家四级竞赛体系。各地要在整合赛事资源的基础上，系统设计并构建相互衔接的学生体育竞赛体系，积极组织开展区域内竞赛活动，定期举办综合性学生运动会。推动开展跨区域学校体育竞赛活动，全国学生运动会每三年举办一届。通过完善竞赛选拔机制，畅通学生运动员进入各级专业运动队、代表队的渠道。

四、增强基础能力，提升学校体育保障水平

（九）加强体育教师队伍建设。加强师德建设，增强广大体育教师特别是乡村体育教师的职业荣誉感，坚定长期致力于体育教育事业的理想与信心。各地要利用现有政策和渠道，按标准配齐体育教师和体育教研人员。办好高等学校体育教育专业，培养合格体育教师。鼓励优秀教练员、退役运动员、社会体育指导员、有体育特长的志愿人员兼任体育教师。实施体育教师全员培训，着力培养一大批体育骨干教师和体育名师等领军人才，中小学教师国家级培训计划（国培计划）重点加强中西部乡村教师培训，提升特殊教育体育教师水平。科学合理确定体育教师工作量，把组织开展课外活动、学生体质健康测试、课余训练、比赛等纳入教学工作量。保障体育教师在职称（职务）评聘、福利待遇、评优表彰、晋级晋升等方面与其他学科教师同等待遇。高等学校要完善符合体育学科特点的体育教师工作考核和职称（职务）评聘办法。

（十）推进体育设施建设。各地要按照学校建设标准、设计规范，充分利用多种资金渠道，加大对学校体育设施建设的支持力度。把学校体育设施列为义务教育学校标准化建设的重要内容，以保基本、兜底线为原则，建设好学校体育场地设施、配好体育器材，为体育教师配备必要的教学装备。进一步完善制度，积极推动公共体育场馆设施为学校体育提供服务，向学生免费或优惠开放，推动有条件的学校体育场馆设施在课后和节假日对本校师生和公众有序开放，充分利用青少年活动中心、少年宫、户外营地等资源开展体育活动。

（十一）完善经费投入机制。各级政府要切实加大学校体育经费投入力度，地方各级人民政府在安排财政转移支付资金和本级财力时要对学校体育给予倾斜。各级教育部门要根据需求将学校体育工作经费纳入年度预算，学校要保障体育工作的经费需求。鼓励和引导社会资金支持发展学校体育，多渠道增加学校体育投入。

（十二）健全风险管理机制。健全学校体育运动伤害风险防范机制，保障学校体育工作健康有序开展。对学生进行安全教育，培养学生安全意识和自我保护能力，提高学生的伤害应急处置和救护能力。加强校长、教师及有关管理人员培训，提高学校体育从业人员运动风险管理意识和能力。学校应当根据体育器材设施及场地的安全风险进行分类管理，定期开展检查，有安全风险的应当设立明显警示标志和安全提示。完善校方责任险，探索建立涵盖体育意外伤害的学生综合保险机制。鼓励各地政府试点推行学生体育安全事故第三方调解办法。

（十三）整合各方资源支持学校体育。完善政策措施，采取政府购买体育服务等方式，逐步建立社会力量支持学校体育发展的长效机制，引导技术、人才等资源服务学校体育教学、训练和竞赛等活动。鼓励专业运动队、职业体育俱乐部定期组织教练员、运动员深入学校指导开展有关体育活动。支持学校与科研院所、社会团体、企业等开展广泛合作，提升学校体

育工作水平。加深同港澳台青少年体育活动的合作。加强学校体育国际交流。

五、加强评价监测，促进学校体育健康发展

（十四）完善考试评价办法。构建课内外相结合、各学段相衔接的学校体育考核评价体系，完善和规范体育运动项目考核和学业水平考试，发挥体育考试的导向作用。体育课程考核要突出过程管理，从学生出勤、课堂表现、健康知识、运动技能、体质健康、课外锻炼、参与活动情况等方面进行全面评价。中小学要把学生参加体育活动情况、学生体质健康状况和运动技能等级纳入初中、高中学业水平考试，纳入学生综合素质评价体系。各地要根据实际，科学确定初中毕业升学体育考试分值或等第要求。实施高考综合改革试点的省（区、市），在高校招生录取时，把学生体育情况作为综合素质评价的重要内容。学校体育测试要充分考虑残疾学生的特殊情况，体现人文关怀。修订体育教育本科专业学生普通高考体育测试办法，提高体育技能考核要求。制定普通高校高水平运动队建设实施意见，规范高水平运动员招生。

（十五）加强体育教学质量监测。明确体育课程学业质量要求，制定学生运动项目技能等级评定标准和高等学校体育学类专业教学质量国家标准，促进学校体育教学质量稳步提升。建立中小学体育课程实施情况监测制度，定期开展体育课程国家基础教育质量监测。建立健全学生体质健康档案，严格执行《国家学生体质健康标准》，将其实施情况作为构建学校体育评价机制的重要基础，确保测试数据真实性、完整性和有效性。鼓励各地运用现代化手段对体育课质量进行监测、监控或对开展情况进行公示。

六、组织实施

（十六）加强组织领导。各地要把学校体育工作纳入经济社会发展规划，加强统筹协调，落实管理责任，并结合当地实际，研究制定加强学校体育工作的具体实施方案，切实抓紧抓好。进一步加强青少年体育工作部际联席会议制度，强化国务院有关部门在加强青少年体育工作中的责任，按照职责分工，落实好深化学校体育改革的各项任务。

（十七）强化考核激励。各地要把学校体育工作列入政府政绩考核指标、教育行政部门与学校负责人业绩考核评价指标。对成绩突出的单位、部门、学校和个人进行表彰。加强学校体育督导检查，建立科学的专项督查、抽查、公告制度和行政问责机制。对学生体质健康水平持续三年下降的地区和学校，在教育工作评估中实行“一票否决”。教育部要会同有关部门定期开展学校体育专项检查，建立约谈有关主管负责人的机制。

（十八）营造良好环境。通过多种途径，充分利用报刊、广播、电视及网络等手段，加强学校体育工作新闻宣传力度，总结交流典型经验和有效做法，传播科学的教育观、人才观和健康观，营造全社会关心、重视和支持学校体育的良好氛围。

国务院办公厅
2016 年 4 月 21 日

附录二

国家学生体质健康标准

（2014年修订）

一、说明

1.《国家学生体质健康标准》（以下简称《标准》）是国家学校教育工作的基础性指导文件和教育质量基本标准，是评价学生综合素质、评估学校工作和衡量各地教育发展的重要依据，是《国家体育锻炼标准》在学校的具体实施，适用于全日制普通小学、初中、普通高中、中等职业学校、普通高等学校的学生。

2. 本标准的修订坚持健康第一，落实《国家中长期教育改革和发展规划纲要（2010—2020年）》、《国务院办公厅转发教育部等部门关于进一步加强学校体育工作若干意见的通知》（国办发〔2012〕53号）和《教育部关于印发〈学生体质健康监测评价办法〉等三个文件的通知》（教体艺〔2014〕3号）有关要求，着重提高《标准》应用的信度、效度和区分度，着重强化其教育激励、反馈调整和引导锻炼的功能，着重提高其教育监测和绩效评价的支撑能力。

3. 本标准从身体形态、身体机能和身体素质等方面综合评定学生的体质健康水平，是促进学生体质健康发展、激励学生积极进行身体锻炼的教育手段，是国家学生发展核心素养体系和学业质量标准的重要组成部分，是学生体质健康的个体评价标准。

4. 本标准将适用对象划分为以下组别：小学、初中、高中按每个年级为一组，其中小学为6组、初中为3组、高中为3组。大学一二年级为一组，三四年级为一组。

5. 小学、初中、高中、大学各组别的测试指标均为必测指标。其中，身体形态类中的身高、体重，身体机能类中的肺活量，以及身体素质类中的50米跑、坐位体前屈为各年级学生共性指标。

6. 本标准的学年总分由标准分与附加分之和构成，满分为120分。标准分由各单项指标得分与权重乘积之和组成，满分为100分。附加分根据实测成绩确定，即对成绩超过100分的加分指标进行加分，满分为20分；小学的加分指标为1分钟跳绳，加分幅度为20分；初中、高中和大学的加分指标为男生引体向上和1000米跑，女生1分钟仰卧起坐和800米跑，各指标加分幅度均为10分。

7. 根据学生学年总分评定等级：90.0分及以上为优秀，80.0～89.9分为良好，60.0～79.9分为及格，59.9分及以下为不及格。

8. 每个学生每学年评定一次，记入《〈国家学生体质健康标准〉登记卡》。特殊学制的学校，在填写登记卡时可以按规定和需求相应地增减栏目。学生毕业时的成绩和等级，按毕业当年学年总分的 50%与其他学年总分平均得分的 50%之和进行评定。

9. 学生测试成绩评定达到良好及以上者，方可参加评优与评奖；成绩达到优秀者，方可获体育奖学分。测试成绩评定不及格者，在本学年度准予补测一次，补测仍不及格，则学年成绩评定为不及格。普通高中、中等职业学校和普通高等学校学生毕业时，《标准》测试的成绩达不到 50 分者按结业或肄业处理。

10. 学生因病或残疾可向学校提交暂缓或免予执行《标准》的申请，经医疗单位证明，体育教学部门核准，可暂缓或免予执行《标准》，并填写《免予执行<国家学生体质健康标准>申请表》，存入学生档案。确实丧失运动能力、被免予执行《标准》的残疾学生，仍可参加评优与评奖，毕业时《标准》成绩需注明免测。

11. 各学校每学年开展覆盖本校各年级学生的《标准》测试工作，《标准》测试数据经当地教育行政部门按要求审核后，通过“中国学生体质健康网”上传至“国家学生体质健康标准数据管理系统”。测试和数据上传时间由教育行政部门确定。

12. 本标准由教育部负责解释。

二、单项指标与权重（大学）

测试对象	单项指标	权重（%）
大学各年级	体重指数（BMI）	15
	肺活量	15
	50 米跑	20
	坐位体前屈	10
	立定跳远	10
	引体向上（男）/1 分钟仰卧起坐（女）	10
	1000 米跑（男）/800 米跑（女）	20

注：体重指数（BMI）= 体重（千克）/身高 ^{2}（米 ^{2}）

三、评分表

表 1　体重指数（BMI）单项评分表（单位：千克/米 ^{2}）

等级	单项得分	大学男生	大学女生
正常	100	17.9～23.9	17.2～23.9
低体重	80	≤17.8	≤17.1
超重		24.0～27.9	24.0～27.9
肥胖	60	≥28.0	≥28.0

表 2　大学各年级评分表

	项目	男生肺活量（毫升）		女生肺活量（毫升）		男生 50 米跑（秒）		女生 50 米跑（秒）		男生坐位体前屈（厘米）		女生坐位体前屈（厘米）	
等级	单项得分	大一大二	大三大四	大一大二	大三大四	大一大二	大三大四	大一大二	大三大四	大一大二	大三大四	大一大二	大三大四
优秀	100	5040	5140	3400	3450	6.7	6.6	7.5	7.4	24.9	25.1	25.8	26.3
	95	4920	5020	3350	3400	6.8	6.7	7.6	7.5	23.1	23.3	24.0	24.4
	90	4800	4900	3300	3350	6.9	6.8	7.7	7.6	21.3	21.5	22.2	22.4
良好	85	4550	4650	3150	3200	7.0	6.9	8.0	7.9	19.5	19.9	20.6	21.0
	80	4300	4400	3000	3050	7.1	7.0	8.3	8.2	17.7	18.2	19.0	19.5

续表

等级	项目 单项得分	男生肺活量（毫升）		女生肺活量（毫升）		男生 50 米跑（秒）		女生 50 米跑（秒）		男生坐位体前屈（厘米）		女生坐位体前屈（厘米）	
		大一大二	大三大四	大一大二	大三大四	大一大二	大三大四	大一大二	大三大四	大一大二	大三大四	大一大二	大三大四
及格	78	4180	4280	2900	2950	7.3	7.2	8.5	8.4	16.3	16.8	17.7	18.2
	76	4060	4160	2800	2850	7.5	7.4	8.7	8.6	14.9	15.4	16.4	16.9
	74	3940	4040	2700	2750	7.7	7.6	8.9	8.8	13.5	14.0	15.1	15.6
	72	3820	3920	2600	2650	7.9	7.8	9.1	9.0	12.1	12.6	13.8	14.3
	70	3700	3800	2500	2550	8.1	8.0	9.3	9.2	10.7	11.2	12.5	13.0
	68	3580	3680	2400	2450	8.3	8.2	9.5	9.4	9.3	9.8	11.2	11.7
	66	3460	3560	2300	2350	8.5	8.4	9.7	9.6	7.9	8.4	9.9	10.4
	64	3340	3440	2200	2250	8.7	8.6	9.9	9.8	6.5	7.0	8.6	9.1
	62	3220	3320	2100	2150	8.9	8.8	10.1	10.0	5.1	5.6	7.3	7.8
	60	3100	3200	2000	2050	9.1	9.0	10.3	10.2	3.7	4.2	6.0	6.5
不及格	50	2940	3030	1960	2010	9.3	9.2	10.5	10.4	2.7	3.2	5.2	5.7
	40	2780	2860	1920	1970	9.5	9.4	10.7	10.6	1.7	2.2	4.4	4.9
	30	2620	2690	1880	1930	9.7	9.6	10.9	10.8	0.7	1.2	3.6	4.1
	20	2460	2520	1840	1890	9.9	9.8	11.1	11.0	−0.3	0.2	2.8	3.3
	10	2300	2350	1800	1850	10.1	10.0	11.3	11.2	−1.3	−0.8	2.0	2.5

续表

等级	项目 单项得分	男生立定跳远（厘米）		女生立定跳远（厘米）		男生引体向上（次）		女生仰卧起坐（个/分）		男生 1000 米跑		女生 800 米跑	
		大一大二	大三大四	大一大二	大三大四	大一大二	大三大四	大一大二	大三大四	大一大二	大三大四	大一大二	大三大四
优秀	100	273	275	207	208	19	20	56	57	3'17"	3'15"	3'18"	3'16"
	95	268	270	201	202	18	19	54	55	3'22"	3'20"	3'24"	3'22"
	90	263	265	195	196	17	18	52	53	3'27"	3'25"	3'30"	3'28"
良好	85	256	258	188	189	16	17	49	50	3'34"	3'32"	3'37"	3'35"
	80	248	250	181	182	15	16	46	47	3'42"	3'40"	3'44"	3'42"
及格	78	244	246	178	179			44	45	3'47"	3'45"	3'49"	3'47"
	76	240	242	175	176	14	15	42	43	3'52"	3'50"	3'54"	3'52"
	74	236	238	172	173			40	41	3'57"	3'55"	3'59"	3'57"
	72	232	234	169	170	13	14	38	39	4'02"	4'00"	4'04"	4'02"
	70	228	230	166	167			36	37	4'07"	4'05"	4'09"	4'07"
	68	224	226	163	164	12	13	34	35	4'12"	4'10"	4'14"	4'12"
	66	220	222	160	161			32	33	4'17"	4'15"	4'19"	4'17"
	64	216	218	157	158	11	12	30	31	4'22"	4'20"	4'24"	4'22"
	62	212	214	154	155			28	29	4'27"	4'25"	4'29"	4'27"
	60	208	210	151	152	10	11	26	27	4'32"	4'30"	4'34"	4'32"
不及格	50	203	205	146	147	9	10	24	25	4'52"	4'50"	4'44"	4'42"
	40	198	200	141	142	8	9	22	23	5'12"	5'10"	4'54"	4'52"
	30	193	195	136	137	7	8	20	21	5'32"	5'30"	5'04"	5'02"
	20	188	190	131	132	6	7	18	19	5'52"	5'50"	5'14"	5'12"
	10	183	185	126	127	5	6	16	17	6'12"	6'10"	5'24"	5'22"

表3　大学加分指标评分表

加分	男生引体向上（次）		女生仰卧起坐（次）		男生1000米跑		女生800米跑	
	大一大二	大三大四	大一大二	大三大四	大一大二	大三大四	大一大二	大三大四
10	10	10	13	13	−35"	−35"	−50"	−50"
9	9	9	12	12	−32"	−32"	−45"	−45"
8	8	8	11	11	−29"	−29"	−40"	−40"
7	7	7	10	10	−26"	−26"	−35"	−35"
6	6	6	9	9	−23"	−23"	−30"	−30"
5	5	5	8	8	−20"	−20"	−25"	−25"
4	4	4	7	7	−16"	−16"	−20"	−20"
3	3	3	6	6	−12"	−12"	−15"	−15"
2	2	2	4	4	−8"	−8"	−10"	−10"
1	1	1	2	2	−4"	−4"	−5"	−5"

注：引体向上、一分钟仰卧起坐均为高优指标，学生成绩超过单项评分100分后，以超过的次数所对应的分数进行加分；1000米跑、800米跑均为低优指标，学生成绩低于单项评分100分后，以减少的秒数所对应的分数进行加分。